O EXERCÍCIO DA FUNÇÃO ADMINISTRATIVA E O DIREITO PRIVADO

BERNARDO STROBEL GUIMARÃES

O EXERCÍCIO DA FUNÇÃO ADMINISTRATIVA E O DIREITO PRIVADO

Belo Horizonte

FÓRUM

CONHECIMENTO JURÍDICO

2021

© 2021 Editora Fórum Ltda.

É proibida a reprodução total ou parcial desta obra, por qualquer meio eletrônico, inclusive por processos xerográficos, sem autorização expressa do Editor.

Conselho Editorial

Adilson Abreu Dallari
Alécia Paolucci Nogueira Bicalho
Alexandre Coutinho Pagliarini
André Ramos Tavares
Carlos Ayres Britto
Carlos Mário da Silva Velloso
Cármen Lúcia Antunes Rocha
Cesar Augusto Guimarães Pereira
Clovis Beznos
Cristiana Fortini
Dinorá Adelaide Musetti Grotti
Diogo de Figueiredo Moreira Neto (*in memoriam*)
Egon Bockmann Moreira
Emerson Gabardo
Fabrício Motta
Fernando Rossi
Flávio Henrique Unes Pereira

Floriano de Azevedo Marques Neto
Gustavo Justino de Oliveira
Inês Virgínia Prado Soares
Jorge Ulisses Jacoby Fernandes
Juarez Freitas
Luciano Ferraz
Lúcio Delfino
Marcia Carla Pereira Ribeiro
Márcio Cammarosano
Marcos Ehrhardt Jr.
Maria Sylvia Zanella Di Pietro
Ney José de Freitas
Oswaldo Othon de Pontes Saraiva Filho
Paulo Modesto
Romeu Felipe Bacellar Filho
Sérgio Guerra
Walber de Moura Agra

FÓRUM

CONHECIMENTO JURÍDICO

Luís Cláudio Rodrigues Ferreira
Presidente e Editor

Coordenação editorial: Leonardo Eustáquio Siqueira Araújo
Aline Sobreira de Oliveira

Av. Afonso Pena, 2770 – 15º andar – Savassi – CEP 30130-012
Belo Horizonte – Minas Gerais – Tel.: (31) 2121.4900 / 2121.4949
www.editoraforum.com.br – editoraforum@editoraforum.com.br

Técnica. Empenho. Zelo. Esses foram alguns dos cuidados aplicados na edição desta obra. No entanto, podem ocorrer erros de impressão, digitação ou mesmo restar alguma dúvida conceitual. Caso se constate algo assim, solicitamos a gentileza de nos comunicar através do *e-mail* editorial@editoraforum.com.br para que possamos esclarecer, no que couber. A sua contribuição é muito importante para mantermos a excelência editorial. A Editora Fórum agradece a sua contribuição.

Dados Internacionais de Catalogação na Publicação (CIP) de acordo com a AACR2

G963e	Guimarães, Bernardo Strobel
	O exercício da função administrativa e o Direito Privado/ Bernardo Strobel Guimarães.– Belo Horizonte : Fórum, 2021.
	203 p.; 14,5cm x 21,5cm.
	ISBN: 978-85-450-0746-3
	1. Direito Administrativo. 2. Teoria Geral do Direito Administrativo. 3. Direto Privado. I. Título.
	CDD: 341.3
	CDU: 342.9

Elaborado por Daniela Lopes Duarte - CRB-6/3500

Informação bibliográfica deste livro, conforme a NBR 6023:2018 da Associação Brasileira de Normas Técnicas (ABNT):

GUIMARÃES, Bernardo Strobel. *O exercício da função administrativa e o Direito Privado*. Belo Horizonte: Fórum, 2021. 203 p. ISBN 978-85-450-0746-3.

Esse livro é dedicado aos meus filhos Eduardo e Fernando. Na esperança de que eles façam um mundo melhor.

*Esse livro é o resultado do trabalho que apresentei
como tese em meu Doutorado. Agradeço a orientação
da Professora Maria Sylvia Zanella Di Pietro e aos
demais integrantes da banca de doutoramento: Carlos
Ari Sundfeld, Dinorá Musetti Grotti, Floriano de
Azevedo Marques Neto e Fernando Menezes de
Almeida. Um agradecimento especial também se faz
necessário ao Professor Egon Bockmann Moreira,
grande incentivador de meus esforços acadêmicos.
Obrigado, hoje, ontem e amanhã.*

SUMÁRIO

INTRODUÇÃO 11

CAPÍTULO I
DIREITO ADMINISTRATIVO E DIREITO PRIVADO:
APROXIMAÇÕES E AFASTAMENTOS 17

1.1 Direito Privado e Direito Administrativo, início de uma crônica 17
1.2 Direito Antigo, Estado de Polícia 21
1.3 Origem do Direito Administrativo e suas características
     fundamentais 27
1.3.1 O Direito Administrativo francês – apontamentos gerais 29
1.3.2 O Direito Administrativo alemão – apontamentos gerais 36
1.4 Concepções do Direito Administrativo e o Direito Privado:
     a questão da exorbitância 39
1.5 O Direito Privado na gênese do Direito Administrativo 46
1.6 O Direito Privado como direito residual 50
1.7 O Estado Social e a sua revolução 54
1.8 O Estado Pós-Social: o recrudescimento da revolução 60

CAPÍTULO II
FUNÇÃO ADMINISTRATIVA: CONCEITO, CARACTERÍSTICAS E
POSIÇÃO CONSTITUCIONAL 67

2.1 A função administrativa 67
2.2 A função administrativa dentro das tarefas do Estado 69
2.3 O conteúdo da função administrativa 75
2.4 A função administrativa como atividade orientada a um fim 86
2.5 Função administrativa e regime de direito administrativo 92
2.6 Função administrativa na Constituição de 1988 108

CAPÍTULO III
O EXERCÍCIO DA FUNÇÃO ADMINISTRATIVA POR VIAS DE
DIREITO PRIVADO 119

3.1 O Direito Privado como via secundária para a Administração
     Pública – a posição tradicional 119
3.2 As tensões elementares: publicização do Direito Privado e fuga
     do Direito Administrativo 126
3.3 A divisão como fenômeno meramente descritivo: o pensamento
     de Charles Eisenmann 131

3.4 A propósito de uma síntese entre as visões descritivas e prescritivas.. 139

3.5 Limites e possibilidades da utilização pela Administração do Direito Privado e as vinculações públicas a que ele se sujeita........... 147

3.6 Justificativas para a utilização do Direito Privado pela Administração: o domínio econômico e a eficiência.......................... 158

3.7 A capacidade de a Administração agir segundo modelos privados: a superação da tipicidade das formas do agir administrativo........... 165

CONCLUSÕES.. 185

REFERÊNCIAS... 197

INTRODUÇÃO

O presente trabalho visa discutir as inter-relações havidas entre a Administração Pública e o Direito Privado. Ele se destina basicamente a responder à questão dos limites e possibilidades da utilização do Direito Privado pela Administração Pública. Nada obstante tenha sempre se reconhecido que a Administração Pública pode atuar em certas áreas em regime privado, tal como se dá com as empresas estatais, fato é que a utilização de técnicas dessa natureza é pouco estudada pela nossa doutrina. Nesta linha, o objetivo do trabalho é tentar contribuir para que se compreenda a relação existente entre o Direito Privado e a Administração Pública.

Para analisar o referido tema, num primeiro momento, optou-se por expor em uma perspectiva narrativa a relação havida entre o Direito Privado e sua utilização pela Administração Pública.

Assim, no primeiro capítulo primeiro contextualiza-se como a questão da relação entre o Direito Privado e a Administração Pública evoluiu no tempo. Primeiramente examinou-se a questão da existência de regras próprias ao exercício do poder desde o Direito Antigo, assinalando-se que o conceito de exorbitância precedeu a própria afirmação histórica do Estado de Direito. Neste momento, deu-se especial atenção à teoria do fisco, pois ela demonstra a dificuldade inerente à articulação entre o exercício da soberania e a utilização de vias consensuais.

Na sequência, analisou-se a emergência do Estado de Direito e do próprio conceito de Direito Administrativo. Por outro lado, examinou-se brevemente a evolução dos sistemas francês e alemão que configuram os dois sistemas de Direito Administrativo que influenciaram o direito continental europeu, ao qual nossa tradição jurídica se filia. Isto porque os dois sistemas têm uma concepção distinta acerca da relação entre Administração Pública e Direito Privado, o que se faz importante realçar para demonstrar as diferentes possibilidades acerca do tema.

Por fim, o capítulo se dedicou a estudar a questão da relação entre Direito Privado e Administração Pública a partir da modificação dos objetivos assinalados ao Estado. Com efeito, a evolução do Estado implicou alterações substanciais no que toca à relação entre a utilização do Direito Privado pela Administração Pública. De um panorama extremamente tímido no Estado Liberal, em que o Direito Privado cingia-se a tarefas subalternas da Administração, passou-se para o Estado de Bem-Estar Social, em que a Administração passou a atuar sobre o mercado, o que implicou um duro golpe nas linhas que viam sua atuação como sendo tipicamente autoritária. Posteriormente, com a emergência do Estado chamado Pós-Social, a atuação consensual foi levada para campos tradicionalmente regulados de maneira exclusiva por normas consagradoras da autoridade da Administração. Assim, o próprio exercício de prerrogativas públicas passou a ser exercido de maneira consensual em alguns casos, o que implicou uma severa alteração na relação da Administração com os instrumentos consensuais.

O primeiro capítulo, portanto, dedica-se a uma contextualização do tema, lançando algumas ideias que deverão ser retomadas ao se tratar do exercício da função administrativa por vias de Direito Privado.

O segundo capítulo tem um objetivo propedêutico: assinalar no que consiste a função administrativa, questão prejudicial à análise acerca da possibilidade de ela vir a ser exercida por vias de Direito Privado. Para poder discutir o tema central do trabalho era, portanto, inexorável abordar a questão da função administrativa de maneira a possibilitar as reflexões de natureza conclusivas sugeridas pelo terceiro capítulo.

Quanto à estrutura do segundo capítulo, ela se inicia pela posição topológica da Administração Pública em relação às demais tarefas reservadas pelo Estado. Assim, a par de indicar seu caráter de subordinação à lei, o trabalho procurou separar a administração da jurisdição no que toca à maneira pela qual ambas as tarefas se relacionam com a ordem jurídica.

Na sequência, buscou-se indicar que o conteúdo da função administrativa, nada obstante dependa da lei, não se exaure em uma aplicação mecânica da vontade do Legislador. O administrador concorre diretamente com sua vontade para efetivação do interesse público, não podendo a administração ser vista como uma atividade despida de qualquer autonomia. Os relevantes fins perseguidos pela Administração Pública demandam instrumentos capazes de conduzir à sua satisfação, o que não pode se perder de mira ao analisar a função administrativa. Compreender a relação da administração com a lei é fundamental para analisar o tema de fundo do presente trabalho, na precisa medida em que o Direito Privado contém um rol de soluções abstratas a serem implementadas, não se comprazendo, portanto, com um regime que exija dos sujeitos uma integral submissão à lei, sem qualquer espaço de autonomia para os administradores.

Uma vez afirmada a autonomia de que o administrador deve necessariamente desfrutar, passou-se a examinar a estrutura lógica

INTRODUÇÃO | 13

da função administrativa. Neste sentido, expôs-se que toda atuação administrativa é dominada por um fim externo ao agente. Assim, toda atividade administrativa predica um regime que possibilite o controle da satisfação dos objetivos públicos a ela assinalados, bem como dos meios utilizados para tanto. Por conseguinte, institucionalmente sempre haverá o contraste entre a atuação do administrador e os dados a ele assinalados pela ordem jurídica (fins e meios). Tais corolários derivam da própria estrutura lógica do agir administrativo e, portanto, sempre deverão ser atendidos independentemente do regime pelo qual a Administração venha a atuar.

Outro ponto analisado foi a questão da existência e do conteúdo de um regime próprio da atuação administrativa. Para examinar essa questão, apresentou-se o pensamento de Jean Rivero, Georges Vedel e Charles Eisenmann. Posteriormente apresentou-se a síntese da opinião desses autores de modo a se esclarecer no que consistiria o regime administrativo, posição essa algo distinta da apresentada tradicionalmente pela doutrina nacional, que se foca na ideia de um regime de prerrogativas e sujeições.

Finalizados esses esforços teóricos, investigou-se o papel da Administração na Constituição para ver se as ideias apresentadas resistiam a um teste de aderência à realidade. A pesquisa levada a efeito nas disposições englobou primeiramente a questão da separação dos poderes. Na sequência, examinaram-se os preceitos constitucionais que disciplinam a atuação da Administração Pública, independentemente de onde ela se manifesta. Por fim, avaliou-se o papel institucional do Executivo no exercício da função administrativa, especialmente a partir do papel reservado às autoridades que ocupam o ápice daquelas estruturas.

Por fim, o último capítulo se dedica a analisar em concreto a possibilidade de a Administração utilizar-se de vias de Direito Privado. Inicialmente, apresenta-se neste capítulo a posição tradicional acerca do tema, por meio dos ensinamentos de Renato Alessi. Isto com o objetivo de indicar quais as chaves teóricas que são adotadas ao defender um papel meramente subalterno para o Direito Privado em relação à Administração.

Fixadas tais premissas, indica-se a existência de duas visões distintas acerca da *summa divisio* entre Direito Público/Privado a refletir diretamente no conteúdo do Direito Administrativo. Elas são apresentadas por intermédio do debate estabelecido por alguns autores acerca da pretensa invasão do domínio público por normas de natureza administrativa e suas consequências. Essa linha de argumentação é apresentada conforme a visão de René Savatier e Jean Rivero, para quem a separação entre direito público e privado encerra em si um valor lógico, a separar de maneira estanque tais disciplinas. Os referidos autores, portanto, veem um valor prescritivo na separação.

À opinião deles se contrapõe a doutrina de Charles Eisenmann, que, respondendo às teses de Savatier, sustenta que a divisão nada mais é que uma conveniência didática, despida de qualquer valor existencial. Nesta linha, a separação entre Direito Público e Privado é meramente descritiva, interditando que se pretenda ver nela racionalidades distintas. Como consequência desta maneira de pensar pode-se perfeitamente admitir que a Administração Pública aplique regras privadas, sem que isso implique qualquer contradição.

Como nenhuma das visões dá conta de explicar por completo a questão da separação entre Direito Público e Privado, apresenta-se a síntese entre as duas linhas, tentando preservar os seus acertos e escoimar seus equívocos. Com efeito, o dado fundamental – tal como se conclui a partir das ideias fixadas no segundo capítulo – é definir a posição institucional da Administração Pública em nosso sistema, que se sujeita a vinculações especiais capazes de garantir certo nível de vinculação que jamais será observado na atuação privada. Portanto, nada obstante não haja uma separação de essência entre o Direito Público e o Privado, fato é que existem certas particularidades que garantem uma posição especial à atuação da Administração. Contudo, tal posição não se traduz na superioridade intrínseca da Administração, mas sim nos constrangimentos necessários para que ela esteja de fato orientada à satisfação dos interesses públicos.

Assim, a partir dessas premissas, percebe-se que o Direito Privado não é por definição incapaz de reger as relações da Administração. Ou seja, não há uma oposição ontológica entre a atuação da Administração e a utilização de vias privadas. Todavia, na justa medida em que a Administração jamais será um sujeito dotado de autonomia, as regras privadas não são a ele aplicadas na mesma medida do que se estivesse em causa um sujeito privado. Há uma série de peculiaridades que se põem ao exercício de função administrativa por vias privadas. Primeiramente, ressalta-se que a decisão que precede a utilização delas se dá sempre por meio de procedimentos de natureza pública, o que garante a possibilidade de se controlá-las à moda de qualquer outra decisão administrativa. Por outro lado, mesmo atuando em vias privadas a Administração ainda mantém o dever de atingir objetivos públicos e de respeitar os valores que lhe são postos pela ordem jurídica. Em especial, ela se sujeita a um dever de respeitar os direitos fundamentais, não podendo esta opção se convolar em uma fuga de suas vinculações.

Quanto aos domínios em que o Direito Privado pode contribuir com a atuação da função administrativa registra-se que isto ocorre atualmente não só no campo da gestão econômica, mas também no exercício de prerrogativas públicas propriamente ditas (tal como ocorre com a aplicação de sanções). No que toca à gestão patrimonial, o Direito Privado, por ser o direito comum do comércio jurídico, pode vir a contribuir no sentido de ampliar as possibilidades de atuação da Administração neste campo, de modo a facilitar o cumprimento de suas missões institucionais. Quanto à atuação de poderes públicos por vias consensuais, na medida em que se têm aí a estrutura de um negócio jurídico, o Direito Privado também pode oferecer sua contribuição. A justificativa da utilização do Direito Privado neste campo diz com uma maior eficiência da atuação administrativa, que pode utilizar vias consensuais para tanto.

Por fim, examinou-se a questão fundamental relativa à utilização do Direito Privado pela Administração investigando o tipo de vinculação legal necessária para que isto ocorra. A partir das normas do Código Civil, que atribuem capacidade para a Administração praticar atos na ordem privada, registra-se a existência de uma autorização geral para que a função administrativa seja exercida por vias privadas, dispensando autorizações concretas para cada caso. Apenas quando houver um veto específico a tal alternativa é que está interditado o recurso às vias privadas. Todavia, essa autorização geral não é um cheque em branco. Primeiro, há diversas questões tratadas pelo Direito Privado que escapam à Administração devido ao simples fato de ela ser uma pessoa jurídica. Por outro lado, há de se ver se as soluções privadas são capazes de atingir os fins públicos e os controles que se impõem à atuação administrativa. Ou seja, ainda que normas da ordem privada sejam em tese aplicáveis, elas dependem de um juízo concreto de adequação ao fim público para poderem ser utilizadas. De toda sorte, a partir da existência de uma capacidade geral para a prática de atos na ordem civil possibilita-se à Administração utilizar modelos consensuais em substituição aos modelos pré-definidos em lei, trazendo-se uma nota de atipicidade na atuação administrativa.

CAPÍTULO I

DIREITO ADMINISTRATIVO E DIREITO PRIVADO: APROXIMAÇÕES E AFASTAMENTOS

1.1 Direito Privado e Direito Administrativo, início de uma crônica

A emergência do Direito Administrativo nos sistemas jurídicos de matriz continental europeia se deu pela afirmação da especificidade das suas normas em relação às normas de Direito Privado, sendo estas compreendidas como as que ordinariamente se destinariam a reger a vida em sociedade (*i.e.*, configurariam o chamado Direito Comum) e aquelas que tratariam do Estado. E isso por uma razão bastante simples: quando da afirmação histórica do Direito Administrativo vigiam concepções liberais que, a par de promover uma separação rígida entre sociedade e Estado, apartavam de modo estanque Direito Privado e Direito Público.

O reconhecimento da autonomia daquela disciplina jurídica se deu, portanto, pela progressiva compreensão de que no relacionamento entre a Administração e o particular incidem normas que exorbitam do Direito Comum, dotadas de características próprias e particulares, que justificariam sua análise autônoma.[1] Na raiz desse fenômeno está

---

[1] Este ponto é salientado por Maria João Estorninho, que afirma que: "No século XVIII, toma-se consciência da especificidade das regras administrativas, por oposição ao conceito

a concepção de que os objetivos maiores da sociedade devem ser tutelados de modo distinto do que seria possível à luz dos referenciais do Direito Privado. Essa característica pode ser vista não só na emergência do Direito Administrativo na França, mas também nos demais modelos havidos na Europa, tal como o alemão, que acabaram fixando o núcleo desta disciplina, constituindo verdadeiro artigo de exportação.

A história do Direito Administrativo se confunde, pois, com o crescente descolamento das normas que regem a relação entre Estado e indivíduos do Direito Comum, até que se lhes possa reconhecer autonomia em relação a este.[2] Não é à toa que o direito administrativo representa, portanto, um *direito especial*, conforme anotam Eduardo Garcia de Enterría e Tomás Rámon Férnandez.[3] Essa especialidade reside precisamente no *caráter derrogatório* que se reconhece às normas que integram e configuram o Direito Administrativo. O *quid* que faz o Direito Administrativo ser especial é precisamente o que lhe aparta do Direito Privado.

Analisando a sua evolução histórica, Guido Zanobini já destacava duas condições necessárias para que se pudesse falar em Direito Administrativo em sentido próprio. Além da submissão do poder à lei, seria necessário que houvesse a *vinculação da Administração a regras distintas das impostas aos cidadãos*. Textualmente:

> Nenhum Estado, por mais primitiva e simples que seja a sua organização, pode deixar de ter (prescindir) uma função administrativa e os orgãos a ela delegados: nem todos os Estados, porém, apresentam

---

de 'Direito Comum' entendido no sentido de 'direito aplicável para todos', e já não se trata sequer apenas, como na Idade Média, do particularismo de uma única categoria especial de regras – os privilégios do Fisco. Essas regras derrogatórias do Direito Comum aparecem como privilégios e associadas ao primado do interesse geral sobre os interesses privados" (*A Fuga para o Direito* Privado – Contributo para o estudo da actividade de direito privado da Administração Pública. Coimbra: Almedina, 1999. p. 27-28).

[2] Conforme Otto Mayer, a noção de Direito Comum remete ao fato de que com a queda do Império Romano, a relação entre os indivíduos passou a ser regulamentada com base no Direito Romano, que assumia assim validade universal. Todavia, no que toca à noção de *Majestas populi Romani* – fundamento da atuação soberana dos magistrados de Roma – ela teria se perdido no tempo, especialmente na Alemanha. Na justa medida em que o poder público não passava de um "conglomerado" de direitos particulares dos príncipes (ainda que limitados pelo Direito Natural), as suas relações com os particulares travavam-se sobre as claves do Direito Privado. Daí ter concluído o autor que *"El derecho administrativo de esta época se construye sobre el modelo del derecho civil."* (p. 33, grifo original), o que equivale a dizer que não havia qualquer autonomia deste quadrante do direito. (*Derecho Administrativo Alemán*, tomo I. Tradução de Horacio H. Heredia e Ernesto Krotoschin. Buenos Aires: De Palma, 1982. p. 29-33).

[3] *Curso de Derecho Administrativo.* v. I, 12. ed. Madri: Thomson Civitas, 2005. p. 43 e ss.

um direito administrativo. A existência deste está subordinada a duas condições: que a atividade administrativa esteja regulamentada por normas jurídicas exterioromente obrigatórias, e que tais normas sejam distintas das que regem outras pessoas jurídicas e em particular as pessoas físicas (cidadãos).[4]

Portanto, a afirmação do Direito Administrativo não prescinde da afirmação do conteúdo específico de suas normas, apartando-as das que regem os demais assuntos da vida em sociedade. Conforme sintetizou Sabino Cassese: "O direito administrativo nasce do reconhecimento da inadequação do direito privado, por conseguinte, como direito derrogatório."[5] Eis a marca fundamental do que se compreende por Direito Administrativo: uma disciplina caracterizada pela derrogação do Direito Privado.

O Direito Administrativo é autônomo na precisa medida em que a Administração se descola das regras que regem os demais sujeitos de direito nas suas relações. O sujeito Administração (ou o poder do Estado representado nas relações privadas),[6] tendo em vista as suas características elementares, passa a contar com um regime jurídico que lhe é próprio, cujo conteúdo é formado por normas que se apartam do Direito Privado.

Assim, os atos praticados pela Administração não se amoldam ao regime jurídico aplicável aos demais sujeitos, nada obstante em ambos os casos esteja em causa definir a alteração de situações de fato e direito. É dizer, ao lado das normas que regem as inter-relações entre os sujeitos privados – que caracterizam o Direito Comum – existem aquelas que são próprias da relação que se estabelece com a Administração. O grande problema, entretanto, foi separar uma das outras.

Este processo de ruptura do Direito Administrativo tem uma longa história, que passa não só pela percepção de sua autonomia didática, mas também pela evolução da ideia de exorbitância que vai caracterizar-lhe desde a origem. A questão fundamental neste instante

---

[4] *Corso di Diritto Amministrativo*. v. I, 5. ed. Milão: Giuffrè, 1947. p. 31.

[5] Tendeze e problema del diritto amministrativo. *Rivista Trimestrale di Diritto Pubblico*, Milão, n. 4, p. 908, 2004.

[6] A ressalva tem sentido, pois a atribuição de personalidade à Administração não era admitida na França durante o fim do século XIX até o início do século XX. A personificação do Estado como sujeito de direitos e obrigações – construção da doutrina do *staatsrecht* alemão – era vista com desconfiança na França, sendo apontada como totalitária. Nesse sentido a crítica veemente de Henry Barthélemy a tal doutrina (De l'exercice de la souveraineté par l'autorité admistrative. *Revue du Droit Public et de la Science Politique en France et a l'Étranger*. Paris: Giard & Briere, 1904. p. 209-227).

é, portanto, compreender o inter-relacionamento entre o Direito Administrativo e o Direito Privado, que está na base mesmo da compreensão que temos acerca daquela disciplina. Este capítulo se dedica a indicar o processo de descolamento entre estes dois ramos da ciência jurídica, sem menoscabar o fato de que – sempre – ainda que em alguma medida, o Direito Privado integrou a maneira de atuação do Direito Administrativo. Por mais que haja um descolamento formal entre as matérias, o Direito Administrativo sempre se valeu – em menor ou maior medida a depender do momento histórico – do Direito Comum. Assim, tem-se por objetivo estudar não apenas o que apartou as referidas matérias, mas também os pontos de contato que foram mantidos.

Para fins de sistematização, a questão será analisada à luz de alguns cortes metodológicos capazes de informar os pontos a serem ressaltados nesse capítulo. Primeiramente, é de se destacar, ainda que com brevidade, as características do Direito Antigo, anteriores à formação dos Estados Modernos. Depois, é de se destacar a existência de um corte relativo às duas matrizes fundamentais do Direito Europeu, referentes ao sistema francês e alemão.

Justificando essa opção, destaca-se – de acordo com Michel Fromont – a existência de três sistemas de direito administrativo na Europa: o francês, o alemão e o inglês, que ficou restrito à Inglaterra (e foi aplicado em suas colônias).[7] Quanto a esse último, sua análise será dispensada tendo em vista a pouca influência dessa matriz em nosso sistema jurídico.[8] Nada obstante não se possa mais sustentar a inexistência de Direito Administrativo na Inglaterra, sob a luz das ideias de Albert Venn Dicey,[9] fato é que tal sistema pouco influenciou as concepções adotadas a partir do referencial continental europeu.[10]

Por seu turno, os sistemas francês e alemão contribuíram decisivamente para a formação do Direito Administrativo de matriz continental europeia, merecendo ser analisados ainda que com brevidade.

---

[7] Cf. *Droit administratif des États européens*. Paris: PUF, 2006. p. 13. De acordo com o autor integram o grupo francês: França, Holanda, Bélgica, Itália e Grécia. O alemão é composto por: Alemanha, Suíça, Áustria e Polônia. Ao lado destes Portugal, Espanha, Suécia e Finlândia teriam sofrido influência dos dois sistemas, apresentando características de ambos.

[8] Para uma explicação acerca do Direito Administrativo no sistema da Common Law na doutrina nacional consulte-se Geraldo Ataliba (*O Direito Administrativo no Sistema do "Common Law"*. São Paulo: Instituto de Direito Público da Faculdade de Direito da USP, 1965).

[9] *Introduction to the Study of the Law of the Constitution*. Londres: Macmillan, 1893. p. 306-333.

[10] Sobre a evolução da questão no direito inglês, consulte-se Jean-Bernard Auby (A propos de la notion d'exorbitance du droit administratif. In: MELLERAY, Fabrice (Org.). *L'exorbitance du Droit Administratif en question(s)*. Paris: LGDJ, 2004. p. 9-24).

Destaca-se ainda que no modelo francês e no alemão a utilização do direito privado é vista de maneira distinta, ponto que merece ser destacado ao se examinar, ainda que brevemente, a relação havida entre Direito Privado e Direito Administrativo nesses diferentes sistemas.[11]

O terceiro corte diz com a análise a partir de dois momentos distintos referentes ao exercício da função administrativa, tendo em consideração a relação do Direito Administrativo com o Direito Privado. Com efeito, a evolução natural da figura do Estado levou a substancial alteração no conteúdo da função administrativa. Por consequência, a relação entre Direito Privado e Direito Administrativo alterou-se substancialmente na medida em que mais e mais formas de atuação passaram a ser exigidas do Estado. Assim, é necessário lançar algumas luzes acerca da evolução do Estado e da concepção de administração, contrastadas com a utilização de vias privadas em cada um desses modelos.

Eis em síntese os objetivos deste primeiro capítulo.

1.2 Direito Antigo, Estado de Polícia

Note-se desde logo, que mesmo muito antes do Estado de Direito, as prerrogativas dos Príncipes no Direito Antigo, que caracterizavam o *jus eminens*, já eram tidas como derrogatórias do Direito Comum, pois nelas havia uma parcela de autotutela dos interesses soberanos, que não era possível de ser assimilada à regulação jurídica ordinária.

Ou seja, a ideia de que certos quadrantes da vida jurídica não eram capazes de ser reconduzidos às normas destinadas à universalidade dos sujeitos é anterior à própria noção de Direito Administrativo. Ele deriva diretamente das concepções do Direito antigo que atribuíam prerrogativas especiais aos príncipes.

Conforme anotou Otto Mayer:

> Considerar a la ejecución administrativa y a la represión de policía como actos mediante los cuales el príncipe se hace justicia por sí mismo, ejerciendo sus prerrogativas, son juicios que tienen cabida en el cuadro de las ideas del derecho civil; sin embargo, *el hecho de admitir la legalidad de semejante procedimiento equivale, ya en cierto modo, al reconocimiento de la naturaleza especial de estos derechos.*[12]

---

[11] Nesse sentido vão as advertências de Sebastian Martin-Retortillo Baquer. *El derecho civil en la génesis del derecho administrativo y de sus instituciones.* 2. ed. Madri: Civitas, 1996, *passim*.

[12] *Derecho Administrativo...*, p. 44. Destaque nosso.

No mesmo sentido, vai a advertência de Grégoire Bigot, ao analisar a evolução histórica do Direito Administrativo:

> Por outro lado, tratar-se-ia de um direito administrativo por antecipação porque ele aparece claramente diferenciado do direito comum (ius commune); vale dizer que ele põe em prática (emprega, utiliza) um direito exorbitante (literalmente: aquilo que sai do que é comum).
>
> Esta cisão (divisão) do direito estaria de acordo com a redescoberta da distinção, proveniente do direito romano, entre direito privado e direito público. A summa divisio (divisão entre direito público e direito privado), teorizada na época medieval a partir de um trecho do Digesto, facilitaria a pré-conceptualização de um direito extraordinário em favor de "autoridades administrativas". Este direito derrogaria o direito comum em razão do desequilíbrio entre o interesse das partes em presença: o poder senhorial ou municipal impõe sacrifícios em nome do interesse geral, mas o (indivíduo) particular dispõe da faculdade de poder fazer valer um mínimo de direitos afim de que a autoridade (poder) só possa ser exercida em uma medida que seja justa.[13]

Com efeito, a noção de que a busca de certos fins coletivos merece ser feita por vias de autoridade, que exorbitam do Direito Comum, é ideia que antecede a própria afirmação histórica do Direito Administrativo, sendo já clara, quando menos, desde a Idade Média.[14]

Ou seja, a ideia de que certos sujeitos devem gozar de prerrogativas ao atuar sua vontade é uma ideia que não é própria do Direito Administrativo, sendo anterior a ele (entretanto, sendo por ele apropriada e reordenada posteriormente).

Todavia, é preciso destacar que no Direito Antigo os indivíduos eram deixados relativamente livres. O poder reconhecido aos príncipes não os constrangia e raramente se fazia presente, senão nos casos de guerra. A relação prevalente era a de vassalagem a unir os indivíduos diretamente aos seus senhores, não se cogitando de um espectro maior de poder (como na ideia de Estado). Há, tal como anotou Rogério

---

[13] *Introducion historieque au droit administratif depuis 1789.* Paris: PUF, 2002. p. 18.

[14] É necessário advertir que nada obstante o Príncipe não fosse submetido ao direito, pois em verdade ele o criava, o período do Feudalismo conheceu sistemas de proteção individual, sendo eles basicamente derivados dos contratos e da propriedade privada, que serviam de limite ao poder real. Neste sentido, consultar: José Antonio Maravall. A função do direito privado e da propriedade como limite do poder do Estado, em *Poder e Instituições na Europa do Antigo Regime*. Organizado por António Manuel Hespanha. Lisboa: Calouste Gulbenkian, sem ano. p. 233-247.

Ehrhardt Soares, um "adormecimento dos interesses públicos" que se contrapõe à "afirmação dos interesses privados".[15]

Com a emergência do absolutismo, o Estado de Polícia (*ou Absolutista, valendo-se de outra terminologia também célebre*) continuou a atribuir a certas manifestações estatais o caráter de derrogação da regulação jurídica ordinária. O que ocorre é que foi substituída a figura do Príncipe – pessoa natural que era titular das prerrogativas em nome próprio – pela de Estado, pessoa moral dotada de soberania, que se orienta pela busca concreta do bem comum.[16] Todavia, essa transformação não implicou que o poder deixasse de ser exercido por vias privilegiadas. Nada obstante haver uma radical transformação acerca do fundamento das prerrogativas, não se pôs em causa em momento algum a necessidade de que o poder instituído contasse com elas na sua atuação. Alterou-se o fundamento do poder, todavia, não as consequências derivadas da sua atuação jurídica. Mesmo se pondo de lado a figura do Príncipe, mantiveram-se os privilégios inerentes à sua atuação.

Registra-se ainda que a emergência do Estado de Polícia representou a impossibilidade de se manterem os sistemas de proteção individual tradicionais do Direito Antigo, tendo em vista a ideia de soberania. É que ao contrário do Príncipe, que estava limitado por direitos dos súditos derivados de títulos legítimos (como a propriedade e o contrato), o Estado de Polícia não estava sujeito a tais limitações, pois soberano.

Por definição, a soberania não se vergava a tais institutos, pois tinha justamente por característica elementar não conhecer limites no plano interno, impondo-se a todos como um *poder extroverso*. A soberania de um Estado só era passível de articulação quando encontrasse outro ente, que fosse dela dotada também. Somente dois entes soberanos é que podiam se articular pela via do consenso. Contudo, frente aos particulares não havia limite de ordem alguma: a soberania passava sobre tudo e todos. Logo, no plano interno, a relação entre o poder estatal e seus súditos não conhecia quaisquer temperamentos, estruturando-se ao largo da ideia de imposição, e não de consenso.

---

[15] *Sentido e limites da Administração Pública*. Macau: SAFP, 1997. p. 15.

[16] Fritz Fleiner manifesta-se acerca deste período: "Los nuevos fines del Estado, especialmente el de realización del bienestar de los ciudadanos, tal como eran concebidos por el Estado-polícia, exigieron una amplia intromisión de la autoridad en la esfera privada de los súbditos; la actuación de aquélla no tenía en sus orígenes ninguna limitación legal, de ello surgió una abierta oposición entre Justicia y Policía (Gobierno)" (*Instituciones de Derecho Administrativo*. Tradução de Sabino A. Gendin. 8. ed. Barcelona: Labor, 1933. p. 27).

Deriva daí a fundamental questão do Estado de Polícia: equacionar a soberania com a proteção individual. Levar às últimas consequências a ideia de que a soberania não cede no plano interno implicava deixar os particulares carentes de qualquer proteção, bem como manietar a possibilidade de atuação do Estado, que por vezes tinha que se articular com sujeitos privados para dar conta de necessidades inerentes ao seu funcionamento.

A solução dada na Alemanha no período do Estado de Polícia para articular as prerrogativas públicas com o Direito Comum é digna de nota pela influência que veio a exercer futuramente sobre a doutrina do Direito Administrativo.

Sobre um certo ângulo, a resposta encontrada para equacionar a necessidade de dar direitos aos indivíduos em face do Estado no período de Polícia é retomada nos primórdios do Direito Administrativo, daí a importância de se analisá-la, ainda que *en passant*.

Tendo em mira que a atuação do Estado ao exercer prerrogativas de império (*i.e.*, exteriorizando sua soberania) era incapaz de ser submetida a qualquer controle jurídico efetivo foi teorizada a *doutrina do fisco*. De acordo com a síntese de Fritz Fleiner:

> Según esta teoría, el patrimonio público no pertenecía ni al Prícipe ni al Estado Soberano, sino a un *sujeto jurídico distinto de ambos: o Fisco*, o sea una persona sometida al Derecho patrimonial. *La teoría del Fisco consideró el Derecho patrimonial como una parte del Derecho privado: por lo tanto, no se encontraron dificultades para someter el Fisco, como un particular cualquiera, a la Justicia y a las normas jurídicas, es decir al Derecho civil.*[17]

A partir desta doutrina, a personalidade estatal foi cindida juridicamente em duas.

Uma, efetivamente responsável pelo exercício de prerrogativas de império (que encarnava e atuava em concreto a soberania) e outra, a quem incumbia gestão patrimonial do Estado. Aquela, sujeita exclusivamente a normas derrogatórias do Direito Comum, representando a associação política inerente ao Estado; esta submetida e controlada por normas de Direito Privado, válidas em igual medida para os particulares e para o Estado, atinentes à sociedade de interesses pecuniários que também era representada pelo poder público organizado.

---

[17] *Instituciones...*, p. 29. Grifo nosso.

Na precisa síntese de Otto Mayer: "El fisco es, por su naturaleza, el 'hombre privado ordinario'; administrando su patrimonio está sometido al derecho civil, depende de la jurisdicción civil. El Estado propiamente dicho no tiene patrimonio; en cambio, se halla investido del poder público, del derecho general de mando. El fisco es súbdito como los demás."[18]

A cisão jurídica da personalidade do Estado foi que permitiu a gestão patrimonial necessária à sua manutenção, bem como o respeito a posições individuais. O artifício permitiu uma válvula de escape ao rigor derivado da adoção do critério de soberania como estruturante do papel do Estado. Sem colocar em causa os atributos da soberania, a teoria do fisco permitiu que o Estado se tornasse em alguma medida responsável pelos seus atos, bem como pudesse se articular pela via do consenso sem abandonar as derivações da ideia de soberania.

Por intermédio do Fisco, é que o Estado podia ser proprietário de bens, participar de negócios jurídicos, remunerar seus funcionários etc. Isto porque a ideia de soberania implicava àquele tempo a completa impossibilidade de o Estado articular-se com os privados sob o ângulo obrigacional.[19]

A presença do Estado enquanto sujeito titular de soberania impedia que qualquer vínculo por ele constituído viesse a limitar a sua capacidade de atuar no plano interno, o que conduzia à incapacidade de se antepor a ele qualquer limite jurídico. Assim, repugnava à ideia de soberania qualquer manifestação estatal que se fundasse no nivelamento entre Estado e particulares. Portanto, as manifestações próprias do Estado necessariamente se dariam por meio de vias de autoridade, em relação às quais os particulares não tinham quaisquer meios de oposição legítima. Diante de um ato investido de soberania não cabia ao particular nenhuma conduta, senão curvar-se diante dele.

Tal concepção, a par de nos parecer exótica e artificial hoje em dia, paradoxalmente, possibilitou atribuir aos sujeitos privados certos níveis de proteção em face do Estado de Polícia, perdidos com a superação das regras de cunho tradicional vigentes no Direito Antigo, que por meio da propriedade e do contrato limitavam o poder do Príncipe.

---

[18] *Ibidem*, p. 64.

[19] Neste sentido, anota Maria João Estorninho: "Em bom rigor, o Fisco não passava de uma ficção, através da qual era possível que o Rei, sem perda de soberania, pudesse estabelecer relações jurídico-privadas com particulares, celebrando contratos, comparecendo em juízo e estando sujeito a que, contra ele, os particulares reivindicassem seus direitos." (*A fuga...*, p. 25).

A ficção do Fisco possibilitou que se retomasse a proteção dos particulares, sem flexibilizar a nota plenipotenciária atribuída à soberania enquanto manifestação interna do poder estatal.

Note-se que com a afirmação do Estado Absoluto, perderam-se as normas protetivas de natureza estatutária que resguardavam os súditos de investidas sobre seu patrimônio jurídico por parte dos Príncipes. Originariamente, a soberania não conheceu quaisquer temperamentos derivados da posição jurídica dos particulares. Daí que a doutrina do fisco foi fundamental para atribuir aos particulares direitos em face do Estado, ainda que sob a ótica exclusivamente patrimonial (não havendo qualquer obrigação do Estado propriamente dita perante seus súditos, mas apenas do Fisco). Assim, permitiu-se a proteção dos indivíduos frente ao Estado ainda antes de surgirem as doutrinas que atribuíam ao homem um cânone inalienável de direitos derivados exclusivamente da sua condição humana.

Em síntese: nada obstante o Estado ser plenipotenciário e ter a prerrogativa de avançar livremente contra as esferas individuais, nos casos em que tais investidas lesassem os particulares, surgia a obrigação para o Fisco de reparar os danos daí derivados. Portanto, a atuação do Estado dividia-se em duas. Ao passo que uma personalidade investia sobre as esferas de interesse privado sem quaisquer limites, outra – desarmada da soberania – era chamada a prestar contas da atuação daquela, inclusive indenizando os danos daí derivados.

Assim, é dupla a importância da doutrina do Fisco. Por um lado, ela constitui um modo efetivo de proteção dos particulares em face do Estado, indicando um dos elementos essenciais à compreensão e à afirmação do Direito Administrativo. Por outro, ela acentua a percepção de que a regulação jurídica própria do exercício do poder exorbita das raias do Direito Comum.

Ambos os elementos contribuem de maneira decisiva para a afirmação do Direito Administrativo como o compreendemos hoje. Afinal, se algo é elementar e constante neste ramo do direito é a tensão entre a autoridade e as posições jurídicas dos cidadãos.

Outro ponto digno de nota é que por intermédio da teoria do Fisco evidencia-se a necessidade de, em alguma medida, o Direito Privado comparecer à vida do Estado. Por mais que se reconheça ao Estado soberano prerrogativas de império inerentes à sua atuação, em alguma medida se impõe que ele atue sob bases consensuais. A teoria do Fisco denuncia desde muito cedo a impossibilidade de se exigir que o Estado se relacione exclusivamente por vias que consagrem a autoridade. Ideia essa que denuncia que o Direito Privado, como um clandestino, sempre esteve escondido nos porões do Direito Público.

1.3 Origem do Direito Administrativo e suas características fundamentais

Nada obstante possam ser encontrados elementos históricos relativos ao Direito Administrativo ainda anteriores ao Estado de Direito, é fato que a institucionalização dos poderes estatais e a sua completa submissão ao direito contribuíram de maneira decisiva para afirmação desta matéria como a compreendemos hoje.

Em um certo sentido, o Direito Administrativo é fruto das revoluções liberais, especialmente da Revolução Francesa e do período que se sucedeu a ela.[20] Conforme anota Sabino Cassese: "O direito administrativo nasce na França como efeito da revolução francesa e do primeiro Império, que derrubam (abolem) não só as instituições políticas, mas também as instituições administrativas do Antigo Regime."[21]

E uma das características desse Direito Administrativo gestado pela superação do *Ancien Régime* é exatamente seu descolamento do direito ordinário, dando origem a um corpo de normas particular, a ser aplicado de maneira independente.

Novamente com Sabino Cassese: "(...) o direito administrativo implica que os poderes públicos estão submetidos a normas derrogatórias do direito comum e que poderes especiais lhe são atribuídos, decorrentes de sua participação na soberania do Estado: o Príncipe não está submetido às leis civis."[22] Com efeito, a tradição de se garantir a quem exerce o poder o acesso a vias jurídicas favorecidas não é abandonada

---

[20] Registra-se, todavia, que há doutrinadores que pretendem que o surgimento do Direito Administrativo antecede a Revolução Francesa, pois algumas estruturas que permitiram a afirmação da autonomia desta matéria derivam do *Ancien Régime*, bem como eram conhecidos limites ao Poder. Todavia a opinião amplamente majoritária atrela a origem do Direito Administrativo à Revolução, pois foi apenas neste momento em que se afirmaram os princípios necessários ao reconhecimento da sua autonomia. Para uma resenha dessa questão, consulte-se: Carmen Chinchilla Marín. Reflexiones en torno a la polémica sobre el origen del Derecho Administrativo em *Nuevas Perspectivas del Derecho Administrativo, tres estudios*. Madri: Civitas, 1992. p. 21-57 e Odete Medauar. *O Direito Administrativo em Evolução*. 2 ed. São Paulo: RT, 2003. p. 13-23. Isso, contudo, não significa que certos esquemas do *Ancien Régime* não tenham sido mantidos mesmo após a revolução. Por óbvio, que por mais radical que a Revolução de 1789 tenha sido, certas estruturas anteriores a ela foram mantidas.

[21] *La Construction du droit administratif France et Royaume-Uni*. Paris: Montchrestien, 2000. p. 21.

[22] *La Construction...*, p. 23. Destaque nosso.

no período Liberal com o surgimento do Direito Administrativo, nada obstante passe por reformulações.

Neste momento, a ideia de exorbitância ganha um novo sentido incapaz de ser compreendido nos termos que eram afirmados desde a Idade Média e que foram mantidos no Estado de Polícia. Mesmo sendo preservada a ideia de que o atuar do Estado justifica o recurso a um Direito que não se confunde com o que é chamado ordinariamente a mediar conflitos privados, *a natureza de tal prerrogativa passa a ser substancialmente distinta a partir da Revolução Francesa*. Novamente (*a exemplo da passagem da Idade Média para o Estado de Polícia*), altera-se o fundamento dessa relação, mas não a consequência, qual seja, a existência de normas derrogatórias e específicas.

Naquele tempo, a fonte de legitimação deixa de ser a velha estrutura que atribuía poderes absolutos ao Príncipe e passa a ser imputada à Nação. Mais do que isso, a vontade da Nação é expressa na lei, depositária da *vontade geral*. A lei (geral e abstrata) é, pois, a corporificação da igualdade, pois ninguém dela escapa (especialmente, o Estado). Opera-se, portanto, a juridicização do Poder, bem como o banimento de qualquer poder que não funde sua autoridade na lei. Daí porque ter sido proscrita toda autoridade que anteriormente era desfrutada por uma série de corpos intermediários, cuja legitimidade se fundava na tradição e não na ordem jurídica posta. Assim, a autoridade que se afirma por cima das relações privadas é a autoridade da Lei, continente da vontade geral.

Conforme destacou Giulio Napolitano, a ideia de exorbitância no Direito Administrativo resulta da clara separação entre estado e sociedade e que, por sua vez, fundava-se em duas tendências do pensamento moderno: a afirmação da soberania e da possibilidade de o Legislativo atuar sem limites ou vínculos.[23] Assim, *a ideia de que administrar exige o recurso a regras próprias fundadas exclusivamente na lei é também uma contribuição do Estado de Direito de índole liberal*. Foi apenas neste momento que se somou ao conceito de soberania a noção de que o Direito pode ser criado livremente pelos Parlamentos, impondo-se a todos como a vontade geral legitimamente externada. Contudo, os Parlamentos deveriam dedicar-se a enunciar as regras que a reta razão impunha, de maneira geral e abstrata.

Assim, a própria Administração passa a ser submetida à vontade geral expressada pela lei, o que predica uma atuação conforme a ordem

---

[23] *Pubblico e privato nel Diritto Amministrativo*. Milano: Giufrè, 2003. p. 5-6.

jurídica vigente. É dizer: "se trata de la conversión del hecho bruto del poder político en la idea técnica de la competencia legal."[24] Criada a competência, a Administração está livre para atuar, restringindo-se o poder à lei.

Por outro lado, consagra-se a separação de poderes como necessária à configuração do Estado Liberal, o que implica apartar a Administração de outras funções também exercidas por ele. A partir daí, a Administração passa a ser compreendida como um quadrante autônomo em relação à atuação do Estado, não se confundindo com o Judiciário ou com o Legislativo. A ela é reservada a missão de executar as leis, zelando em concreto pela ordem pública. Este é outro elemento essencial à afirmação histórica do Direito Administrativo, conforme anotam Luca Manori e Bernardo Sordi: "O caráter típico da nova doutrina consiste justamente (precisamente) em assumir como um dado objetivo a existência de uma "matéria administrativa", distinta da judiciária".[25]

1.3.1 O Direito Administrativo francês – apontamentos gerais

Indicado o contexto do qual emerge o Direito Administrativo, e fixada a premissa de que a sua origem remete à Revolução Francesa, importa analisar a questão sob o ponto de vista francês.

Sob esta linha, pode se afirmar que a emergência do Direito Administrativo a partir da Revolução de 1789 assenta-se em três grandes princípios: *a origem do poder, os limites do poder e a organização do poder.*[26] A soma de tais condições é que permitiu o surgimento desta disciplina jurídica na França, não tendo sido verificadas todas elas durante o *Ancien Régime*, o que torna um abuso de linguagem referir a existência do Direito Administrativo antes deste período.

Em relação às características do Direito Administrativo que emergiu da Revolução Francesa, Sabino Cassese arrola *seis* delas.[27]

Primeiro, houve uma concentração de poderes em favor da Administração não só em relação aos cidadãos, mas também em relação

---

[24] ENTERRÍA GARCIA. Eduardo. *La lucha contra las inmunidades del poder*. 3. ed. Madri: Civitas, 1989. p. 14-15.

[25] *Storia del diritto amministrativo*. 4. ed. Roma: Laterza, 2006. p. 279.

[26] Neste sentido manifesta-se Carmen Chinchilla Marín. Reflexiones en torno a la polémica sobre el origen del Derecho Administrativo em *Nuevas Perspectivas del Derecho Administrativo, tres estudios*. Madri: Civitas, 1992. p. 22.

[27] *La Construction...*, p. 22-25.

aos funcionários públicos e aqueles que com ela possuíam contratos. Como contrapartida da especificação da função administrativa houve a imediata ampliação do seu âmbito de atuação. A Administração Pública atraiu para si diversas atribuições antes dispersas, o que implicou que a ela fossem acometidas esparsas entre distintos corpos e instituições.

Segundo, surgem leis específicas que fixam prerrogativas em favor da Administração e se descolam do Direito Civil. Tais normas se fundamentam diretamente na ideia de soberania da Nação, afirmada pela lei posta pela vontade geral.

Terceiro, suprimem-se todos os corpos intermediários que existiam no período anterior e lhe eram característicos, atribuindo o monopólio do poder ao Estado. Note-se que tal característica é inerente à superação do *Ancien Régime* em que havia uma profusão de entes que se interpolavam entre o Estado e os particulares. Nada havia, pois, entre os cidadãos e o Estado, vincando-se bem a separação entre Estado e sociedade.

Quarto, houve a ampla expedição de regulamentos para disciplinar a organização da Administração, bem como impor regras aos cidadãos. Como reflexo das vastas atribuições assumidas pela Administração houve a necessidade de regulamentos para se executá-las a contento.

Quinto, a concepção em torno da separação radical entre a função de julgar e a de administrar, não podendo aquela vir a imiscuir-se nesta. Aqui novamente há uma contribuição original em relação ao *Ancien Régime*, pois julgar e administrar eram funções que se confundiam antes da emergência da Revolução. O efeito desta opção era suprimir os funcionários públicos das ordens proferidas pelos juízes, com base no Direito Comum, sujeitando-os apenas às normas específicas da Administração. Por óbvio que essa criação de um monopólio das normas de Direito Administrativo é um dos pontos elementares que permitiu a essa matéria se destacar em definitivo das outras que compõem o sistema jurídico. Além de se preverem normas próprias para a Administração, criou-se uma jurisdição própria para prestigiá-las.

Sexto, houve a criação de um ente destinado a ter a atribuição de apreciar as discussões derivadas do exercício das tarefas da Administração: o Conselho de Estado. Ressalta-se que originalmente, o Conselho de Estado não só era responsável pelas demandas que se punham contra a Administração, mas também por dirigir sua atuação de modo centralizado, resolver conflitos de competências entre os juízes comuns e a Administração, bem como editar atos de natureza regulamentar.

CAPÍTULO I
DIREITO ADMINISTRATIVO E DIREITO PRIVADO: APROXIMAÇÕES E AFASTAMENTOS | 31

Foi, aliás, a existência dessa figura que assegurou a preservação da Administração em relação aos outros poderes, bem como a aplicação a ela de um direito que lhe era próprio cujas fontes eram autônomas. Com efeito, a criação na França de uma jurisdição administrativa independente teve por efeito justamente reforçar ainda mais a separação entre o direito comum, a ser administrado pelos tribunais civis e o Direito Administrativo, a cargo do Conselho de Estado.[28] É dizer, *a separação orgânica da jurisdição, levou a um reforço na separação entre Direito Comum e Direito Administrativo.* Como assinala Fritz Fleiner:

> De la incompetencia de los Tribunales civiles, la práctica dedujo la inaplicabilidad del Derecho civil a aquellos litigios. De aquí que en Francia se consolidara el principio de que el Estado vive fundamentalmente con arreglo al Derecho público, y que el Derecho civil sólo tiene aplicación sobre el Estado en aquellas relaciones en que éste se ha sometido expresamente a su soberanía.[29]

A propósito deste tema, Maurice Hauriou chega a afirmar que o caráter especial do Direito Administrativo decorreu mais do fato de haver uma jurisdição que lhe era própria do que de elementos particulares das normas que integram esse ramo do Direito. Diz ele:

> Mas a questão do direito comum se coloca praticamente mais com referência ao juiz do que com respeito à lei. Se um corpo de direito é composto de regras especiais excepcionais em relação à lei civil comum, mas se este direito continua a ser aplicado por um juiz de direito comum, ele não se oporá ao direito comum, não será autônomo em relação ao direito comum. (...) Se, pelo contrário, um corpo de direito é aplicado por uma jurisdição que esteja completamente separada do juiz de direito comum, mesmo no caso de não ser composto de regras especiais, será, também, separado do direito comum, e em um certo âmbito (esfera), inteiramente autônomo. Em verdade, ele não deixaria de ser excepcional

---

[28] Neste sentido é célebre a advertência de Prosper Weil: "O *Conseil d'Etat* segregou o Direito Administrativo como uma glândula segrega a sua hormona: a jurisdição precedeu o direito e sem aquela este não teria visto a luz do dia." (*O Direito Administrativo*. Tradução de Maria da Glória Ferreira Pinto. Coimbra: Almedina, 1977. p. 15).

[29] *Instituciones...*, p. 31. Registra-se ainda que a criação de uma jurisdição administrativa efetivamente autônoma foi possível na França apenas com a lei de 24 de maio de 1872, pois antes disso as decisões proferidas eram sujeitas à revisão pelo Executivo, bem como não havia uma jurisdição encarregada dos conflitos de competência havidos entre tais juízes e os que integravam o Judiciário. Em 1872 passa-se de um sistema de "justiça retida", ou seja, controlada pelo Executivo, a um sistema de controle efetivamente autônomo, chamado de "justiça delegada".

em relação ao direito comum, mas seria excepcional com a autonomia dentro da esfera que lhe corresponde (lhe é atribuída de direito).[30]

Deriva daí uma das características fundamentais do Direito Administrativo francês, qual seja, sua origem pretoriana. É, portanto, na jurisprudência do Conselho de Estado que surgem as categorias elementares do Direito Administrativo na França.

Note-se ainda que tal modelo tem como suposto uma centralização do Direito Administrativo derivada da própria centralização do poder, tal qual levada a cabo por Napoleão. Com efeito, o modelo francês pressupõe um Estado unitário capaz de gerar um "Direito Administrativo uniforme", tal como destacado por Michel Fromont.[31] Nesta perspectiva, o Direito Administrativo assumia um caráter totalizante, devendo alcancar todas as relaçõe em que a Administração participava.

Ao lado da supressão da possibilidade de os juízes controlarem os atos da Administração e da criação de uma jurisdição específica destinada a controlar os atos administrativos, houve intenso desenvolvimento doutrinário no sentido de sistematizar os princípios afirmados pela Justiça Administrativa.

A sistematização doutrinária fecha então o ciclo da afirmação histórica do Direito Administrativo na França, sendo encarecida exatamente a *distinção essencial* havida entre as soluções pertinentes a esse ramo jurídico e as havidas em relação aos conflitos entre particulares. Essa atuação criativa se dá eminentemente pela via do controle de legalidade exercido pelo Conselho de Estado e conheceu o seu auge entre o final do Século XIX e início do Século XX com as técnicas de controle da Administração pela via do excesso de poder (*excès de puvoir*) e do desvio de poder (*detournement de pouvoir*).

Neste momento importa destacar que a grande preocupação dos primeiros sistematizadores do Direito Administrativo na França é justamente encarecer que o seu método de trabalho é essencialmente distinto do relativo ao Direito Privado. A jurisprudência e a doutrina administrativistas esmeram-se, pois, em demonstrar que as soluções aplicáveis aos problemas derivados da atuação da Administração Pública não se confundem com as do Direito Privado.

Ilustrativo sobre esse ponto são as ilações de Gaston Jéze que afirma que o Direito Privado aplica-se aos assuntos administrativos

---

[30] *Précis de droit administratif et de droit publique.* 12. ed. Paris: Dalloz, 1933. p. 22.

[31] Droit administratif..., p. 14-16.

CAPÍTULO I
DIREITO ADMINISTRATIVO E DIREITO PRIVADO: APROXIMAÇÕES E AFASTAMENTOS | 33

(*i.e.*, ao serviço público) apenas no que concerne às suas ideias gerais, sempre se respeitando as exigências do bom funcionamento da Administração.[32] Com tal premissa, campos como a responsabilidade do estado, as contratações públicas, a gestão do patrimônio público ficam subtraídos da legislação civil, sendo o Direito Privado aplicável no que toca às suas ideias gerais, apenas no que não contrarie os objetivos da Administração.

Quanto à essência do Direito Administrativo, importa assinalar que o Conselho de Estado e a doutrina experimentaram variações significativas, tendo sido impossível apontar com precisão a existência de um critério que lhe fosse próprio. Tal questão assume um papel prático preponderante no sistema francês, pois é a partir dela que se identifica a jurisdição competente para conhecer de um dado litígio.[33] O problema do critério do direito administrativo tem, portanto, um papel pragmático: definir a competência dentro de um sistema de dualidade de jurisdições.

A tensão em relação a um critério definidor da essência do Direito Administrativo na França orientou-se, eminentemente, ao largo de duas concepções distintas:[34] a exposta por Maurice Hauriou, fundada no poder administrativo (*puissance publique*), levando à dicotomia entre atos de império e gestão e à posta por León Duguit e Gaston Jéze, focada no conceito de serviço público.

Antes de expô-las uma advertência deve ser posta. Nada obstante o aceso debate travado acerca delas, fato é que o Conselho de Estado a ambas recorreu em situações distintas. Com efeito, em que pese possa ser identificada uma certa preferência por uma ou por outra em

---

[32] De l'application des règles du droit privé aux manifestations unilatérales ou contractuelles de volonté du droit public. *Revue du Droit Public et de la science politique en France et à l'étranger*, n. 40, ano XL. Paris: Marcel Girard, 1923. p. 5-22.

[33] Atento a essa realidade é que Jean Rivero indica que apenas o Direito Administrativo pretende criar um critério que explique toda a sua incidência. Os Direitos Civil, Penal ou Comercial jamais pretenderam explicar toda sua matéria à luz de apenas uma ideia (Existe-il un critère du droit administratif? *Revue du Droit Public et de la science politique en France et à l'étranger*, ano LIX. Paris: LGDJ, 1953. p. 279-296).

[34] Diz-se eminentemente, pois a evolução da questão conheceu outros critérios. Tal como ensina Jean Lamarque, não apenas dois critérios podem ser identificados. O primeiro (a partir de 1790) focava-se em aspectos subjetivos, todo conflito a envolver a Administração deveria ser apreciado pela jurisdição administrativa. O segundo, referente à primeira metade do Século XIX, foca-se nas qualidades do ato administrativo. Por fim, a partir da segunda metade do Século XIX, os critérios dos atos de império/gestão e do serviço público é que vão ser invocados pelo Conselho de Estado, sendo este o período mais importante a ser analisado. (*Recherches sur l'application du droit privé aux services publics administratifs*. Paris: Librarie Génerale de Droit et Jurisprudence, 1960. p. 21-34).

algum momento definido, fato é que nenhuma delas foi efetivamente abandonada por completo pela jurisprudência e pela doutrina. As contingências de um agir jurisprudencial impunham ao Conselho de Estado agir com pragmatismo, não se atendo a teorias. Aliás, como anotou Jean Rivero, não há qualquer razão lógica para que se aplique apenas um critério, podendo haver aplicação articulada tanto do critério da *puissance publique* como o do *service public*.[35]

Feitas as ressalvas acima, importa destacar que de acordo com uma longa tradição do direito francês, a essência do Direito Administrativo residiria na capacidade que se reconhece à Administração de impor sua vontade sobre os particulares, de modo a garantir a satisfação de interesses coletivos por ela tutelados. Daí que em suas relações, a Administração conta com vias favorecidas que traduzem a ideia de supremacia que lhe seria inerente. É a ideia nuclear contida na ideia de *puissance publique*, sistematizada por Maurice Hauriou.

Por outro lado, há aqueles que pretenderam ver nas materialidades oferecidas à coletividade a essência do Direito Administrativo, ordenando-as ao largo da noção de serviço público.

A ideia é especialmente cara ao pensamento de Léon Duguit. Contudo, uma ressalva merece ser feita no que se refere ao pensamento deste autor. Para ele, serviço público é toda atividade que tenda à satisfação de interesses relevantes da coletividade, sendo útil para sua preservação enquanto agrupamento social. É o que o autor chama de interdependência social. Logo, tal atividade merece ser prestada de modo a assegurar que toda sociedade possa fruir de seus benefícios. Todavia, e isso é importante de se destacar, serviço público no pensamento de Duguit não implica titularidade estatal ou a prestação por meio de um regime que lhe seja próprio. O importante é que o Estado garanta a atividade por meio de uma "força governante". O foco deste autor ao tratar do serviço público é criar uma noção que justifique a própria existência do Estado, substituindo o conceito de soberania por um elemento prestacional.[36] Assim, o foco do conceito de serviço público na obra de Duguit não é encarar tal atividade como própria da Administração – aliás, para ele o Estado nem sequer precisaria prestá-la diretamente – mas sim justificar a própria essência do poder público.

---

[35] *Op. cit.*

[36] A exposição do pensamento de Léon Duguit foi feita com base no terceiro capítulo referente ao serviço público da obra *Les transformations du droit public*. Paris: Armand Colin, 1913. p. 33-72.

CAPÍTULO I
DIREITO ADMINISTRATIVO E DIREITO PRIVADO: APROXIMAÇÕES E AFASTAMENTOS | 35

A noção de serviço público como atividade administrativa surge com nitidez no pensamento de Gaston Jèze, que dá a ela contornos distintos dos atribuídos por Duguit.[37] Para aquele autor, o serviço público é uma técnica – dentre outras admissíveis, tal como o controle sobre atividades privadas – para a satisfação de interesses coletivos que se vale, necessariamente, de um regime jurídico público. A essência do serviço público reside na utilização de meios que garantam ao Estado a possibilidade de desempenhar tal atividade sem quaisquer embaraços jurídicos. Daí, portanto, que a nota elementar dessas atividades é que elas são prestadas segundo técnicas de direito público, em que os interesses coletivos são superiores aos privados, e a eles se impõem.

Isso redunda na mutabilidade do regime pelo qual o serviço público é prestado, com vistas a sempre assegurar a correta relação entre a forma pela qual a atividade é desempenhada e os objetivos do Estado. Há no serviço público uma desigualdade essencial entre os interesses, o que conduz à adoção de meios que garantam a correta prestação destas atividades à coletividade. Nesta linha, tudo que é necessário à prestação de um serviço público, tal como bens, funcionários, recursos, por exemplo, fica submetido a um regime público. Por outro lado, o serviço público surge por definição do legislador, não sendo lídimo invocar qualquer elemento sociológico para caracterizá-lo. Ao intérprete não é dado buscar elementos alheios ao sistema normativo para identificar uma atividade como serviço público, sendo conhecido o dissenso entre Jèze e Duguit acerca deste ponto.

Tendo em vista as características fundamentais do modelo de Direito Administrativo que se afirmou na França, destaca-se que o Direito Privado teve – a partir do momento em que aquela matéria foi sistematizada, pouca aplicabilidade a assuntos da Administração Pública. O Direito Administrativo tende, portanto, a conformar a totalidade das relações administrativas, deixando-se um papel residual para o Direito Privado. No extremo, chegou-se a se afirmar que o Direito Administrativo derrogava em bloco o Direito Privado.[38]

Assim, o Direito Administrativo francês, na essência, remete ao desnivelamento que se põe entre o Estado e os particulares. Tal como anota Pierre Legendre, essa concepção "acha sua principal justificativa

---

[37] Nesse ponto estão a se seguir as considerações de Gaston Jèze na obra *Les principes généraux du droit administratif*. t. 2, 3. ed. (reimpressão). Paris: Dalloz, 2004. p. 1-23.

[38] Conforme as lições de Sebastián Martín-Retortillo Baquer. *El Derecho Civil en la génesis del Derecho Administrativo y de sus instituciones*. Madri: Civitas, 1996, p. 28-33, que destaca o caráter refratário do Direito Administrativo francês ao Direito Privado.

no mais profundo da história política da França; ela faz eco às sistematizações dos teóricos do Direito monárquico (...)."[39] Mais do que isso, ele cuida de tratar de relações de poder entre o Estado e os particulares, ficando alheio aos assuntos vulgares que deveriam ser regulado pelo Direito Comum.

Na base da cisão entre os regimes público e privado, tal como expõe Legendre, está a separação entre a autoridade do Estado e os assuntos sociais.

1.3.2 O Direito Administrativo alemão – apontamentos gerais

Ao lado da matriz francesa, o Direito Administrativo alemão ocupou papel de destaque na Europa. Nada obstante no início o Direito Administrativo na Alemanha tenha recebido fortes influências do francês – especialmente por conta da obra de Otto Mayer, há dissenso substancial entre os autores destes países. Superada uma primeira fase de aproximação, Alemanha e França afastaram-se radicalmente no que toca ao Direito Administrativo, especialmente no início do Século XX, época em que houve as grandes sistematizações do Direito Administrativo em ambos os países.[40]

De acordo com os autores franceses, a doutrina alemã possuiria uma nota totalitária, pois ainda encamparia velhas concepções monárquicas, que se opunham à legalidade tal qual entendida na França. Do ponto de vista prático: enquanto na Alemanha se tinha um referencial da lei como limite negativo da atuação administrativa, na França a relação se colocava em outros termos, não podendo haver qualquer atuação que não tivesse fundamento na lei.[41] Com efeito, na Alemanha a lei não era vista como uma razão revelada pelo Parlamento, por força

---

[39] *Histoire de l'Administration de 1750 a nos jours*. Paris: PUF, 1968. p. 471. No mesmo sentido vão as advertências de Gegoire Bigot, que assinala que nos primórdios o Direito Administrativo visava garantir a autoridade da Administração – especialmente no período Napoleônico – e não os direitos dos Administrados (L'exorbitance dans la formation historique du droit administratif. In: MELLERAY, Fabrice (Org.). *L'exorbitance du Droit Administratif en question(s)*. Paris: LGDJ, 2004. p. 25-43).

[40] Cf. Martin Bullinger: El "service public" francés y la "daseinsvorsorge" en Alemania. *Revista de Administración Publica*, n. 166, p. 29-49, jan.-abr. 2005.

[41] Para uma resenha da oposição entre o Direito Francês e o Alemão em relação aos fundamentos revolucionários do Direito Administrativo naquele país, consulte-se Henry Barthélémy: D'exercice de la souveranité par l'autorité administrative. *Revue du Droit Public et de la Science Politique en France et a l'Étranger*. Paris: Giard & Briere, 1904. p. 209-227.

CAPÍTULO I
DIREITO ADMINISTRATIVO E DIREITO PRIVADO: APROXIMAÇÕES E AFASTAMENTOS | 37

do princípio monárquico ainda lá vigente era necessário o concurso da vontade do Rei, o que trazia uma nota de vontade à legislação. Assim, dentro desses quadros referenciais, a lei era vista como a vontade do Estado, o que acabou por dar a ela um alcance mais acanhado do que o se evidenciou na França. Do ponto de vista prático a doutrina alemã reconhecia um espaço de autonomia da Administração diante da lei, que era impulsionado segundo o princípio monárquico.[42]

Daí que no sistema alemão o princípio a articular a relação entre Administração e particulares era a *reserva de lei*. De acordo com essa ideia, a Administração Pública deveria contar com habilitação legal específica apenas quando sua atividade atingisse direitos de terceiros. No plano interno, especialmente no que toca à organização, a Administração contava com a capacidade de gerir seus assuntos sem fundamento direto em lei.

Como não poderia deixar de ser, o dissenso entre os modelos alemão e francês tem origem na própria evolução política dos dois países.[43] Enquanto na França a passagem do Estado de Polícia para o Estado de Direito foi marcada por uma Revolução, essa transição se deu de maneira gradual e sem rupturas radicais nos territórios que integram a Alemanha. Soma-se a isto a manutenção do sistema monárquico na Alemanha por mais tempo, a preservar a administração da influência direta do Parlamento. Ainda no Estado de Polícia, na Alemanha já havia tribunais relativamente independentes a controlar o poder monárquico, bem como havia garantias dos administrados frente à Coroa, articuladas pela doutrina do fisco. Daí que no que tange à superação do Estado de Polícia pelo de Direito não se pode falar em uma ruptura entre os dois modelos, mas sim de uma transformação gradual.

Dessas características derivam duas circunstâncias que apartam de maneira radical a *rationale* alemã da francesa. Por um lado, a existência de Tribunais independentes já no Estado de Polícia conduziu à desnecessidade de se criar uma jurisdição dual nos moldes franceses, que tanto influenciou a autonomia do Direito Administrativo. Os assuntos da Administração foram submetidos sem maiores questões ao juiz civil, preservando-se a unidade de jurisdição. Mesmo quando afirmada a existência do Estado como sujeito para o Direito, esse quadro não foi

---

[42] Sobre o tema, consultar as ponderações de Luís Pedro Pereira Coutinho. As duas subtrações. Esboço de uma reconstrução da separação entre as funções de legislar e administrar. *Revista da Faculdade de Direito da Universidade de Lisboa*, Coimbra, n. 41-I, p. 99-133, 2000.

[43] As ideias expostas neste parágrafo são uma síntese da exposição de Sebastián Martín-Retortillo Baquer. *El Derecho Civil...*, p. 39-46.

alterado, mantendo-se ele sujeito à jurisdição ordinária. Fritz Fleiner assinala tal característica ao indicar no prefácio da edição francesa dos seus *Princípios Gerais do Direito Administrativo Alemão* que a existência de Tribunais a julgar a Administração: "resultará que numerosas relações jurídicas onde figura a administração continuarão a ser submetidas ao direito civil."[44]

Por outro lado, a doutrina do fisco sempre permitiu uma maior utilização do Direito Privado nos assuntos da Administração. O fisco garantiu ao Direito Administrativo alemão a possibilidade de se acomodarem soluções privadas no seio das relações administrativas, sem ter que se abdicar da ideia de soberania. Aliás, como destaca Ernst Forsthoff, foi exatamente para possibilitar o efetivo controle da função administrativa que numerosas formas de atuação da Administração foram identificadas com figuras do direito privado. Foi por meio desse expediente, por exemplo, que se viu no vínculo entre a Administração e o particular um contrato de prestação de serviços ou na ocupação forçada de determinada área, uma locação. Foi por conta da necessidade de controlar judicialmente a Administração que "o direito público se impregnou largamente de elementos de direito privado".[45]

Ou seja, de acordo com a evolução alemã a Administração Pública se submetia à justiça comum e se aplicavam a ela soluções derivadas do Direito Privado. Neste ambiente não é de se estranhar que o Direito Administrativo alemão esteve sempre mais permeável à aplicação de preceitos do Direito Privado do que o francês, tal como registra a construção atual do Direito Privado Administrativo.

Assim, na Alemanha não vingou de maneira absoluta a concepção de que os interesses da Administração devem, necessariamente, ser perseguidos por instrumentos de direito público. Ao se deparar com o caráter prestacional da Administração Pública, na Alemanha utilizou-se da noção de *daseinvorsorge*, que – ainda que mais ampla que a de serviço público – não implicava a utilização de um regime caracterizado necessariamente por prerrogativas de autoridade.[46] Além disso, admitia-se que a Administração optasse pelo regime de atuação,

---

[44] *Les Principes Généraux du Droit Administratif Allemand*. Tradução de Charles Eisenmann. Paris: Delagrave, 1933. p. 5.

[45] *Traité de Droit Administratif Allemand*. Tradução de Michel Fromont. Bruxelas: Bruylant, 1969. p. 75.

[46] Além do artigo de Martin Bullinger citado acima, consultar o artigo de Lorenzo Martín Retortillo-Baquer. La configuración jurídica de la Administración publica y el concepto de "daseinvorsorge". *Revista de Administración Publica*, n. 37-39, p. 35-65, 1962.

podendo se valer de soluções de Direito Privado, caso tal alternativa lhe fosse conveniente.

Deste modo, sempre foi reconhecida nesse sistema a possibilidade de interesses da Administração virem a ser implementados por vias de Direito Privado, campo esse fértil nas relações estabelecidas entre o Estado e particulares.

Aliás, a proximidade entre Direito Privado e Administração é que permitiu que na Alemanha a sistematização de institutos do Direito Público fosse feita nos moldes dos trabalhos realizados pelos civilistas. Assim, com base nas premissas da pandectícia e a título de dotar o trato da matéria de um *método jurídico*, forjou-se na Alemanha um sistema de conceitos sólido, apto a operacionalizar a aplicação do Direito Administrativo.[47] E na ausência de uma jurisdição a ditar as interpretações autênticas – tal como se dava na França com o Conselho de Estado – as soluções doutrinárias assumiram maior relevo.

É nesse contexto que Fritz Fleiner, malgrado indique que o Direito Administrativo alemão não possui nem "a perfeição sistemática nem a unidade de estilo do Direito Administrativo francês" alude a uma "grande riqueza de soluções individuais", a compensar essa falta de organicidade.[48]

1.4 Concepções do Direito Administrativo e o Direito Privado: a questão da exorbitância

É deste contexto histórico peculiar que emergiu o Direito Administrativo compreendido como direito exorbitante do Direito Comum (sendo esse o fio condutor da sua sistematização), repercutindo nesta disciplina a clara cisão havida entre Estado e sociedade, inerente à visão Liberal do mundo. Naquele momento histórico pretendia-se que as esferas pública e privada fossem não só separadas, mas autoexcludentes – o que trouxe severas consequências para o Direito Administrativo.

---

[47] Neste sentido, consultar Massimo Severo Giannini, *Premisas sociológicas e históricas del Derecho Administrativo*. 2. ed. Madri: Instituto Nacional de Administración Pública, 1987. p. 56-61. Em síntese, a premissa adotada pelos autores alemães filiados a essa concepção era a busca de esquemas de cunho universal, válidos para além das fronteiras do tempo e do espaço. Foi com base neste pensamento que se passou, por exemplo, a ver atos administrativos praticados pelos Cônsules e Imperadores Romanos e soberania na *Polis* grega, como Giannini denuncia com ironia.

[48] *Les Principes...*, p. 6.

Note-se também que na medida em que a atuação da Administração implicava, segundo os paradigmas vigentes à época, uma atuação agressiva em relação aos particulares, a própria atividade administrativa passou a ser concebida como necessariamente dotada de elementos capazes de fazê-la se impor frente aos cidadãos. Daí a necessidade de o regime de exorbitância assegurar a possibilidade de a Administração constranger os particulares a comportarem-se de acordo com os padrões necessários à garantia do interesse público. O único modelo concebido para a atuação da Administração era este.

Decorre daí a concepção segundo a qual o regime administrativo caracteriza-se pela capacidade de a Administração sujeitar os cidadãos aos desígnios de sua vontade, independentemente de seu consentimento. É o que vai estar traduzido, por exemplo, na teoria do ato administrativo que, para apartar-se do Direito Privado, era dotado de características próprias, destinadas a assegurar a prelazia da atuação da Administração Pública em relação aos particulares. Daí ter havido, por exemplo, a identificação histórica do ato administrativo com as suas características de autoexecutoriedade.

A exorbitância, portanto, caracteriza-se pela capacidade de a Administração atuar sobre os particulares impondo-lhes deveres, ônus e obrigações, à margem de qualquer concurso prévio de vontades. Decorre daí a metáfora tradicional que alude à horizontalidade nas relações entre privados, que se contrapõe à verticalidade inerente ao regime administrativo (*i.e.*, que podem ser impostas de cima para baixo).

Portanto, *a Administração caracteriza-se justamente por contar com um direito que lhe assegura atuar por sobre a vontade dos particulares, desde que investida de uma competência legal que ampare a sua atuação.* Eis o elemento primordial da função administrativa, a lhe apartar dos modelos cunhados pelo Direito Privado. Assim, no âmbito dos países filiados às tradições da *Civil Law*, o Direito Administrativo cuida de teorizar essa capacidade de atuar, para além da vontade dos particulares, sobre as relações privadas.

Com efeito, tais notas são incapazes de serem concebidas à luz do Direito Privado, especialmente o de matriz Liberal, em que o consenso (viabilizado pelo contrato), reflexo da autonomia privada, ocupa a posição central na definição dos direitos e deveres dos particulares.

À luz do Direito Privado tal como vigente no paradigma Liberal, o indivíduo goza de ampla autonomia – exercida por intermédio do negócio jurídico – para definir em concreto as relações jurídicas das quais pretende participar, modulando seus efeitos. A par disso, uma vez estipulada de maneira válida a participação de um particular em determinada relação, sua observância torna-se obrigatória, podendo a parte que recalcitra no cumprimento da vontade externada vir a ser coagida a satisfazer o vínculo mediante recurso ao Poder Judiciário. Registra-se, contudo, que aos particulares não é dado – salvo em situações excepcionais definidas em lei – autotutelar seus interesses devendo, em regra, recorrer ao Judiciário para efetivar os seus direitos. Assim, no âmbito de atuação privada as convenções predicam consenso e uma vez estipuladas tornam-se cogentes (*pacta sunt servanda*). Em havendo descumprimento do convencionado, a parte lesada deve recorrer ao Judiciário, que fará valer o avençado.

Daí a distinção essencial entre os atos jurídicos ordinários e os administrativos, tal como posta ao influxo da ideia de exorbitância. Nestes, é desnecessária a vontade do particular para atingir-lhe a esfera jurídica e sua execução ordinariamente independe de recurso ao Poder Judiciário. Naqueles, em regra, a execução coativa está sujeita à declaração Judicial e os seus efeitos externos dependem do concurso de vontade entre as partes.

Portanto, a nota mais fundamental do regime de exorbitância que se reserva à Administração é a *capacidade de obrigar os particulares pela manifestação da sua vontade, exigindo deles observância fiel dos atos expedidos*. Aos privados só é dado descumprir o ato administrativo havendo pronúncia da jurisdição competente que os autorize a tanto. Não havendo decisão acerca do tema, a observância do conteúdo do ato expedido pela Administração é vinculante, sendo a vontade particular um dado alheio ao problema.

Essa nota vai ser impregnada na teoria do Direito Administrativo, que passa a ser um Direito em que se faz presente a nota de autoridade de maneira indelével. É o que explica Diogo Freitas do Amaral ao apartar a administração privada da pública, ao registrar que:

> (...) a administração pública, porque se traduz na satisfação de necessidades colectivas que a colectividade decidiu chamar a si, e porque tem que realizar em todas as circunstâncias o interesse público definido pela lei geral, não pode normalmente utilizar, face aos particulares, os mesmos meios que estes empregam uns para com os outros. (...) Ora, como bem se compreende, a administração pública não pode ser paralizada [*sic*] pelas resistências individuais que se lhe deparem, de cada vez que o interesse colectivo exigir uma participação, um contributo ou sacrifício individual a bem da colectividade. *A administração pública tem de poder desenvolver-se seguindo as exigências próprias do bem comum. Por isso a lei permite a utilização de certos meios de autoridade, que possibilitam*

às entidades públicas e serviços administrativos impor-se aos particulares sem ter de aguardar o seu consentimento ou, mesmo, contra sua vontade.

O contrato não pode ser, por conseguinte, constituir o instrumento típico da administração pública. (...) Mas o processo característico da administração pública, no que esta tem de essencial e de específico, é antes o *comando unilateral,* quer sob a forma de acto normativo (e temos então o regulamento administrativo), quer sob a forma de decisão concreta e individual (e estamos perante o acto administrativo).[49]

O legado da afirmação do Direito Administrativo como direito que passa além das normas ordinárias dirigidas aos cidadãos implica reconhecer que as relações em que a Administração figura são regidas por *normas que não se confundem com as normas privadas.*

Desde a raiz, o Direito Administrativo vai, portanto, se caracterizar como um quadrante do direito que necessariamente se descola do Direito Comum, afirmando sua autonomia justamente por antinomia a este. Em um ambiente em que o universo das relações intersubjetivas gravita em torno da noção de consenso, o Direito Administrativo vai se caracterizar por não demandar qualquer concurso de vontades para ser eficaz. A atuação da vontade geral prescinde de acordos, impondo-se sobre os privados.

O Direito Administrativo é, portanto, Direito Administrativo na precisa medida em que se afirma como derrogatório das normas que pautam a generalidade das relações em que a Administração toma parte. A relação de que a Administração toma parte e os atos por ela praticados são peculiares em relação aos praticados pelos sujeitos privados. Esse é o sentido e o alcance que se dá à afirmação de o Direito Administrativo ser especial (e, portanto, derrogatório das normas comuns).

Na linha de tais concepções, a Administração goza no seu atuar de um direito que lhe é próprio – o Direito Administrativo – que tem caráter *estatutário* e *especial,* no qual estão consagradas prerrogativas que são alheias ao Direito Privado e que nem sequer podem por ele ser toleradas, sob pena de desnaturação deste. As soluções para os problemas que se apresentam para Administração devem ser alcançadas à luz das regras estatutárias que lhe são próprias.

Daí que só se aplica o Direito Comum – ainda compreendido como direito privado – às relações Administrativas de maneira

---

[49] *Curso de Direito Administrativo.* v. I. Coimbra: Almedina, 1992. p. 43-44. Destacou-se em itálico.

extraordinária, quando houver uma clara indicação normativa nesse sentido. André Hauriou é incisivo quanto a esse particular, afirmando que:

> Se quisermos resumir em uma fórmula a marcha geral do direito privado, civil ou comercial, podemos dizer que essas disciplinas se *dedicam a manter a balança igual entre as partes*.
> Ao contrário, o direito administrativo é uma disciplina *que não mantém a balança igual entre as partes*.
> De um lado, sôbre o plano do direito administrativo, encontramos duas categorias diferentes de partes ou de sujeitos de direitos: os administrados e as diversas pessoas jurídicas administrativas.
> Doutro lado, essas duas categorias de agentes jurídicos têm direitos e poderes muito diferentes, seja em suas relações recíprocas, seja em frente às regras de direito.
> As administrações públicas possuem para o cumprimento de sua missão, direitos *exorbitantes do direito comum*, procedentes da idéia de requisição, expropriação, requisição propriamente dita, direitos de polícia, obras públicas, etc. Muito mais, elas gozam para exercê-los, de privilégios particulares e muito especialmente, da prerrogativa de ação própria (prérogative d'action d'office) que lhes permite executar as decisões tomadas sem se preocuparem com o consentimento do interessado.
> Além disso, em face das regras do direito objetivo, as administrações públicas, na qualidade de agentes jurídicos, exercem uma espécie de dominação, como não podem exercê-las os indivíduos em relação às regras do direito privado, nem, com mais forte razão, os administrados em relação às regras do direito administrativo. (...)
> *Portanto, em virtude da possessão dos direitos de autoridade pública, da prerrogativa de ação própria e de uma dominação incontestável sôbre as de direito, ocupam as administrações públicas posição de superioridade muito evidente, em relação aos administrados, comportando-se a respeito dêles de maneira inteiramente diversa dos indivíduos entre si na esfera do direito civil."*[50]

Analisando a questão da noção de exorbitância relativa às normas administrativas, Jean Lamarque anota a existência de três possibilidades acerca do assunto.[51]

---

[50] A utilização em direito administrativo das regras e princípios do direito privado. *Revista de Direito Administrativo – RDA*, Rio de Janeiro, ano 1, n. 1, p. 466-467, abr. 1945. Destaque nosso.

[51] *Recherches sur l'application du droit privé aux services publics administratifs*. Paris: Librarie Génerale de Droit et Jurisprudence, 1960. p. 17-18. Dentre nós, e em sentido análogo, Maria Sylvia Zanella di Pietro também reconhece que o Direito Administrativo compreende três tipos de institutos quando se tem em mira o Direito Privado: os de natureza pública, os

O primeiro sentido em que podem as regras do direito administrativo ser consideradas exorbitantes das de direito comum, verifica-se nos casos em que aquelas não encontram nenhuma equivalência em relação a estas. É o que ocorre com as normas que fixam prerrogativas em prol da Administração, que não são identificáveis no âmbito das relações que comumente se estabelecem entre os sujeitos de direito.

Todavia, a ideia de exorbitância não se exaure nos casos em que se fixam prerrogativas à Administração que não possuem equivalente no mundo privado. Ela também se vê naqueles casos em que se estabelece uma sujeição à Administração, quando se a compara à atuação dos demais sujeitos. Com efeito, também as limitações que se impõem ao exercício da função administrativa são denotativas da noção de que essa atividade se desenvolve abaixo de normas exorbitantes do Direito Comum.

É dizer, tanto as prerrogativas quantos às sujeições demonstram em igual medida a nota de exorbitância associada à atuação administrativa, pois não encontram equivalentes nas relações privadas. É este aliás o ponto central da célebre tese de Jean Rivero que caracterizou o elemento definidor do Direito Administrativo pelas suas prerrogativas em menos, pelas quais designa precisamente as sujeições que se põem à Administração Pública.[52]

Uma segunda espécie de normas exorbitantes é caracterizada por disposições que encontram equivalentes no Direito Comum, todavia são dotadas de algumas especificidades que as apartam pontualmente destas quando está em causa a atuação da Administração Pública. Em verdade, tais normas podem ser reconduzidas à categoria das anteriores, pois – ainda que não completamente – há nelas certas disposições que são totalmente alheias ao Direito Privado. Como exemplo destas normas tem-se os institutos da propriedade e do contrato que, embora sejam comuns ao Direito Privado e ao Administrativo, recebem derrogações quando deles se cogita nos quadrantes do direito público.

Por fim, há aquelas normas que são absolutamente idênticas no bojo das relações públicas e privadas. Estas, todavia, podem ser

---

que têm equivalentes no âmbito civil, mas submetem-se a um regime público e os que são privados, mas, todavia, são utilizados pela Administração excepcionalmente (*Do Direito Privado da Administração Pública*. São Paulo: Atlas, 1989. p. 9-10).

[52] Existe-t-il un critère du droit administratif? *Revue du Droit Public et de la Science Politique en France et a l'Étranger*. Paris: LGDJ, 1953. p. 279-296. As teses defendidas pelo autor serão retomadas no próximo capítulo no item dedicado a discutir o regime jurídico administrativo.

tomadas por exorbitantes nas hipóteses em que mesmo se tratando de uma lei que se destina a reger relações entre privados, há a previsão de certas disposições aplicáveis com exclusividade à Administração, que, contudo, não constituem prerrogativas. Como exemplo, Jean Lamarque cita a lei de locações francesa que prevê em favor da Administração um direito de, na condição de locatária, ser mantida no imóvel. Nada obstante esse direito não constituir algo alheio às relações privadas, uma previsão exclusiva em favor da Administração implica que se reconheça uma nota de exorbitância às regras desta natureza.

A partir destas espécies é possível concluir que o caráter de exorbitância não reside unicamente nos casos em que haja uma originalidade da norma, compreendida como uma ausência de equivalência em relação ao Direito Privado. São também exorbitantes as normas que, mesmo possuindo correspondência com as de natureza privada, aplicam-se de maneira autônoma à Administração.

Conforme sintetiza Jean Lamarque:

> Em resumo, o caráter exorbitante ou de direito público das regras administrativas não está necessariamente ligado à sua originalidade, em outras palavras, ao fato de que suas disposições não possuem equivalentes no sistema de direito comum. Basta que sejam autônomas em relação às regras de direito comum, a autonomia de um sistema de direito com respeito a um outro significa simplesmente que as fontes do direito são distintas para cada um deles e que as regras promulgadas para reger um dos dois não são automaticamente aplicáveis ao outro.[53]

Pelo exposto acima, conclui-se que o legado da ideia de exorbitância é forte no Direito Administrativo tal qual ele foi gerado durante o período Liberal.

Não raro, o critério definidor da natureza administrativa de uma determinada relação jurídica funda-se exclusivamente ou primordialmente nas notas que apartam essa disciplina do Direito Comum.

Neste sentido, tanto a ideia de *puissance publique* como a doutrina que contrapunha atos de império a atos de gestão, tradicionalmente invocadas para definir o âmbito de incidência do Direito Administrativo, têm seu elemento de definição exatamente nas notas de exorbitância que apartariam essa matéria do Direito Comum.

E mesmo tentativas de explicar o Direito Administrativo pela sua face prestacional – como a escola do serviço público – não prescindiram

---

[53] *Ibidem*, p. 18. Destaques nossos.

de invocar as prerrogativas especiais da Administração na gestão de tais atividades, como um dado inerente da questão. Na linha de Gaston Jèze e seus seguidores, os serviços públicos se caracterizam por ser distintos das demais atividades, sendo eles prestados em um regime de privilégio, que derroga a aplicação do Direito Privado (e mesmo exclui a iniciativa privada). O Direito Administrativo, para os que o explicam a partir do interesse público, além de contemplar atividades e uma estrutura orgânica materialmente orientada à persecução do interesse público, é um ramo do direito caracterizado pela existência de prerrogativas. Esta será a regra, tudo além disso será caracterizado como derrogações pontuais.

Aliás, apresenta-se uma nítida vinculação entre as prerrogativas reconhecidas à Administração e a necessidade de perseguir o interesse público. Com efeito, a partir de tais linhas, a busca deste interesse não poderia prescindir das vias privilegiadas de atuação de que a Administração desfruta. Há, pois, uma incindível vinculação entre ambos, não podendo um existir sem o outro, como duas faces de uma mesma medalha. Daí o serviço público ser visto na origem como uma atividade essencialmente distinta das desempenhadas pelos particulares, sujeita a um regime naturalmente público.

Ou seja, não importa qual seja o viés pelo qual venha a se abordar no que consiste à essência da atividade administrativa: nela sempre estará presente uma nota de exorbitância.

1.5 O Direito Privado na gênese do Direito Administrativo

Fixadas tais premissas, importa destacar que são conhecidas as influências do Direito Privado na afirmação do Direito Administrativo. Com efeito, muito dos institutos deste ramo – quando menos na sua origem – contam com uma notável influência do Direito Privado. Conforme a advertência de André Hauriou:

> Quando, na escola de Direito, chegamos ao curso de direito administrativo, somos advertidos desde as primeiras lições, de tratar-se de uma disciplina autônoma, diferente daquelas até então estudadas, e de que convém, para melhor compreensão do seu caráter, esquecermos, se possível, os ensinamentos ministrados nos ramos vizinhos e particularmente em direito privado.
>
> No entanto, quando aprofundamos os problemas de direito administrativo, e sobretudo quando os consideramos com espírito curioso das evoluções históricas, percebemos que *grande número de preceitos*

administrativos, de teorias ou de princípios foram tomados do direito privado e muito especialmente do direito civil.[54]

E é natural que seja assim em um direito cuja origem remete a precedentes jurisprudenciais proferidos sem qualquer base legislativa sistematizada prévia, como é o caso da França, ou em que tais soluções eram as únicas que permitiam o controle, tal qual o paradigma alemão, que acabaram inspirando os demais sistemas continentais europeus. Diante de tais circunstâncias é normal que as soluções encontradas no bojo do Direito Administrativo amparem-se nos modelos concebidos pelo Direito Civil, ainda que para deles se afastar pontualmente.

Tal como adverte Pierre Legendre: "O Direito administrativo, dizemos, derroga o Direito comum. Esta proposição não pode ser entendida como se o Direito público dentro do seu conjunto tenha sido feito do nada. Nós não devemos perder de vista as vias, por vezes tortas, de sua formação."[55]

Portanto, nos primórdios do Direito Administrativo, *o Direito Privado emprestou sistematicidade às soluções encontradas naquele ramo jurídico, característica especialmente acentuada na Alemanha.* Ainda que em campos restritos (responsabilidade, métodos de organização, relação com funcionários, efeitos da boa-fé etc.) não foram raras as vezes em que o Direito Administrativo se abeberou diretamente na fonte do Direito Privado para definir as questões que lhe eram postas. Muitas vezes o Direito Privado foi chamado para dar solução aos problemas práticos enfrentados pela Administração, sendo, contudo, paulatinamente submetido a uma releitura a partir das preocupações e exigências do Direito Administrativo. É dizer, quanto mais madura a ciência do Direito Administrativo, menos importantes eram as transposições do Direito Privado.

Não é devido a um acaso que muitas questões tratadas pelo Direito Administrativo tiveram na origem concepções e institutos tradicionais do Direito Privado. Conforme destacou Miguel Seabra Fagundes:

> (...) o Direito Administrativo, o direito através do qual se dinamizam, por excelência, as relações do binômio Estado-indivíduo, tivesse na origem de algumas das suas principais instituições, dela recebendo-as por cissiparidade. A teoria da nulidade dos atos administrativos e

---

[54] A utilização em direito administrativo das regras e princípios do direito privado. *Revista de Direito Administrativo – RDA*, Rio de Janeiro, ano 1, n. 1, p. 465, abr. 1945.

[55] *Histoire de l'Administration de 1750 a nos jours*. Paris: PUF, 1968. p. 475.

a responsabilidade patrimonial do Estado por atos ilícitos servem de exemplo do que vimos de dizer. A teoria dos funcionários de fato, que, conquanto, já hoje muito bem formulada ao ângulo do Direito Público, encontra raízes na gestão de negócios do Direito Privado, é outro exemplo. Como outro é ainda o da noção de personalidade jurídica dos entes públicos, precedida, no tempo, da personalidade moral reconhecida as entidades civis.[56]

Com efeito, a ausência de sistematicidade do Direito Administrativo quando da sua afirmação histórica levou à necessidade de se apelar a soluções e ideias tradicionais do Direito Privado. Mesmo o forte apelo da ideia de exorbitância não teve o condão de proscrever por completo a necessidade de se recorrer ao Direito Privado, que serviram, de acordo com a expressão de Pierre Legendre, de "material de base" para a formação do Direito Administrativo.[57]

Nada obstante com a evolução do Direito Administrativo as suas soluções cada vez mais se afastassem dos modelos do Direito Privado, é fato que a resposta à incompletude daquele muitas vezes significou a necessidade de apelar a este. Assim, *a presença do Direito Civil foi um dado necessário à afirmação do Direito Administrativo, pelo menos até que se formulassem os elementos-chave que o tornariam de todo peculiar.*

Daí que a afirmação da incompatibilidade absoluta entre o Direito Privado e o Direito Administrativo significava mais uma afirmação de efeito do que algo que pudesse ser verificado empiricamente. Muitas vezes, ao se depararem com os problemas concretos que lhes eram apresentados os Juízes administrativos e a doutrina tinham a necessidade de apelar para os esquemas do Direito Civil. *Nos primórdios do Direito Administrativo a aplicação do Direito Civil era corolário da ausência de sistematicidade daquela matéria, servindo de recurso para resolução de questões para as quais os princípios daquela matéria não ofereciam ainda resposta.*

Como anotou Rui Cirne Lima com uma ponta de ironia, "a intransigência em manter rigorosamente a velha distinção romana [*entre Direito Público e Privado*] vem gerando, na literatura do Direito Administrativo, a multiplicação de 'novidades', que só o esquecimento completo dos dogmas privatísticos autorizaria fôssem consideradas

---

[56] Da Contribuição do Código Civil para o Direito Administrativo. *Revista de Direito Administrativo – RDA*, Rio de Janeiro, ano 19, n. 78, p. 1, out.-dez. 1964.

[57] *Op. cit.*, p. 475.

tais".[58] É, com efeito, uma afirmação que bem demonstra que o Direito Privado tem uma maior influência sobre o Direito Administrativo do que se poderia supor à primeira vista. Muitas vezes as soluções concebidas pelo Direito Administrativo não implicam ruptura com o Direito Civil; pelo contrário, são tradicionais deste ramo do direito, sendo apropriadas diretamente pelo Direito Administrativo.

Daí que a origem do Direito Administrativo remete, ainda que de maneira velada, à aplicação de normas e preceitos de natureza privada. Com efeito, a multiplicidade dos conflitos existentes acabava por reclamar a necessidade de aplicar soluções para casos ainda não apropriados pela dogmática do Direito Administrativo. Nestes casos o apelo ao Direito Civil era quase que irresistível, ainda que feitas as adaptações necessárias para preservar os princípios cardeais daquele sistema.

Portanto, a influência do Direito Civil – malgrado o reconhecimento da exorbitância do Direito Administrativo – é maior do que gostaria de se confessar à luz da ideia de supremacia que lhe caracteriza. Sua aplicação respondeu à necessidade de se suplementar o Direito Administrativo, disciplina ainda carente de soluções capazes de dar resposta efetiva às demandas que se lhe apresentavam.

Todavia, paulatinamente, as soluções de Direito Civil foram perdendo importância na medida em que tanto no plano orgânico, quanto no plano da atuação, o Direito Administrativo foi afirmando regras e princípios próprios.

Quanto maior a evolução do Direito Administrativo, maior o descolamento do Direito Privado. Mais e mais, os princípios desse subsistema jurídico passaram a ditar soluções particulares, que já não mais poderiam ser reconduzidas às normas do Direito Privado.

Exemplo eloquente desse esforço de afirmação da autonomia do Direito Administrativo, capaz de romper com os esquemas do Direito Civil é o célebre julgamento do caso *Blanco* pelo *Tribunal des Conflits* (em 8.2.1873).

Naquela ocasião se afirmou que os princípios que regem a responsabilidade das pessoas administrativas não são os do Direito Civil, pois há necessidade de se conciliarem os interesses do serviço público com os privados. Este julgamento teve influência decisiva na concepção do Direito Administrativo, não se restringindo à questão da responsabilidade. Sobre o seu alcance já se registrou que:

---

[58] Direito Administrativo e Direito Privado. *Revista de Direito Administrativo – RDA*, Rio de Janeiro, ano 6, n. 26, p. 19, out.-dez. 1951.

No que diz respeito ao fundo do direito, o caso Blanco vai muito além da responsabilidade do Estado: suas considerações valem para o direito administrativo no seu conjunto. Por um lado, afastam os princípios estabelecidos pelo Código Civil, por outro, afirmam o caráter especial das regras aplicáveis aos serviços públicos. (...)
O caráter especial das regras aplicáveis aos serviços públicos comporta dois aspectos. Um diz respeito à autonomia do direito administrativo, baseado não somente ao fato que derroga o direito civil, mas também que constitui um sistema próprio, com sua lógica e suas soluções. Estas, e isto é o outro aspecto, são justificadas pelas necessidades do serviço.[59]

O julgamento deste caso tem a virtude de indicar que a preocupação era conceber o Direito Administrativo gradativamente como um *sistema próprio* derrogatório do Direito Civil (e não apenas como regras esparsas), que conta com soluções particulares ordenadas a atingir as soluções necessárias para assegurar a intangibilidade do exercício das funções administrativas.[60]

Quanto maior foi a capacidade de se construir esse sistema particular, menor foi a influência do Direito Privado no Direito Administrativo.

Do que veio de se expor percebe-se que a autonomia do Direito Administrativo decorre em grande parte da afirmação do caráter peculiar de suas normas, que lhe garantiriam a natureza de *especial* e *estatutário*, bem como que desde a sua gênese, em maior ou menor medida, este ramo da ciência jurídica tem recebido contribuições do Direito Privado.

1.6 O Direito Privado como direito residual

Com efeito, há, portanto, uma tensão que é inerente ao próprio Direito Administrativo, que diz com o lugar a ser ocupado pelo Direito

---

[59] LONG, Marceau; WEIL, Prosper; BRAIBANT, Guy; DEVOLVÉ, Pierre; GENEVOIS, Bruno. *Les grands arrêts de la jurisprudence administrative*. 16 ed. Paris: Dalloz, 2007. p. 3.

[60] Jean Lamarque opõe-se à concepção de que foi no julgamento do caso *Blanco* que se afirmou com clareza a autonomia do Direito Administrativo. Fazendo intensa pesquisa na jurisprudência do Conselho de Estado, o autor afirma que tal concepção já tinha sido retratada em termos mais precisos no *arrêt Rotschild*, de 6.12.1855. Neste julgamento já restara assentado que atividades exercidas pelo Estado por meio de atos de autoridade não se sujeitariam às regras do Direito Comum, mas sim a um direito especial, a ser aplicado por um corpo de magistrados próprio (*i.e.*, pelo Conselho de Estado). (*Recherches sur l'application du droit privé aux services publics administratifs*. Paris: Librarie Génerale de Droit et Jurisprudence, 1960. p. 24-25).

Privado nos métodos de trabalho relativos àquela matéria. Como visto, por mais que se pretenda que com o Direito Administrativo as coisas se passem diferentemente do Direito Privado, fato é que a constante presença deste é uma lembrança inconveniente de que as coisas não são exatamente como se imagina. Goste-se ou não, *o Direito Privado tem sido um elemento constante na vida do Direito Administrativo, desde a sua origem até os dias de hoje.*

Mais do que isso. O Direito Privado não apenas contribuiu para a formação de diversos institutos do direito administrativo, mas também é constantemente utilizado em certas manifestações da atuação administrativa, em que se atenuam os elementos que caracterizam a exorbitância dessa atuação. Há desde a sua origem certos casos em que a utilização de vias privadas é instrumento da atuação administrativa, reconhecendo-se a elas a capacidade de atingir os objetivos públicos, postos à guarda da Administração.

Dito de outra maneira: *em certas hipóteses a busca do interesse público a cargo da Administração vai se dar exatamente por meio de vias jurídico-privadas, em que não estão consagradas as notas de exorbitância que tradicionalmente são associadas ao exercício da função administrativa.*

Como registra Maria Sylvia Zanella di Pietro:

> (...) a Administração Pública vai buscar no direito privado o instrumento de sua atuação; é nessa área que mais se revela a flexibilidade do direito administrativo, que tem de encontrar os meios mais hábeis para a consecução do interesse público, em consonância com um de seus princípios informativos, a saber, o da proporcionalidade dos meios aos fins (...). Em tais hipóteses, a lei combina normas e princípios do direito público com normas e princípios do direito privado. Ela [*a Administração*] cria, inova, ajusta normas e institutos. Ela torna menos nítida a distinção entre os dois grandes ramos do direito.[61]

Como visto acima, a própria formação de diversos institutos do Direito Administrativo teve em sua raiz concepções típicas do Direito Privado, primeiramente importadas pela doutrina e pela jurisprudência, e depois reordenadas à luz dos princípios cardeais daquela disciplina.

Só que mesmo ao lado desse processo ainda subsistiu um vasto campo em que as soluções adotadas pelo Direito Administrativo não

---

[61] *Do Direito Privado da Administração Pública.* São Paulo: Atlas, 1989. p. 10. Explicou-se nos colchetes.

se apartavam das prescritas pelo Direito Privado. Ou seja, *o Direito Privado compareceu não só como fonte de inspiração, mas como meio de atuação.*

Mesmo ao influxo da ideia de exorbitância no exercício de funções administrativas, fato é que certas parcelas desta atuação eram levadas a cabo por meio de uma Administração desarmada de suas prerrogativas. A exemplo da velha teoria do Fisco, havia campos – especialmente os relativos à gestão patrimonial – em que a aplicação do Direito Privado continuava a ser prestigiada. Ainda que inicialmente periféricas em um Direito Administrativo estruturado ao influxo da ideia de exorbitância, tais manifestações não eram completamente desprezíveis, pois visavam dotar a Administração de recursos necessários à prestação em concreto de suas atividades fim. É o que se deu com o que ficou conhecido na França por gestão privada da Administração, em que havia o inter-relacionamento entre ela e os particulares por vias de Direito Privado. Isso se dava precisamente naquelas atuações de natureza econômica em que era dispensável o apelo aos privilégios da atuação administrativa.

Portanto, a atuação "desarmada" da Administração se fazia sentir com intensidade nas atividades destinadas a prover os meios materiais necessários para o exercício da função administrativa, especialmente os relativos à gestão de pessoal e à aquisição de bens e serviços por parte dela. Nada obstante tratar-se de uma atuação ancilar ao exercício de prerrogativas públicas por parte da Administração (e, portanto, vista como de menor importância) tais atuações constituem originalmente o cerne da utilização do Direito Privado no âmbito administrativo.

Na medida em que a atuação da Administração no período Liberal se manifestava por vias exorbitantes do Direito Comum, ela tinha no ato administrativo o elemento que lhe era característico. Toda atuação despida de autoridade estruturava-se ao largo da ideia de contrato e era originalmente regida pelo Direito Privado. Conforme anota Pedro Gonçalves: "nunca o direito público (administrativo) teve o exclusivo de regulação das actividades da Administração Pública: de facto, *a Administração sempre usou o direito privado, pelo menos no domínio dos chamados negócios auxiliares e no da gestão do seu patrimônio.*"[62]

Aliás, é de se notar que durante bastante tempo toda atuação patrimonial da Administração era compreendida como pertencendo

---

[62] *O Contrato Administrativo* – Uma instituição do Direito Administrativo do nosso tempo. Coimbra: Almedina, 2004. p. 46. Destaque nosso.

ao campo do Direito Privado, pois se caracterizava, à luz dos referenciais vigentes àquela época, como atividade de mera gestão. Assim, por exemplo, na França antes da autonomização da figura do contrato administrativo, toda atividade contratual era vista como sendo de Direito Privado, estando inclusive subtraída da apreciação do Conselho de Estado.[63]

Ou seja, mesmo na vigência do paradigma Liberal, em que era mais necessário afirmar que o Direito Administrativo não se compatibilizava com o Direito Privado, as regras deste ramo eram aplicadas com vistas a reger certas atuações da Administração Pública.

Aqui, todavia, é preciso sublinhar um dado importante. Na raiz da concepção exposta acima de que o Direito Privado seria residual está uma visão tipicamente Liberal de mundo. A partir desse referencial, havia uma nítida cisão entre os interesses públicos e privados. Daí porque ser, em tese, interditado ao Direito Administrativo tal como concebido na origem gerir interesses de ordem econômica, que em tese pertenceriam ao universo privado das relações jurídicas. Nada mais natural, portanto, que ver a utilização de vias privadas pela Administração como um fenômeno residual. Com efeito, havia a preocupação em excluir do Direito Administrativo a persecução de interesses tidos como de menor valor, como os de índole econômica. Havia a crença em uma pureza do Direito Administrativo que não deveria se preocupar com assuntos econômicos, que não pertenciam ao feixe de cogitações tipicamente administrativas. Com efeito, o poder público não tinha que perder tempo com os assuntos vulgares, relativos às relações econômicas. A Administração, enquanto expressão dinâmica do Estado, superpunha-se a tais cogitações. Sob um certo ângulo, como registra Jacques Cailosse, havia na origem um corte entre as atividades propriamente administrativas, que não prescindiam do poder, e as demais, que não eram dignas da utilização de um aparato jurídico especialmente concebido para o exercício de poder.[64] Daí porque desde a origem atuações de natureza econômica da Administração Pública podiam ser levadas a cabo com maior apelo ao Direito Privado.

---

[63] Cf. Jean Lamarque, ao se referir ao julgamento do *affaire Pêju*, de 11.1.1873 (*Recherches sur l'application du droit privé aux services publics administratifs*. Paris: Librarie Génerale de Droit e Jurisprudence, 1960. p. 27).

[64] L'Administration Française doit-elle s'evader du Droit Administratif pour relever le defi de l'efficience? *Politiques et Management Public*, v. 7, n. 2, p. 163-182, jun. 1989.

1.7 O Estado Social e a sua revolução

A aplicação tipicamente secundária do Direito Privado pela Administração começa a se alterar com a emergência do Estado Social. Com o incremento das obrigações prestacionais imputadas à Administração também cresceu o espaço reservado à utilização das vias de Direito Privado de que ela dispõe para atuar. E isso por uma razão simples: a matéria econômica deixa de ser excluída do feixe de preocupações colocadas à Administração Pública. A pureza original da Administração, que devia apenas se preocupar com o exercício do poder político, é deixada de lado, assumindo-se de uma vez por todas que há um importante papel a ela reservado no que tange à atuação sobre a ordem econômica.

Note-se que a partir do Estado Social a Administração passa a assumir diversas responsabilidades para com os administrados, tendo sido quebrado o pressuposto de abstenção que caracterizou o Estado Liberal e possibilitou que o ato administrativo de natureza autoritária ocupasse quase que em regime de monopólio o modo pelo qual se exercia a função administrativa. Conforme anotou Maria João Estorninho "(...) se a Administração do Estado Liberal se contentava em *laisser faire*, a Administração do Estado Social propõe-se a *faire elle-même*".[65]

Assim, paulatinamente, a Administração passou a ter responsabilidades sobre os setores de segurança, saúde, previdência, educação, cultura etc. E isso implicou um corte radical com as concepções antes vigentes acerca do papel reservado à Administração e às formas pelas quais ela passou a atuar. O interesse público perseguido pela Administração começou a ser visto de uma maneira radicalmente distinta da havida no período Liberal, que assumiu como próprios interesses econômicos antes tidos por exclusivamente privados. Passou-se a exigir a atuação em concreto da Administração na oferta de bens e serviços à coletividade, em diversas áreas. Assim, a Administração assume papel preponderante na implementação do bem comum, vindo a substituir o Parlamento. Como anotou Rogério Ehrhardt Soares:

> [...] agora a realização do Estado de Direito não se fará apenas em via legislativa, mas também em via administrativa, competindo ao administrador uma boa parte na realização da ideia de justiça. Não é possível realizar a conformação de uma determinada ideia de sociedade

---

[65] *A Fuga para o Direito Privado* – Contributo para o estudo da actividade de direito privado da Administração Pública. Coimbra: Almedina, 1999. p. 36. Grifos do original.

apenas com processos legislativos, sem uma intervenção activa do administrador. (...)

A partir desse momento há uma alteração da situação de facto em que a Administração está colocada. Ela deixa de ser uma Administração com funções de fiscalização e polícia e passa a ser, agora, uma Administração actuante em vários domínios. (...) Agora o que constitui a tarefa principal do Estado é manter uma Administração actuante, não é, como nos velhos tempos, manter uma legislação actuante através da Administração.[66]

Com efeito, a atuação calcada no ato administrativo de caráter unilateral, dotado de prerrogativas de autoexecutoriedade, tinha muito pouco a oferecer no campo prestacional, em que se fazia necessário estabelecer um inter-relacionamento entre a Administração e os particulares. Do ponto de vista do particular, deixou de haver a oposição essencial entre os seus interesses concretos e aqueles atuados pela Administração, quebrando o pressuposto da relação agressiva que caracterizou a questão no período Liberal.

A profunda alteração no plano das responsabilidades públicas desaguou em alterações não são só quantitativas, mas também qualitativas: a Administração não só vê incrementada sua atuação nos setores tradicionalmente por si ocupados, mas também assume novas tarefas. A sua interferência é tamanha que já não mais é possível manter clara a dicotomia *Estado/Sociedade*, pedra de toque da concepção Liberal do mundo.

De acordo com a síntese de Vasco Pereira da Silva sobre o período:

> Com a passagem do Estado liberal ao social, a administração pública deixa de ser concebida como meramente executiva (o que era, aliás, como vimos, mais um paradigma teórico que uma realidade efectiva), para se tornar cada vez mais numa actividade prestadora e constitutiva. A administração prestadora chamou a si um conjunto de tarefas que não se esgotam na noção de aplicação da lei ao caso concreto, ou de execução do direito, mas que implicam a ideia de uma capacidade autónoma de concretização dos objectivos estaduais.[67]

Ou seja, a alteração ocorrida não tratou apenas de modificar o volume das tarefas administrativas. A principal mudança decorrente da emergência do Estado Social é bastante mais aguda e diz com a

---

[66] *Sentido e limites da Administração Pública.* Macau: SAFP, 1997. p. 42-43.

[67] *Em busca do acto administrativo perdido.* Coimbra: Almedina, 2003. p. 81.

transformação da função administrativa. Não cuida mais a Administração apenas de aplicar o direito ao caso concreto reprimindo condutas perniciosas, a bem do interesse público. Agora lhe compete promover em concreto os objetivos do Estado, o que implicou em um alargamento das competências da Administração em detrimento da centralidade que no período Liberal era reconhecida ao legislador. De acordo com Jean Rivero:

> Mais decisiva ainda que a extensão das tarefas tradicionais é o aparecimento de tarefas inteiramente novas: é todo o desenvolvimento dos serviços económicos e sociais. Finalmente, a própria natureza da actividade da Administração modifica-se. Não se limita a gerir o presente: incumbe-lhe preparar o futuro. Esta atitude prospectiva exige instrumentos novos – planos de desenvolvimento, de urbanismo, directivas, etc., e põe em causa numerosas soluções adquiridas.[68]

Dentre novas atividades assumidas pela Administração, é de capital importância o surgimento de tarefas econômicas exercidas pelo Estado, por meio das quais se pretende ofertar concretamente bens e serviços à coletividade. Tais atividades representam a atuação direta da Administração em setores considerados estratégicos, o que leva à necessidade de se repensar diversas das categorias tradicionais do Direito Administrativo, concebidas para reger relações em que se visualizava uma posição de proeminência ao Estado, que rigorosamente não tem sentido de ser nesses domínios. A necessidade de dar respostas à nova configuração em que a Administração é protagonista da cena econômica configura uma verdadeira ruptura com as concepções tradicionais do Direito Administrativo, gerando diversas perplexidades.

Uma delas é exatamente a necessidade de articular o exercício de vias de direito privado com a tradicional concepção acerca do Direito Administrativo, fundada na oposição dele em relação ao Direito Comum. De acordo com Giuseppe Pericu: "A difusão da administração (gestão) de atividades econômicas por parte de Administrações públicas modificou posteriormente o quadro; nestes casos é normal o recurso ao direito civil na qualidade de direito comum dos operadores econômicos."[69]

Além de ser necessário dotar a Administração dos meios necessários para atuar como empresária possibilitando a ela gerir contratos,

---

[68] *Direito Administrativo*. Tradução de Rogério Erhardt Soares. Coimbra: Almedina, 1981. p. 32.
[69] *Diritto Amministrativo*. v. II, 3. ed. Monduzzi: Bolonha, 2001. p. 1612.

CAPÍTULO I
DIREITO ADMINISTRATIVO E DIREITO PRIVADO: APROXIMAÇÕES E AFASTAMENTOS | 57

orçamento, pessoal etc., foi necessário conceber maneiras de dotar estes entes de personalidade privada para que eles pudessem cumprir os seus objetivos. A utilização do direito privado não se dava apenas em relação aos instrumentos jurídicos da atuação do Estado, mas também pôs em causa a própria personificação de novos entes públicos. Com efeito, configura uma radical alteração a existência de entes públicos, constituídos por vias de Direito Privado. O ponto alto dessa alteração de mentalidade na França se dá com o reconhecimento dos serviços públicos comerciais e industriais em que – nada obstante se reconhecesse um dever de atuação em prol de interesses gerais – utilizavamse vias privadas na sua organização e também nas suas relações com os usuários. Tal visão foi sedimentada no célebre caso do *Bac d'Eloka*, julgado pelo Conselho de Estado em 1921.[70]

Por óbvio, o aumento exponencial das responsabilidades postas a cargo da Administração e a própria alteração do papel a ela reservado teve por contrapartida o alargamento das vias de Direito Privado por ela utilizadas, sendo isto constatável pelo ganho em importância da figura do contrato administrativo, em oposição à concepção monolítica do ato administrativo.[71]

Ao ser chamada a dar resposta a diversas demandas e a ter que atender em concreto diversas exigências da sociedade, houve a necessidade de se aumentar a flexibilidade da atuação da Administração. As contingências do atuar administrativo tradicional por vezes implicavam a impossibilidade de dar cabo das solicitações postas à Administração, o que fatalmente conduziu a uma maior utilização de vias privadas, tendo o contrato assumido papel de destaque nesta tarefa (em substituição ao ato administrativo, que antes centralizava a atuação administrativa).[72]

---

[70] Para a explicação do alcance deste julgamento consultar André de Laubadére (*Direito Público Económico*. Tradução de Maria Teresa Costa. Coimbra: Almedina, 1985. p. 455-456.) e José Cretella Júnior (*Empresa Pública*. São Paulo: Universidade de São Paulo, 1973. p. 42-45).

[71] Registre-se que a emergência do contrato não implica o total abandono do ato administrativo. De acordo com Pedro Gonçalves: "Assim, a expansão do consenso na acção administrativa, se é verdade que cria as condições para o alargamento da aplicação do contrato nas relações jurídicas públicas, está contudo, longe de implicar a abolição do acto administrativo, seja porque, por si mesmo o próprio acto pode ser produto de um consenso, seja porque, nos casos em que o consenso não é alcançado, a Administração Pública há-de [sic] continuar a estar em condições de impor o direito da situação concreta: é o princípio da prevalência do interesse público que o exige." (*O Contrato Administrativo* – Uma instituição do Direito Administrativo do nosso tempo. Coimbra: Almedina, 2004. p. 25).

[72] Rogério Ehrhardt Soares denuncia a utilização pela Administração de módulos contratuais privados, que possibilitariam uma fuga "*dos constrangimentos que a via do acto administrativo lhe impõe*". Esse processo implicaria em um duplo risco: a exigência por parte da Administração que ônus indevidos a serem suportados pelos particulares ou, o contrário,

Ressurge ainda com mais força a antiga distinção entre atos de império e de gestão, estes sujeitos às normas do direito privado e tidos por secundários e aqueles ainda consagradores da integralidade do regime público, caracterizando o ponto alto da atuação administrativa.[73]

Todavia, se no período Liberal o espaço reservado às atividades identificadas como de mera gestão era pequeno (e capaz de ser articulado em uma ideia de residualidade), já assim não é no Estado Social. Com efeito, muito das atividades encampadas pela Administração neste período são remetidas à noção de gestão, sendo, portanto, mais sujeitas à utilização de técnicas jurídico-privadas do que outras manifestações da Administração, ainda estruturadas ao longo da noção de autoridade.

Em síntese, *a nota fundamental do período é a revaloração do consenso no âmbito das relações administrativas de cunho econômico (em larga medida mediada por vias de Direito Privado, em que assume relevo o contrato ou os atos consensuais).*[74]

A flexibilidade exigida conduz à inviabilidade de se fazer do ato administrativo dotado de privilégios a única via de atuação do Direito Administrativo; ao lado dele se estabelecem expedientes em que a Administração busca o consenso para atingir seus objetivos. Conforme anota Vasco Pereira da Silva:

> Diferentemente da Administração agressiva, que fazia do acto de autoridade o instrumento privilegiado (e praticamente exclusivo) da sua intervenção, a Administração prestadora tende cada vez mais a flexibilizar e a diversificar os seus modos de actuação, substituindo o uso de meios autoritários por outras formas de agir mais consensuais.

---

a imposição pelos privados de obrigações contrárias ao interesse público, a serem suportadas pelo Estado (*Sentido e limites da Administração Pública*. Macau: SAFP, 1997. p. 13-14).

[73] Conforme anota Maria João Estorninho: "(...) uma das características mais típicas da própria dogmática administrativa desta fase é precisamente a afirmação da dualidade de regimes jurídicos aplicáveis à Administração Pública, expressa notadamente na distinção entre *gestão pública* e *gestão privada* e na defesa da dicotomia entre *contrato administrativo* e *contrato privado da Administração Pública*" (*A Fuga para o Direito Privado* – Contributo para o estudo da actividade de direito privado da Administração Pública. Coimbra: Almedina, 1999. p. 46).

[74] O contrato no âmbito das relações administrativas não é instrumento aceito de maneira unânime na Europa. Alemanha e Itália tradicionalmente o rejeitam em larga medida, o que levou estes sistemas a articular as manifestações consensuais da Administração por intermédio da noção de *atos administrativos bilaterais* ou *consensuais*, em que se preserva a autoridade de uma declaração administrativa dotada de exequibilidade, que é posteriormente objeto de aceitação por um privado, dando eficácia ao ato público antes praticado. Para uma resenha acerca desta questão consultar: Pedro Gonçalves. *O Contrato Administrativo* – Uma instituição do Direito Administrativo do nosso tempo. Coimbra: Almedina, 2004. p. 13-16. De toda sorte, mesmo à luz desses referenciais, o consenso é um elemento fundamental nesses ajustes, que é o ponto fundamental.

> (...) Com efeito, a Administração recorre cada vez mais à utilização de meios jurídico-privados na sua tarefa de satisfação das necessidades coletivas, *fazendo do Direito Privado uma espécie de substituto do Direito Administrativo.*
>
> Esta utilização de meios jurídico-privados por parte da Administração manifesta-se, quer ao nível da organização administrativa, quer relativamente às atividades desenvolvidas pelas autoridades administrativas. Assim, por um lado, no que respeita ao domínio da organização, surgem e multiplicam-se os fenómenos de Administração Pública sob formas privadas (v.g. as sociedades de capital público, sociedades mistas). Realidades que são conseqüência directa do aumento das tarefas públicas do Estado prestador, que tanto implicou o crescimento do aparelho administrativo, como obrigou à necessidade de encontrar formas de organização mais adequadas à satisfação dos novos fins públicos de carácter económico e social. (...)
>
> Por outro lado, no que concerne às formas de actividade, verifica-se a generalização do recurso à utilização do Direito Privado por parte das autoridades administrativas. Nos nossos dias, com efeito, a utilização de meios jurídico-privados é habitual, tanto relativamente à actividade administrativa tradicional (onde o uso de meios autoritários não significa que a Administração não posta também actuar de acordo com as regras da gestão privada) como, sobretudo, em relação às novas actividades da Administração prestadora que, pela sua própria natureza, implicam o uso de meios privatísticos (v.g. actividades de produção de bens ou prestação de serviços) – e onde, por isso, a actuação de direito privado é a regra.[75]

O campo em que o fenômeno da penetração pelo Direito Privado do Direito Administrativo é mais claro diz exatamente com a atuação da Administração em domínios econômicos, nota característica do Estado Social. Neste campo, a atuação pela via jurídico-privada chega a ser vista como regra.

Com a emergência do Estado Social, a utilização de vias jurídico-privadas deixa, portanto, de estar restrita a aspectos secundários da vida da Administração Pública, tal qual a gestão patrimonial e de atividades meramente auxiliares. Pelo contrário, grande parte das novas responsabilidades assumidas pela Administração passa ou a se organizar em entes dotados de personalidade jurídica privada, ou a ser executada por meio de técnicas jurídicas que não trazem em si as

---

[75] *Em busca...*, p. 103-105.

notas de exorbitância que caracterizavam anteriormente o exercício de funções administrativas.

Assim, *a assimilação pelo Direito Administrativo de técnicas de Direito Privado é um dos legados do Estado Social.* É inclusive nesse contexto que se costuma referir mais intensamente à fuga do Direito Administrativo.

1.8 O Estado Pós-Social: o recrudescimento da revolução

Todavia, o tempo da Administração comprometida com o paradigma do *faire elle-même* também teve seu fim. E a característica mais destacada desse processo foi a retirada da Administração do papel de protagonista antes a ela reservado no Estado Social.

Assim, diversas tarefas assumidas e executadas por ela foram deixadas à iniciativa privada, ainda que o Estado não tenha abdicado de garantir-lhes por vias indiretas. A transformação essencial desse momento histórico diz, portanto, com a alteração do papel reservado à Administração. Ela deixou de ser a responsável por prover concretamente e de maneira imediata muitos dos bens e serviços antes a ela acometidos, tendo migrado para uma *responsabilidade de garantia* sobre tais atividades. Conforme explica Pedro Gonçalves sobre esse contexto:

> (...) o Estado não se demite do dever geral de *assegurar* ou *garantir* que os actores privados produzem aqueles bens e, em geral, cumprem as incumbências que lhes são cometidas para se alcançarem os resultados pretendidos: satisfação do interesse público e das necessidades da colectividade. Pode, por isso, dizer-se que a responsabilidade de garantia equivale também a uma responsabilidade pelos resultados da cooperação entre Estado e privados.
>
> Neste nível ou grau de responsabilidade, o papel do Estado não assume um carácter ou natureza executivos ou operativos, no sentido em que, em si mesma, a execução da tarefa (ou de parte dela) deixa de pertencer às suas missões: não lhe cabe executar, mas apenas viabilizar a execução (*enabling* em vez de *providing*).[76]

Destaca-se, contudo, que a alteração não representou uma volta à irresponsabilidade típica do Liberalismo, mas sim uma alteração qualitativa no papel reservado à Administração, com uma *redistribuição de responsabilidades de natureza social entre os setores público e privado.*

---

[76] *Entidades Privadas com Poderes Públicos.* Coimbra: Almedina, 2005. p. 168.

Daí já não mais ser possível trabalhar com as chaves dicotômicas típicas ainda do Estado Social de *interesse coletivo/atividade pública* e *interesse privado/atividade particular*. Esse corte é radicalmente posto em xeque, identificando-se uma série de tons de cinza onde antes apenas havia preto e branco.

Daí falar-se em atividades de interesses públicos não estatais, tarefas privadas de interesse público, serviço público impróprio, dentre outras expressões que remetem a este contexto. Há, portanto, uma efetiva perda de clareza nos referenciais que ainda eram utilizados pelo Estado Social, pois se tem, de um lado, uma Administração que, mais e mais, atua por vias privadas e, de outro, a assunção de objetivos públicos por particulares. Assim, as tradicionais fronteiras entre o público e o privado são postas em causa, a demandar a necessidade de se repensar a questão.

Basicamente, a modificação relativa ao período se dá em relação à forma pela qual a Administração é responsável pelas tarefas de interesse social. Se na vigência do paradigma do Estado Social usualmente a Administração desempenhava seu papel atuando em concreto, com a emergência do paradigma Pós-Social ela passa primordialmente a exercer competências de coordenação e direção, destinadas a que os atores privados consigam oferecer em níveis adequados à sociedade os bens e serviços de interesse desta.

Daí ser uma característica desse período a noção de regulação, compreendida como uma nova função a cargo da Administração, a sintetizar elementos relativos às lógicas do poder de polícia e da Administração prestacional. Vale aqui mencionar a advertência de Luisa Torchia, que assinala que "As relações entre as administrações públicas entre si e entre estas e os cidadãos não são mais, por conseguinte, organizadas sempre *ex ante*, como acontece nos sistemas centralizados e hierárquicos, mas são o fruto de interações, negociações, controles e confrontos, como sucede nos sistemas abertos e dispersos (difusos)."[77] Logo, é necessário o manejo de competências capazes de acomodar esses diversos interesses, o que está subjacente à noção de regulação.

Por outro lado, é típico deste novo paradigma o debate acerca da privatização de tarefas e bens públicos.[78] A retração da Administração

---

[77] Diritto Amministrativo, pottere pubblico e società nel terzo millenio, o della legitimazione inversa. *Il Diretito Amministrativo oltre i confini, Ommagio degli allievi a Sabino Cassese.* Giuffrè: Milão, 2008. p. 48.

[78] "Não se estará a faltar à verdade se se disser que o termo *privatização* passou sobretudo a partir do fenómeno levado a efeito no Reino Unido pelos governos da Sr.ª Thatcher, a

no que toca à atuação imediata é diretamente proporcional à privatização (tomada em sentido amplo).

Toda a retirada do Estado de certas atividades por ele antes desempenhadas é identificada *latu sensu* com a noção de privatização, que predica o deslocamento de algo compreendido como pertencendo ao domínio público para o privado.[79] E esse processo se articula tanto por intermédio da venda de ativos estatais à iniciativa privada com a retirada do Estado de certos setores da economia, quanto pela participação de particulares na gestão de atividades ainda descritas como de expressa responsabilidade estatal (tais como as concessões de serviço público e outras formas de parceria) ou ainda pela simples supressão de controles públicos sobre certos setores.

Todos esses expedientes foram utilizados em maior ou menor medida para promover a alteração do papel reservado à Administração, de sorte que a privatização – em suas diversas modalidades – foi uma das vias indutoras da afirmação do Estado Pós-Social.

Seja de que modo for, a tônica da superação do Estado Social é a redução da atuação direta da Administração Pública, especialmente no campo econômico. Todavia, e de maneira algo paradoxal, a retirada da Administração de setores antes por ela explorados não teve por resultado a redução da utilização do Direito Privado.

Nada obstante a maior utilização das vias jurídico-privadas ter sido resultado da ampliação das tarefas administrativas decorrente da consagração do Estado Social, mesmo com a diminuição da intensidade da atuação direta da Administração a utilização do Direito Privado não arrefeceu. Ao invés disto vieram a se somar novas formas de a Administração se valer das vias jurídico-privadas mais consentâneas com a alteração da responsabilidade estatal.

As características do Estado Pós-Social, especialmente a assunção de uma responsabilidade de garantia por parte da Administração, levaram à aplicação de vias consensuais para além das relações

---

estar na moda e a ser conhecido do comum dos cidadãos, sejam eles cultores do Direito, simples leitores de jornais ou utentes dos serviços públicos." (MOURA, Paulo Veiga e. *A privatização da função pública*. Coimbra: Coimbra, 2004. p. 327).

[79] Privatizar é termo dotado de diversas significações. Paulo Otero anota cinco sentidos compreendidos pela palavra na ciência do Direito: (i) supressão de controles públicos sobre certas atividades; (ii) submissão de pessoas administrativas a regras de cunho privado; (iii) transformação de uma personalidade pública em particular; (iv) delegação de atividades públicas à iniciativa privada e (v) venda parcial ou total de ativos empresariais de titularidade do Estado (*Privatizações, Reprivatizações e Transferências de Participações Sociais no Interior do Sector Público*. Coimbra: Coimbra, 1999. p. 11-15).

tipicamente patrimoniais e de gestão tradicionalmente utilizadas desde o período Liberal.

O consenso – com as vias privadas que lhe são correlatas – passa a ser utilizado para atingir objetivos antes perseguidos por meios que se fundavam em manifestações revestidas de autoridade. É Pedro Gonçalves que sintetiza a alteração ao afirmar que: "O consenso e a contratualização não representam, assim, uma novidade nos esquemas da acção administrativa. Nova, própria do nosso tempo, apresenta-se a utilização dos modelos de actuação consensual e contratual nas áreas da *administração de autoridade* e da *decisão unilateral*."[80] No afã de assegurar a obtenção dos objetivos postos a seu cargo, a Administração passou a valer-se de esquemas consensuais para aumentar a efetividade da sua atuação. E o fez onde antes se via só império. Pense-se, apenas a título de exemplo, nos termos de ajuste de conduta celebrados por entes administrativos como as Agências Reguladores e a Comissão de Valores Mobiliários em que regras estipuladas consensualmente substituem a pretensão punitiva do Poder Público.

A tendência à utilização do Direito Privado em campos antes inexplorados compreende três grandes campos, conforme anota Giuseppe Piperata.[81]

O primeiro, subjetivo, diz com a sua utilização para regular a capacidade de atuação de entes constituídos pela Administração, o que abrange tanto a atribuição de capacidade de Direito Privado a certas entidades, quanto às consequências da titularidade estatal sobre ativos empresariais. Nos dois casos cuida-se de analisar a possibilidade de recorrer-se ao Direito Privado para organizar sujeitos que exercem missões impostas à Administração, representando um corte com a concepção subjetiva de Administração Pública. No limite, chega a se aludir à figura de entes públicos societários, o que bem demonstra a alteração havida no âmbito da personalidade administrativa, tradicionalmente compreendida como sendo necessariamente de Direito Público.

O segundo, objetivo, diz com a análise dos instrumentos de Direito Privado que vão ser utilizados pela Administração. Neste sentido, o Direito Privado acaba por constituir um repertório de soluções capazes de ser adotadas pela Administração com vistas a lhe possibilitar a atuação. Dentre as técnicas utilizadas é especialmente importante

---

[80] *Entidades Privadas com Poderes Públicos*. Coimbra: Almedina, 2005. p. 273.

[81] La scienza del Diritto Amministrativo e il Diritto Privato. In: CHITI, Edoardo; TORCHIA, Luisa; SANDULLI, Aldo (Org.). *La scienza del Diritto Amministrativo nella seconda metà del XX secolo*. Scientifica: Nápoles, 2008. p. 189-194.

referir ao contrato atípico, que no âmbito de uma Administração mais consensual acaba por permitir a implementação de soluções alheias aos modelos pré-definidos em lei.

Por fim, importa ressaltar a maior aplicação da *rationale* do Direito Privado na relação entre Administração e cidadãos. Nestes quadrantes, o Direito Privado serve de sistema de proteção aos cidadãos que acabam por adquirir garantias frente ao Estado que derivam de institutos originariamente privados. Isto se verifica na maior atribuição de direitos subjetivos frente à Administração aos particulares, com a correlata possibilidade de lhes dar tutela processual efetiva. Além disso, nestes casos também se utilizam institutos antes típicos do Direito Privado, como a boa-fé e a preservação de expectativas econômicas legítimas, para ampliar a liberdade dos particulares. Assim, certas formas de proteção típicas do Direito Privado acabam migrando para o âmbito do inter-relacionamento entre Estado e Sociedade.

Todas as manifestações referidas por Giuseppe Piperata indicam a aplicação de técnicas privadas na relação entre Administração e cidadão em campos antes absolutamente infensos à incidência destas normas. Com efeito, a emergência do Estado Pós-Social implica um salto qualitativo referente à questão de qual é o papel que o Direito Privado ocupa na atuação da Administração Pública.

A utilização de tais vias permite, portanto, a emergência de um modelo de Administração mais aberto ao consenso, em que o recurso a vias autoritárias já não é mais elementar do exercício das funções administrativas. De acordo com Guido Greco: "A presunção de que o direito público seja a regra e o direito privado a exceção nos atos da Administração Pública não pode mais ser mantida, como o pensamento jurídico tem amplamente aceito e demonstrado."[82]

Destaca-se, contudo, que isso não significa que a Administração abandonou a capacidade de agir por vias de autoridade e que tudo é consenso no âmbito das relações administrativas. Com efeito, sempre haverá a necessidade de a Administração utilizar suas prerrogativas legalmente consagradas quando o acordo for impossível ou quando não houver consenso entre as partes, bem como assim o exigir a tutela do

---

[82] *Argomenti di Diritto Amministrativo*. 3. ed. Giuffrè: Milão, 2007. p. 175. Registra-se ainda que na Itália a questão foi expressamente positivada, tornando excepcional o recurso às vias de autoridade pela Administração, criando-se um preceito geral para aplicação de vías privadas. De acordo com o art. 11 da Lei nº 241/1990: "la pubblica amministrazione, nell'adozione di atti di natura non autoritativa, agisce secondo le norme del diritto privato salvo che la legge disponga diversamente".

interesse público. Ainda vale a ideia de que a busca do interesse público não pode ser obstaculizada pela vontade dos particulares. Todavia, a simples utilização do consenso para a formação do conteúdo das decisões administrativas é algo relevante e que traz uma série de novas possibilidades para a utilização do Direito Privado pela Administração.

Por outro lado, convém assinalar que uma maior aplicação do Direito Privado é, sob certo ângulo, compensada pela estatuição de elementos de natureza pública a quadrantes antes infensos a eles. Assim, atividades puramente privadas ficam sujeitas a normas de natureza pública que lhes eram alheias, o que completa o ciclo examinado. Com efeito, além de haver a introdução de elementos da *rationale* privada no Direito Administrativo, as atividades antes tipicamente privadas passam a ser também vistas como sujeitas a um dever de garantir certos objetivos de ordem social.

Ou seja, o novo arranjo de responsabilidades nas esferas pública e privada decorrente da emergência do modelo de Estado Pós-Social tem por efeito não apenas o incremento da utilização do Direito Privado no âmbito da Administração, mas também a aplicação das técnicas do Direito Administrativo em campos que antes lhe eram alheios. Diz a propósito Sabino Cassese:

> O espaço de direito público de fato se reduz sob certos aspectos, sob outros, na época contemporânea, se expande. Reduz-se porque, por exemplo, os órgãos públicos econômicos tornam-se matéria de estudo do direito comercial, assim como o emprego público se faz objeto de estudo do direito do trabalho.
>
> Expande-se porque a disciplina anti-trust, a disciplina dos mercados imobiliários, a regulamentação dos serviços públicos colocam, diante do estudioso do direito público, novos problemas: não mais os problemas do estado proprietário e gestor, mas aqueles do Estado regulador.[83]

A breve análise feita acima destacou que a utilização do Direito Privado no seio da Administração é constante.

Mais do que isso. A questão da utilização do Direito Privado nas relações da Administração não é só uma constante na história do Direito Administrativo, ela vem ganhando importância ao longo do tempo, deixando de ser uma técnica secundária, restrita a campos em

---

[83] Diritto Pubblico e Diritto Privato nell'Amministrazione. *Scritti in onore di Serio Galeotti*, tomo 1. Milão: Giuffrè, 1998. p. 181.

que a Administração não manifestava sua característica de autoridade. Paulatinamente, a utilização de vias jurídico-privadas passa a disputar espaço no desempenho de tarefas essenciais por parte do Estado.

Com efeito, o direito próprio da Administração já não contém apenas regras de índole pública, mas também privadas (ainda que remoldadas à luz de princípios típicos do Direito Administrativo). Daí a pertinência da advertência lançada por Jean-Bernard Auby, para quem "Na verdade, o Estado e a administração não são, senão em parte, submetidos a regras especiais; eles são regidos em parte pelo direito comum e em parte por regras especiais."[84]

---

[84] Le rôle de la distintion du droit public et du droit privé dans le droit français. In: FREEDELAND, Mark; AUBY, Jean-Bernard (Coord.). *The Public/Private Law Divide, Une entente assez cordiale?* Oxford: Hart, 2006. p. 14.

CAPÍTULO II

FUNÇÃO ADMINISTRATIVA: CONCEITO, CARACTERÍSTICAS E POSIÇÃO CONSTITUCIONAL

2.1 A função administrativa

Como veio de se ver no capítulo anterior, o Direito Privado sempre se fez presente na vida da Administração Pública. Primeiramente, como um repertório de soluções a ser apropriado e sintetizado pelo Direito Administrativo, depois como técnica apta a gerir atuações periféricas de natureza patrimonial e, por fim, como meio de atuação posto à disposição para o atingimento de objetivos propriamente públicos, investindo-se na técnica da consensualidade. Com efeito, por mais que haja elementos de autoridade que tornem o Direito Administrativo peculiar se comparado ao Direito Privado, fato é que jamais houve uma cisão absoluta entre ambos. As técnicas do Direito Privado sempre ficaram à disposição da Administração para serem usadas quando reputado conveniente.

Todavia, a simples descrição do fenômeno não basta para que se possa compreender qual é o sentido e o alcance da utilização do Direito Privado pela Administração Pública, especialmente no que toca à implementação de objetivos públicos por vias dessa natureza. Definir quais os limites e possibilidades do exercício de funções públicas por vias de direito privado não dispensa a análise do que vem a ser, afinal de contas, a função administrativa e quais as suas características fundamentais.

Este capítulo dedica-se a explicitar o tema, recolhendo as premissas necessárias à compreensão da utilização do Direito Privado como meio de satisfazer a função administrativa. A partir dele pretende-se indicar quais as características elementares da atuação da Administração Pública para que, posteriormente, possa se avaliar se há uma antinomia essencial entre tais elementos e a utilização do Direito Privado. Qualquer juízo acerca do tema não prescinde, pois, da análise da função administrativa. Só a partir dela é que se pode pretender discutir a utilização de vias privadas pela Administração.

Um esforço dessa ordem conduz, quando menos, a dois feixes de consideração, complementares.[85] O primeiro – que se traduz num dos problemas de essência do Direito Administrativo – é situar a atuação da Administração no quadro das tarefas estatais, fixando-se no que ela consiste à luz das outras tarefas do Estado.[86] O segundo é compreender o que de fato significa dizer que existe uma função administrativa entendida como a busca de objetivos externos à vontade do agente, desvelando as consequências derivadas desse modelo de atuação.

Com efeito, estes são pressupostos para investigar o sentido e o alcance que a utilização de vias privadas pode ter dentro da função administrativa. Eles permitem compreender no que consiste a Administração Pública, dado essencial para se aferir se ela pode, ou não, utilizar vias privadas e, em o podendo, qual é o limite para tanto. Embora o conceito de administração pública esteja em geral subentendido em trabalhos que versam acerca do tema, não é demais lançar sobre ele algumas luzes para que não se torne um fundamento autoevidente, que todos tomam por definido, nada obstante encerre severas dúvidas.

Além disso, outro importante aspecto é analisar as características da Constituição no sentido de definir quais as premissas definidas no Texto Magno acerca desta questão. É que por mais que a doutrina possa explicitar importantes aspectos do Direito Administrativo eles de nada valem sem um teste de aderência à realidade jurídica. Uma alteração legislativa está apta a tornar bibliotecas úteis apenas como curiosidade histórica.

---

[85] Tal como exposto por Ernst Forsthoff, para quem definir a Administração pressupõe não só encadeá-la no quadro das tarefas do Estado, mas também fixar a dinâmica interna inerente à gestão de interesses que não são próprios do agente. *Traité de Droit Administratif Allemand*. Tradução de Michel Fromont. Bruxelas: Bruylant, 1969. p. 37.

[86] Tal como registram José Eduardo Figueiredo Dias e Fernanda Paula Oliveira, "Numa disciplina de direito administrativo, naturalmente que um dos objectivos centrais é o de descobrir o local e o papel próprio da função administrativa, em comparação com as outras funções estaduais." (*Noções de Direito Administrativo*. Coimbra: Almedina, 2009. p. 28).

CAPÍTULO II
FUNÇÃO ADMINISTRATIVA: CONCEITO, CARACTERÍSTICAS E POSIÇÃO CONSTITUCIONAL | 69

Assim, nada obstante a importante contribuição da doutrina ao Direito Administrativo, especialmente em vista do caráter assistemático deste, a incorporação de soluções recolhidas dos autores não dispensa validá-las à luz do direito positivo.

2.2 A função administrativa dentro das tarefas do Estado

Um dos legados da emergência das revoluções liberais foi a desconcentração dos poderes antes imputados de maneira una ao Soberano. Antes das revoluções liberais não havia qualquer indicação clara acerca da distinção das funções exercidas pelo Estado, pois não havia sentido em cindir as prerrogativas exercidas pelo monarca. Mesmo os Parlamentos exerciam tarefas que, à luz dos referenciais modernos, se confundiam com a atividade executiva e judicial. Do ponto de vista funcional, portanto, não havia qualquer diferenciação entre as distintas prerrogativas derivadas da soberania que pudesse dar suporte a uma doutrina de separação de poderes. Foi apenas com o Liberalismo e a consagração do dogma da separação dos poderes estatais como forma de racionalização e controle que se pôde identificar a existência de um espaço próprio reservado à função administrativa. Antes, a superposição de tarefas nas mãos de diversos sujeitos tornava qualquer esforço de sistematização ocioso.

É, pois, com as revoluções liberais que puseram fim ao Estado de Polícia que o quadro se alterou de maneira radical – permitindo-se inclusive falar em Direito Administrativo. A partir desse momento é que foi articulada a ideia de que um dos elementos necessários para que houvesse um Estado de Direito era a repartição funcional entre as tarefas por ele executadas, sem qualquer possibilidade de todo o poder ser exercido isoladamente, em uma nítida ruptura com os pressupostos do Estado de Polícia, que concentrava nas mãos do monarca amplas margens de atuação.

A separação de poderes tinha na origem, portanto, um nítido viés antiabsolutista, sendo uma das bandeiras pelas quais se batiam os revolucionários. Como registrou Henry Berthelémy:

> A divisão de poderes tem por objetivo evitar os inconvenientes da ditadura ou da tirania, ditadura igualmente perigosa, tirania igualmente insuportável, quer elas venham de um homem, como no tempo da monarquia, quer elas venham de uma assembléia como na época da Convenção.[87]

---

[87] *Traité Élémentaire de Droit Administratif.* 2. ed. Paris: Arthur Rousseau, 1902. p. 12-13.

Testemunho digno dessa preocupação é a Declaração de Direitos do Homem e do Cidadão produzida pela Revolução Francesa, que afirmava em seu artigo 16 que qualquer sociedade que não estabelecesse a separação de poderes não tinha verdadeiramente Constituição. Ou seja, no ponto alto da afirmação da *rationale* liberal do mundo, sentiu-se a necessidade de proclamar como dogma fundamental a separação das tarefas estatais. Sem este pressuposto, frustrava-se o próprio projeto Liberal.

Influenciada pelos referenciais da doutrina de Locke e Montesquieu, paulatinamente foi vingando a ideia de que a separação de poderes é um elemento essencial à tutela dos indivíduos e essencial ao Estado de Direito. Nesta linha, registra-se a decisiva contribuição da Constituição Americana, de 1787, para a sedimentação do modelo, que foi sendo incorporado aos textos constitucionais a partir de então.[88] Apenas para registro, a nossa Constituição Imperial previa a tripartição dos poderes, agregando a eles o Poder Moderador, a ser exercido pelo Imperador. Já a partir da primeira Constituição republicana, em 1891, a fórmula de tripartição dos Poderes restou consagrada sendo repetida pelas nossas constituições até hoje, embora a constituição de 1937 tenha optado por descrever as funções de cada um dos poderes, abstendo-se de estabelecer cláusula geral de independência e harmonia como as demais.

A partir desse viés, portanto, foi necessário fixar no que consistiriam as tarefas inerentes ao Estado e imputá-las a diferentes estruturas, capazes de controlar mutuamente o exercício do poder por meio de um sistema que ficou conhecido como freios e contrapesos. Embora haja viva controvérsia acerca do sentido e do alcance da separação de poderes, é fato que ela foi incorporada ao patrimônio jurídico ocidental sendo celebrada nos textos constitucionais.[89]

Nada obstante a visão tripartida acerca das funções do Estado não baste para explicar a complexidade da realidade (pense-se, por exemplo,

---

[88] Note-se, contudo, que a Constituição Americana não se refere à separação de Poderes, limitando-se apenas nos seus três primeiros artigos a assinalar as atribuições e os poderes do "Ramo Legislativo", do "Ramo Executivo" e do "Ramo Judiciário", o que basta para que se veja nela a adoção do esquema. Nisto afastou-se da Declaração de Direitos da Virgínia, de 1776, que expressamente dizia que os poderes deveriam ser exercidos de maneira separada.

[89] Para uma resenha acerca da questão, consultar Nuno Piçarra: *A Separação dos Poderes como Doutrina e Princípio Constitucional* – um contributo para o estudo das suas origens e evolução. Coimbra: Coimbra, 1989, *passim* e, dentre nossos autores, José Luiz de Anhaia Mello: *Da separação de Poderes à Guarda da Constituição*. São Paulo: RT, 1968. p. 11-37.

na existência de uma função política, incapaz de ser acomodada junto às funções tradicionais ou ainda no exercício de funções impróprias por parte dos poderes, bem como a existência de estruturas que não se acomodam a nenhuma das figuras), reafirma-se, cotidianamente, a existência de, quando menos, três tarefas essenciais, que caracterizam a atuação pública.

Em brevíssima síntese, tradicionalmente o poder do Estado dividir-se-ia em uma função legislativa, cujo conteúdo seria verter regras gerais e abstratas criadoras de direitos e obrigações para os cidadãos (normas de conduta), bem como estruturadoras do exercício das prerrogativas estatais (normas de organização). Aí residiria, quando menos de acordo com a visão liberal do mundo, a mais importante das tarefas estatais, relativa à criação originária do Direito.[90]

Outra função seria a de julgar os conflitos surgidos na aplicação dessas normas, aplicando a lei às situações de litígio, decidindo os casos com autoridade entre as partes. Para tanto, seria necessária uma estrutura segregada e independente dos outros poderes, orientada apenas a ditar a vontade da lei, de modo a compor os conflitos surgidos na sua aplicação.

Por fim, haveria a função de aplicar tais normas de ofício, permitindo a atuação executiva do Estado na busca dos interesses que lhe são impostos pela lei. Eis aí o gérmen da função administrativa, tradicionalmente imputada ao Executivo, na qualidade de Poder a quem incumbe aplicar a vontade da lei de modo constante.

Deixando de lado uma análise formal das funções, calcada nas estruturas por elas previstas, uma das tarefas tradicionalmente arroladas na separação dos poderes foi, portanto, a função administrativa (ao lado da legislativa e da judicial).

Sua definição sempre foi difícil, em especial, no que tange à diferenciação da função imputada aos Juízes, pois ambas se situam em um plano de dependência em relação à lei (*i.e.*, são secundárias,

---

[90] Testemunho valioso dessa ideia de supremacia do Legislativo são as consequências extraídas por H. Berthélemy da separação entre legislar e executar as leis. Para esse autor, quatro consequências derivam daí: (i) impossibilidade de o Executivo contrariar ou alterar uma disposição legislativa; (ii) impossibilidade de o Executivo por decreto interpretar a lei de maneira geral, pois isso é usurpar a função do legislativo, alterando a lei disfarçadamente; (iii) impossibilidade de o Executivo indicar qual lei deve ser aplicada por um particular em caso de dúvida acerca de qual é norma a reger determinado assunto e (iv) impossibilidade de haver qualquer questionamento em relação à validade da lei (*Tratité Élémentaire de Droit Administratif...*, p. 15-16). Note-se que as características mencionadas se dedicam a estipular de maneira escrupulosa todas as consequências derivadas de um modelo que se fundamenta na infalibilidade da lei como expressão da vontade da Nação.

infralegais). O Legislativo cria o direito, a que tanto os Juízes quanto os administradores vão se vincular.

Num primeiro plano, a função cuja identificação é mais simples sempre foi a legislativa, que consiste na capacidade de os Parlamentos ditarem regras gerais e abstratas que regeriam a vida em sociedade e permitiriam a atuação do Estado. Assim, incumbia ao corpo legislativo inovar a ordem jurídica vertendo comandos cogentes a serem observados pelos cidadãos, bem como organizar o Estado. Na lógica Liberal que afirmou a soberania dos Parlamentos, a eles incumbiria descortinar a "vontade geral" por meio de leis gerais e abstratas, consagradoras das liberdades individuais e limitadoras da atuação do Estado, de modo a preservar a separação entre Estado/Sociedade. A lei, de acordo com a visão Liberal, seria o produto da razão ilustrada do Parlamento, a balizar as relações entre o Estado e a sociedade de um modo racional, capaz de orientar a atuação de todos.[91]

Abaixo da função legislativa – e, logo, secundária no que toca a ela – têm-se as atribuições para julgar e para administrar. Ambas guardam uma relação de subordinação à lei, o que as aproxima quanto a esse aspecto. Ambas são, por assim dizer, *derivadas* da lei e devem obediência a ela. Isto visa significar, em última análise, que é o Legislativo soberano para dispor acerca das regras que vincularão os particulares, que serão tomadas como fundamento de validade da atuação da Administração e do Judiciário. Ambos não têm a possibilidade de atuar, portanto, *contra legem*.

Daí ser um problema tradicional de difícil solução no direito público determinar no que consistiria a essência da função administrativa, contraposta à jurisdicional.

Diante dessa dificuldade, duas respostas são possíveis.

Por um lado, pode se partir de um viés formalista e se concluir que não há distinção de essência entre julgar e administrar – ambas seriam atividades infralegais e se expressariam pela aplicação da lei aos casos concretos. O que separaria as funções seriam atributos relativos ao ato jurisdicional e ao administrativo, que lhes fariam distintos do ponto de vista operacional. Enquanto aquele seria revestido da força de coisa julgada, este seria capaz de ser revisitado pelo Judiciário (o que revela uma diferença de grau, não de essência). Outro ponto de distinção seria

---

[91] Sobre o tema, consultar Carlos de Cabo Martín. *Sobre el concepto de ley*. Madri: Trota, 2000 e dentre os autores nacionais Manoel Gonçalves Ferreira Filho. *Do Processo Legislativo*. 6. ed. São Paulo: Saraiva, 2007.

que a jurisdição seria reativa – dependendo de provocação, ao passo que a administração pública seria exercida de ofício. Portanto, por essa perspectiva formal, nada há que separe, de fato e na essência, os atos administrativos dos judiciais: ambos se limitam a aplicar a lei a casos concretos. Neste viés, as duas funções se assemelhariam tomando-se em conta a posição da lei em relação a elas. Autonomia haveria apenas para a função legislativa, que teria a prerrogativa de inovar a ordem jurídica de maneira originária.

Outra possibilidade de se utilizar um critério de natureza formal é a partir do órgão que produz a decisão. Tal visão funda-se nos preceitos da escola de Viena que – tirando a norma fundamental, manifestação estruturante do poder jurídico – via em todo ato a ela subsequente, independentemente de sua natureza, um ato de aplicação do Direito. Assim, não haveria qualquer distinção ontológica entre legislar, julgar ou administrar. Todas essas funções seriam aplicação do direito, a partir de uma norma antecedente, sendo esse processo reconduzível a uma norma originária (a norma fundamental). Assim, do ponto de vista da atuação de cada um dos Poderes, as tarefas por eles exercidas não seriam distintas: todas cuidariam de atuar a norma fundamental. A única diferença entre tais atos seria formal e derivaria do ente que prolatou a decisão. Assim, o único critério capaz de apartar as tarefas do Estado seria o orgânico, renunciando-se a toda tentativa de achar algo que fosse próprio de cada uma das funções.

Ao lado dos critérios formais, há doutrina a sustentar a existência de características próprias que separariam jurisdição e administração pública. Dentre essas linhas merece destaque a doutrina de Afonso Rodrigues Queiró.[92] Para este autor, o próprio da função jurisdicional seria analisar questões de direito de maneira definitiva. Por questão de direito, compreende-se a aplicação da lei a um determinado caso concreto, de modo a compor um litígio. Essa seria, em última instância, a essência da função jurisdicional, que se esgotaria na injunção de comandos com vistas a definir o modo de aplicação das leis.

Nesta linha, o ofício dos juízes se caracteriza não apenas por aplicar a lei ao caso concreto. Em especial, o que tornaria essa atividade peculiar em relação à administração seria que, para o juiz, o único elemento a ser analisado é a questão de direito, que é para a jurisdição um

---

[92] O pensamento do autor está exposto no artigo: A função administrativa. *Revista de Direitos e Estudos Sociais*, Coimbra: Atlântica, n. 24, p. 1-48, jan.-set. 1977. Nele é que estão expostas as ideias essenciais aqui parafraseadas relativas à separação entre a administração e a jurisdição.

fim em si mesmo. O Judiciário existe então para definir essas questões de direito, que se apresentam de maneira suficientemente clara, de modo a poderem receber resposta estatal por meio da função jurisdicional.

Quanto à função administrativa, o autor reconhece que ela também analisa questões de direito – pois a administração tem a missão institucional de aplicar o direito a situações concretas. Contudo, a Administração ao fazê-lo atua de modo substancialmente distinto do Juiz. É que as questões de direito não são um fim em si para a Administração. Elas são mero instrumento para implementação dos objetivos do Estado que são postos a cargo da Administração.

Assim, a função administrativa toma as questões de direito de um modo distinto da sua apreciação pelo Judiciário. Lá, elas são um fim em si mesmo. Aqui, elas configuram uma etapa necessária para que a Administração atue, gerando em concreto os resultados que dela se esperam.[93] Em última análise, a Administração e o Judiciário se encontram em posições distintas em relação à lei, articulando-se de um modo diverso com os atos prolatados pelo Parlamento. Com efeito, desde logo se percebe que institucionalmente a Administração goza de uma margem de autonomia maior que a do Judiciário no que toca à sua vinculação à lei.

Essa margem vem se traduzir exatamente na capacidade de a Administração agir de ofício em relação às normas, não dependendo de qualquer definição externa dos limites de uma controvérsia para vir a aplicar as leis. Com efeito, a ordem jurídica é o ponto de partida da atuação administrativa, contudo a Administração não tem qualquer necessidade de esperar que ela venha ser provocada para atuar, sendo o seu dever aplicar a lei de ofício de modo a perseguir os objetivos que são postos a ela.

Note-se, portanto, que não há distinção entre os conteúdos dos atos jurisdicionais ou administrativos: ambos constituem, declaram, condenam etc. Todavia, ao passo que a função jurisdicional se encerra na definição da questão de direito, para a administração tais questões são apenas etapas necessárias para que ela atue, dando concretude aos objetivos públicos assinalados pela Lei.

A partir desse referencial, percebe-se que o elemento próprio da função administrativa não é apenas aplicar a lei, mas sim *gerar os*

---

[93] Cf. Ernst Forsthoff, essa concepção originalmente foi trazida por Sthal, que via no direito o limite da atuação administrativa e o fim da atuação jurisdicional (*Traité du Droit Administratif Allemand*. Tradução de Michel Fromont. Bruxelas: Bruylant, 1969. p. 38).

resultados esperados por essa aplicação. Em suma, ao aplicar a lei a Administração está a gerar em concreto certos resultados que caracterizam sua atuação. Tal como sintetizou o Visconde do Uruguai – "A administração é a força viva que torna a lei ativa e sensível. É o instrumento organizado que dá à lei o poder exterior, e que imprime o movimento nos negócios públicos."[94]

A posição de Queiró é útil para esclarecer um dado importante relativo à função administrativa. É que mesmo ela estando, a exemplo da jurisdição, submetida à lei, tem uma força própria que lhe torna peculiar em relação àquela. Com efeito, a submissão à lei é condição necessária, mas não suficiente, para explicitar no que consiste administrar.

Em suma, pode-se dizer que enquanto a jurisdição tem por sentido proteger de modo imediato a própria ordem jurídica, assegurando os pressupostos que garantem sua integridade (pensem-se, por exemplo, na proibição do *non liquet* e nas normas que permitem julgar com base na analogia, na equidade e nos princípios gerais do Direito), a administração tem uma missão bastante mais ambiciosa.

A ela incumbe de fato gerar objetivos concretos, garantindo em concreto o bem público. Somente a partir deste pressuposto é que se pode compreender o conteúdo efetivo da função administrativa. Eis aí o que se tem como o verdadeiro conteúdo da função administrativa, o que lhe faz peculiar em relação a todas as outras formas de atuação do Estado.

2.3 O conteúdo da função administrativa

Como indicado acima, a análise de Afonso Rodrigues Queiró é auspiciosa, pois permite colocar em foco a discussão acerca de qual é o efetivo papel da função administrativa e o que torna essa tarefa especial em relação às demais que se imputam ao Estado. Em última instância, a questão fundamental consiste em descortinar qual é o papel da Administração *vis-à-vis* da ordem jurídica, que descreve os objetivos do Estado e os meios para alcançá-los.

A partir das cogitações acerca da natureza da função executiva vem à tona uma discussão mais complexa acerca do seu efetivo papel, que não é capaz de ser exaurida por definições de caráter formal.[95]

---

[94] Paulino José Soares de Souza. *Ensaio sobre o Direito Administrativo*. Brasília: Ministério da Justiça, 1997. p. 31.

[95] Advogar que à Administração cumpre aplicar mecanicamente a lei é postura típica de

Se é verdade que "administrar é aplicar a lei de ofício", tal como enuncia a célebre máxima, há mais dentro da simplicidade do enunciado do que se poderia supor à primeira vista.

É que *administrar jamais foi apenas exercer juízos de aplicação da lei a situações concretas*. Nunca se pretendeu, por exemplo, que a Administração fosse a "boca da lei", tal como se pretendia ver originalmente na jurisdição. Administrar é muito mais do que isso, sendo importante percebê-lo para compreender o efetivo alcance da função administrativa, a partir do que lhe é verdadeiramente próprio. Neste sentido é importante a advertência de Hans J. Wolf, Otto Bachof e Rolf Stober, ao refutarem que a função administrativa é algo residual. Para tais autores "A Administração Pública não é algo que sobra, mas precisamente a principal função na vida estadual e demais vida política organizada".[96]

Evidentemente, a função administrativa não pode ser encarada por perspectivas residuais ou formais que amesquinhem o papel da intervenção da Administração Pública na vida social. Na justa medida em que a Administração Pública é um ator fundamental da vida em sociedade, a quem incumbe fomentar o desenvolvimento das potencialidades humanas, é evidente que a função administrativa possui dignidade própria e um espaço autônomo que deve ser encarecido e respeitado.

De uma perspectiva generalista pode-se afirmar que "a administração é a atividade do Estado tendente à realização dos seus objetivos".[97]

Nada obstante a excessiva amplitude do enunciado depor contra sua operacionalidade, nele está contido um elemento fundamental para a compreensão do tema: a essência da Administração é realizar os fins do Estado.

---

uma concepção que não assimilou por completo as alterações do Estado de Bem-Estar Social e seus desdobramentos. É a que se encontra, por exemplo, na obra do Conselheiro Antônio Joaquim Ribas, datada de 1866 e embebida do Liberalismo vigente no nosso período imperial. Diz ele a propósito da relação da administração com a lei: "O legislador é a intelligencia que formula a regra; a administração é a força mecanica que a executa. É a administração quem transporta o pensamento legislativo do mundo subjectivo para o objectivo, quem o torna sensivel e activo, quem o traduz em phenomenos materiaes sociaes. (...) incumbe á administração applicar systematicamente ás hypotheses variaveis da vida pratica o pensamento da lei, esclarecendo e completando a palavra de que ella se serve, e decretando as medidas secundarias de mera execução." (*Direito Administrativo Brasileiro, Noções Preliminares*. Rio de Janeiro: F. L. Pinto, 1866. p. 66-67).

[96] *Direito Administrativo*. Tradução de António Francisco de Souza. Lisboa: Calouste Gulbenkian, 2006. p. 39, v. 1.

[97] Cf. Ernst Forsthoff. *Op. cit.*, p. 37.

Isso desde logo traz a questão de que a atuação da Administração se traduz em resultados concretos, perseguidos de modo constante pelos administradores públicos que têm por dever de ofício agir para tanto. Com efeito, dentro desta ideia singela se encerra toda a complexidade do Direito Administrativo. A função administrativa é a tarefa do Estado orientada a dar concretude aos objetivos e metas traçados no plano normativo (*i.e.*, pela ordem jurídica). Para tanto, a Administração goza das técnicas e dos meios necessários a atingir tais objetivos dentro do quadro da legalidade. A força da Administração, sua pujança, está exatamente aí e se traduz na capacidade geral de ela atuar tendo em vista a concreção do bem comum. Sobre o tema, são válidas as colocações de Maurice Hauriou, para quem um dos elementos do Direito Administrativo é a existência de um princípio de ação, que se traduziria no próprio poder administrativo (*puissance publique*).[98]

Daí porque, segundo esse autor, a função administrativa não pode ser tolhida por completo, sendo inerente a ela certa capacidade de interpretar os fins que deve perseguir, bem como gerir os meios necessários à sua atuação. Diz o autor que a administração "*não pode ser bem executada se não for deixado ao poder administrativo uma certa margem de apreciação que exige uma reserva indispensável de poder discricionário*".[99] Por "poder discricionário" o referido autor está a significar, precisamente, essa capacidade de atuação da administração, esse princípio de ação que vincula a administração à busca dos interesses do Estado. Ele está na base mesmo do que se compreende como sendo o campo próprio do Direito Administrativo. Inclusive, a identificação do poder da Administração para gerir os meios necessários à implementação de objetivos públicos com a discricionariedade é feita, dentre os nossos autores, por Caio Tácito, que assim se manifesta sobre o tema:

> A administração encontra, assim, no processo de sua realização, um campo de livre desenvolvimento, no qual lhe é facultada a seleção de critérios e de fórmulas. Subordinado sempre à legalidade de sua atuação, é lícito ao administrador se orientar, livremente, com respeito à oportunidade e à conveniência. Esta capacidade de autodeterminação constitui o poder discricionário, que se exaure inteiramente no setor administrativo não podendo ser objeto de consideração jurisdicional.[100]

---

[98] *Précis de droit administratif et de droit public.* 12. ed. Sirey: Paris, 1933. p. 8.

[99] *Op. cit.*, p. 9.

[100] *Direito Administrativo.* São Paulo: Saraiva, 1975. p. 3.

Note-se que se cuida de um processo complexo que pressupõe não só a indicação dos fins e das normas por intermédio dos atos normativos primários, mas também avaliações das situações concretas por parte dos administradores que, à luz da realidade, devem atuar da melhor maneira possível de modo a garantir e satisfazer o interesse público. É dizer, o administrador goza de uma margem de conformação que é inerente à sua atividade. Não é devido a um acaso que, não raro, as normas atributivas de competência não só fixam liberdade na escolha das providências a serem estatuídas, mas também se valem de discussões que exigem juízos de prognose na própria descrição do suposto que legitima a atuação. Além disso, é sabido que em situações de emergência ou calamidade a Administração deve agir, por vezes sem qualquer apego às formalidades que usualmente constrangem sua atuação, tal como ocorre nas "vias de fato".

Há, portanto, uma nota criativa na atuação da Administração Pública, que não se reduz jamais a um autômato aplicador de leis. Tal como sintetizou Ernst Forsthoff: *"antes de tudo a administração é atividade, e atividade significa movimento e mudança."*[101] É, portanto, da essência da função administrativa certa fluidez, que é inerente à constante busca por parte da Administração dos objetivos que a ela são postos pelo Legislador.

Daí porque uma tentativa de apreender no que consiste a nota elementar da Administração Pública exige apelo, justamente, a essa ideia de que administrar é decidir autonomamente, dentro dos quadros da ordem jurídica. Sobre o tema, valiosa é a lição de Wolf, Bachof e Stober que, ao caracterizarem a Administração, registraram que:

> (...) trata-se de uma atividade orientada para um fim, e em geral planificada, contudo, diferentemente do que acontece na governação. A Administração não fixa ela própria os seus fins e planos, isto é, não fixa a orientação, tratando-se de uma actividade vinculada quanto ao fim para a prossecução de funções. Em sentido literal, não se trata de uma função em concreto, mas de funções diversificadas, isto é, prossecução, prolongada no tempo, de várias funções, sendo que o administrador (como o governante) participa com sua própria actuação, e não, por conseguinte, simplesmente decidindo ou sentenciando como parte imparcial (como um juiz).
>
> Esta subordinação a um fim administrativo significa que o administrador age em assunto alheio em benefício de terceiros. Os administradores são assim responsáveis pelos assuntos que prosseguem e pelos fins que determinam.

---

[101] *Op. cit.*, p. 51.

CAPÍTULO II
FUNÇÃO ADMINISTRATIVA: CONCEITO, CARACTERÍSTICAS E POSIÇÃO CONSTITUCIONAL | 79

A administração não se esgota de modo algum na execução. Apesar da pré-determinação dos seus fins, a Administração tem, não raras vezes, inclusive, possibilidades de conformação. A Administração não é apenas executiva. A vinculação a fins da Administração não significa o mesmo que falta de autonomia.[102]

Com efeito, não se pode caracterizar a administração e por consequência a função administrativa sem se atentar ao fato de que, sob o aspecto positivo, administrar implica tomada de decisões e implementação de objetivos públicos, sob o escrutínio dos agentes legitimamente investidos para tanto. Assim, a administração não é o resíduo que se encontra após extrair da soberania juridicizada a função de criar normas e de julgar conflitos. Ela é sim um dos elementos essenciais à atuação do Estado, como sugere a própria singeleza do esquema tripartido da separação de Poderes.

Soma-se a isso – e em verdade completa o esquema apresentado – a atribuição de responsabilidade à Administração pela sua atuação, fundamento inexorável da ideia de Estado de Direito, como já ensinava Amaro Cavalcanti.[103] Tanto o mal funcionamento da administração quanto o *non facere quod debeatur* implicam responsabilidade administrativa. E como responsabilidade só se exige de quem é garante de uma situação jurídica, isto bem está a demonstrar a gravidade do papel que se atribui à Administração.

Daí o acerto das ponderações de A. R. Queiró ao separar, desde o ponto de vista da relação havida entre a lei e a prerrogativa a ser exercida (*rectius*, a competência a ser despenhada), a jurisdição da administração.

Duas técnicas inerentes ao Direito Administrativo dão testemunho do que veio de se alegar.[104] São elas a discricionariedade e a competência regulamentar.

---

[102] *Direito Administrativo...*, p. 41-42.

[103] *Responsabilidade Civil do Estado*, tomo I. Rio de Janeiro: Borsoi, 1956. p. 332.

[104] Optou-se por tratar mais detidamente dos institutos que ocupam uma posição de generalidade dentro do sistema administrativo. Com efeito, as ideias ora expostas não são exclusivamente presentes na discricionariedade e na capacidade regulamentar. A exemplo destas, o fenômeno pode ser visto quando menos na capacidade de a Administração alterar contratos administrativos, dar ordens aos seus servidores e exercer tutela ou controle sobre as suas criaturas. Em todas essas manifestações há relevantes indícios de que administrar não é aplicar as leis de modo mecânico, mas sim manejar competências públicas em vista da obtenção de objetivos concretos, postos pela ordem jurídica. Isso põe em relevo o importante papel das escolhas do administrador, que está na essência mesmo da definição do Direito Administrativo.

Na justa medida em que elas são constantes no Direito Administrativo, sendo institutos tradicionais dessa matéria, é que ambas podem ser chamadas a explicitar tais condições que, em verdade, se conectam a toda a Administração Pública. É que mesmo na atividade vinculada, ainda que em menor medida, está contido esse princípio de ação que impõe aos administradores públicos manejarem as competências que lhes são reservadas com vistas à satisfação concreta do interesse público. Todavia, na discricionariedade e no poder regulamentar vê-se com maior nitidez esse elemento, daí porque se apelar a eles para examinar a questão.

Discricionariedade, em linhas muito simples, constitui a prerrogativa de o administrador escolher, dentro das opções dadas pela lei, uma das soluções previstas pela norma, sendo todas elas reputadas conforme o Direito.[105] Sendo que é ao administrador que incumbe levar a efeito a escolha.

A competência discricionária estampa com clareza o elemento criativo da função administrativa, tendo o agente um âmbito de avaliação que lhe é próprio e não pode ser constrangido por outros agentes estatais (especialmente por parte do Judiciário). A discricionariedade constitui, portanto, um espaço de autonomia da decisão do agente, que lhe possibilita escolher como irá agir em vista de um determinado caso concreto. Usando a terminologia consagrada no Direito Administrativo, avaliando a conveniência e a oportunidade de agir, o próprio administrador define o mérito do ato administrativo, que lhe constitui uma atribuição própria, não podendo ser sindicado externamente, em homenagem à separação dos poderes. Não há dúvida, pois, que é um local em que se vê a autonomia da Administração.

O que importa destacar para fins da presente exposição é que a discricionariedade traduz com clareza essa capacidade criativa da Administração pública, que não se reduz a uma aplicadora mecânica do Direito. A Administração é um processo dinâmico (cada vez mais desde a emergência do Estado de Bem-Estar Social) e não dispensa a avaliação de diversas situações pelos administradores na sua tarefa de efetivar os objetivos do Estado.

Assim, a Administração está em uma posição institucional que lhe exige tomar a ordem jurídica como uma matéria viva e não como um processo acabado.

---

[105] O conceito aproxima-se das lições de Maria Sylvia Zanella di Pietro, que vê na discricionariedade uma escolha do administrador dentro da lei. (*Discricionariedade Administrativa na Constituição de 1988*. São Paulo: Atlas, 2001. p. 66-67).

CAPÍTULO II
FUNÇÃO ADMINISTRATIVA: CONCEITO, CARACTERÍSTICAS E POSIÇÃO CONSTITUCIONAL | 81

A discricionariedade é uma técnica jurídica que permite que se visualize isso com clareza, pois nela, nada obstante haja a indicação da finalidade a ser atingida pela lei, os meios de atingir esse objetivo são postos ao escrutínio do administrador. Com efeito, esse fenômeno, velho como o próprio Direito Administrativo, põe às claras a inadequação de pretender se trabalhar com um conceito de legalidade que torne a Administração Pública um mero autômato cumpridor de leis.

Da mesma maneira, a competência regulamentar indica uma atribuição autônoma da Administração com vistas a dar concretude aos objetivos da lei. Em síntese, ela consiste na capacidade de a Administração expedir comandos gerais e abstratos com vistas à melhor execução de suas atividades, dentro dos quadros da legalidade. Como se sabe, diversas relações podem existir entre a lei e o regulamento.[106] De um ponto de vista da maior proximidade entre as espécies normativas têm-se, por exemplo, os regulamentos executivos, que meramente operacionalizam comandos legais e destacam a interpretação dada pela Administração acerca de um determinado tema.

Sobre eles pode-se dizer, fazendo eco às posições doutrinárias mais tradicionais, do ponto de vista da rigidez da separação dos Poderes, que se limitam a permitir a fiel execução da lei.

Contudo, há outras espécies de regulamentos em que a vinculação entre o ato secundário e o primário não é tão estreita, desbordando da ideia de fiel execução. É o caso do regulamento chamado autorizado, em que a lei cria condições para que a Administração disponha, por meio da sua capacidade regulamentar, acerca de certas matérias, criando um espaço de apreciação em favor da Administração sobre o modo mais conveniente para disciplinar um dado assunto. Neste caso, a exemplo do que se dá com a discricionariedade, a tarefa exercida pela Administração não se limita a, apenas, aplicar a lei, mas sim a agregar algo a ela de modo a atingir os seus objetivos.

Aqui algumas explicitações hão de ser feitas, pois o tema é sensível à nossa doutrina.[107] Nossa Constituição não admite uma capacidade regulamentar autônoma em que a Administração disponha

---

[106] A exposição que se segue é feita com base no pensamento de Afonso Rodrigues Queiró, e está contida nos seguintes textos: Teoria Geral dos Regulamentos, 1ª parte. *Revista de Direito e Estudos Sociais*, n. 27, p. 1-19, jan.-dez. 1980, e Teoria Geral dos Regulamentos, 2ª parte. *Revista de Direito e Estudos Sociais*, n. 1 (segunda série), p. 5-33, jan.-mar. 1984.

[107] Sobre o tema, consultar: Sérgio Varella Bruna. *Agências Reguladoras, Poder Normativo, Consulta Pública, Revisão Judicial*. São Paulo: RT, 2003. p. 93-113 e Eros Roberto Grau. *O Direito Posto e o Direito Pressuposto*. 5. ed. São Paulo: Malheiros, 2003. p. 225-255.

diretamente sobre um tema por meio de regulamento, sem interpolação legal de qualquer espécie. Assim, dentre nós não existe o regulamento autônomo, senão em hipóteses restritas de organização administrativa, postas diretamente sob a possibilidade de o Presidente da República dispor delas exclusivamente mediante Decreto (cf. artigo 84, VI da Constituição).[108]

Quanto ao regulamento autorizado há dissenso na doutrina. Há doutrinadores da maior suposição que veem nele uma incabível delegação por parte do Legislativo. Respeitosamente, dissente-se dessa orientação. A uma, é fato que há matérias para as quais a Constituição reservou a necessidade de uma reserva legal estrita (*v.g.*, definição de tributos, crimes, restrições ao exercício profissional e à livre empresa etc.). Somente nessas é que se exige que a lei esgote todo o ciclo da regulação destas matérias, de modo a valer em relação a elas a legalidade estrita. Outras matérias há, contudo, que são submetidas apenas àquilo que Eros Grau denominou "reserva de norma" Em relação a estas, segundo pensamos, não há qualquer óbice em permitir que a Administração disponha acerca do assunto, desde que autorizada a tanto por lei, que permita o controle da atividade regulamentar. Nesses casos, o Legislador opta por dotar o Executivo de maior margem regulamentar, permitindo que venham a ser criados direitos e obrigações em regulamentos, possibilitando, contudo, a existência de parâmetros de controle. O que não se admitiria à luz da Constituição seria uma delegação pura e simples em favor do Executivo, sem qualquer parâmetro de controle.[109] Todavia, em havendo *standards* a possibilitar o controle pelo Legislativo e pelo Judiciário da atuação do Executivo, não há qualquer empecilho na técnica do regulamento autorizado.

Nessa linha, é de se mencionar acórdão do Supremo Tribunal Federal que, em ação direta de inconstitucionalidade, discutiu acerca

---

[108] Sobre a referida atribuição, interessante é destacar a opinião de Miguel Reale, para quem o art. 84 da Constituição, em verdade, outorgaria poder para o Chefe do Executivo disciplinar a organização administrativa, e não às lei. Para ele o vocábulo "na forma da lei" significa respeito à Constituição, sob pena de se limitar o espaço reservado à atuação dessa autoridade. *In verbis*: "(...) ao ser enumerada a competência do Presidente da República, no Art. 84, outorgando-lhe o poder de 'dispor sobre a organização e o funcionamento da administração federal', acrescentou-se a frase 'na forma da lei', o que tem gerado interpretações tendentes a restringir sua faculdade de, mediante decretos e resoluções, exercer uma de suas principais atribuições, que é a de presidir a administração federal, respeitados, é óbvio, os preceitos constitucionais." (*Questões de Direito Público*. São Paulo: Saraiva, 1997. p. 92).

[109] Para uma análise dos grados de controle dos regulamentos, consulte-se MOREIRA, Egon Bockmann. Agências Administrativas, Poder Regulamentar e o Sistema Financeiro Nacional. In: CUÉLLAR, Leila; MOREIRA, Egon Bockmann. *Estudos de Direito Econômico*. Belo Horizonte: Fórum, 2004. p. 133-160.

CAPÍTULO II
FUNÇÃO ADMINISTRATIVA: CONCEITO, CARACTERÍSTICAS E POSIÇÃO CONSTITUCIONAL | 83

dos limites do poder regulamentar em nossa ordem jurídica.[110] O referido caso debateu precisamente se determinado regulamento era válido em face da lei regulamentada, que versava sobre previdência privada e condições de contratação de planos dessa natureza. Enquanto a lei nada falava em idade mínima para fruir dos benefícios, houve a expedição do decreto estabelecendo uma idade mínima para tanto, o que fora taxado de inconstitucional, por ter ido o regulamento além do contido na norma, para criar obrigações não previstas naquela. O relator originário, o Ministro Marco Aurélio de Mello, via na questão um "decreto autônomo" que teria aportado algo indevidamente à lei, violando a Constituição. Ao seu turno, a Ministra Ellen Gracie Northfleet viu na questão o exercício de poder regulamentar devidamente parametrizado pela lei, que conferiu *standards* a orientar o exercício da competência regulamentar. Segundo ela, a lei fixava os parâmetros de segurança relativos à contratação de planos de previdência privada, sendo lícito pela via do regulamento aportar maiores precisões ao tema, desde que circunscritas ao âmbito de segurança já previsto no ato normativo primário. Do confronto entre essas duas linhas sagrou-se vencedora a posição externada pela Ministra Ellen Gracie, o que levou o Tribunal a rejeitar a própria ação direta, pois – de fato – não se cogitaria de ofensa à Constituição, pois a questão seria de legalidade.

O regulamento autorizado é, portanto, uma manifestação da autoridade administrativa que bem demonstra que nos quadros do Estado Democrático de Direito, em especial em sendo consagradas pautas sociais, as tarefas administrativas não se reduzem à mera aplicação da lei, havendo uma contribuição decisiva por parte da Administração Pública no processo de efetivar os objetivos em que se revela o interesse público.

Como visto anteriormente, a emergência do Estado de Bem-Estar Social rompeu em definitivo com os pressupostos do período Liberal, o que trouxe graves mudanças para o Direito Administrativo, e para o Direito Público em geral. Tal como sintetizou Rogério Ehrhardt Soares acerca das transformações posteriores à superação do Estado Liberal:

> Se fosse possível a um jurista particularmente interessado pelas coisas do Direito Público entrar no sono da princesa da fábula, não precisaria

---

[110] O acórdão foi proferido no julgamento da ADI nº 2.387/DJ, sendo publicado no DJ de 5.12.2003. Ele é mencionado em obra de doutrina de Gilmar Ferreira Mendes, Inocêncio Mártires Coelho e Paulo Gustavo Gonet Branco (*Curso de Direito Constitucional*. São Paulo: Saraiva, 2007. p. 870).

de deixar correr os cem anos para descobrir atónito que a sua volta tudo mudou. Bastava-lhe ter esperado pelo desencanto dos últimos vinte anos e verificaria que o seu castelo de construções e os seus servidores estavam irremediavelmente submersos no silvado de uma nova realidade, perante o qual se encontravam indefesos. E o dramático, quase trágico, é que não há forças benfazejas que rasguem novas clareiras e tracem novas sendas para um regresso ao velho mundo, como uma readmissão no paraíso, e, apesar de tudo, de muitos lados se nota o esforço para mergulhar na realidade com um arsenal obsoleto e, pior ainda, com um *pathos* dissonante com os tempos. Como um cavaleiro de elmo emplumado que galhardamente lançasse um repto a um carro de assalto.[111]

A Administração, que antes se limitava a permitir o livre jogo dos interesses individuais, passou a atuar sobre a sociedade, visando implementar, sem intermediários, as condições necessárias a uma vida digna.

A Administração passou então a ser protagonista de um processo de transformação da realidade, objetivo esse que persiste até o presente momento. Esse processo, tal como atesta a lição de Rogério Ehrhardt Soares, comprometeu em definitivo o arsenal de técnicas relativas ao Direito Público, tornando-as obsoletas, tal qual um "cavaleiro emplumado" atacando um "carro de assalto". Diversas categorias forjadas sobre a *rationale* liberal deixaram de ter aderência à realidade, devendo ser refundadas à luz de um Estado que não mais se contentava em ser o guarda noturno.

Esse processo é intensamente importante no que toca ao sentido e ao alcance que se dispensa à função administrativa, compreendida ao lado das demais tarefas do Estado. Ora, se poderia se pensar em uma certa timidez da Administração no Estado Liberal, isso ficou para trás com a emergência do Estado de Bem-Estar. Houve a partir daí uma hipertrofia do Executivo, que passou a ser protagonista da vida social. Com efeito, aquela capacidade de agir que já era evidente no período liberal tornou-se ainda mais evidente. E ela persiste hígida até hoje, especialmente à luz de um Texto Constitucional como o nosso, em que inúmeras responsabilidades são postas a cargo da Administração.

Assim, o caráter criativo da função administrativa tornou-se ainda mais acentuado do que era no período Liberal. Com efeito, para dar conta das novas missões postas a seu cargo a função administrativa teve de contar com novos institutos. Pense-se, por exemplo, na criação

---

[111] *Direito Público e Sociedade Técnica.* Coimbra: Tenacitas, 2008. p. 23.

CAPÍTULO II
FUNÇÃO ADMINISTRATIVA: CONCEITO, CARACTERÍSTICAS E POSIÇÃO CONSTITUCIONAL | 85

de estruturas empresariais por parte da Administração. Por meio delas o Estado buscava implementar objetivos estratégicos ao bem comum diretamente no mercado, atuando em vestes privadas. Isto representa um duro golpe na lógica clássica do Direito Administrativo que se organizava a partir do esquema: *fim público/pessoa pública/regime público*.

Ora, não é difícil perceber, a partir daí, a completa quebra de diversos paradigmas caros ao Direito Administrativo Liberal, como atestou a inquietude da doutrina administrativista frente a esse novo fenômeno. Quando menos, os pressupostos de unidade da Administração Pública e a correspondência entre fins públicos e utilização de um direito exorbitante são postos em xeque a partir dos quadros referenciais da Administração Pública empresária. Os fatos impõem a necessidade de revisitar o arsenal jurídico de que dispõe a Administração de modo a que as novas contingências a ela impostas possam ser satisfeitas.

Com efeito, e é precisamente isto que se quer destacar, foi necessário dotar a Administração de novas ferramentas de modo a se preservar sua capacidade de dar respostas adequadas às demandas que lhe são trazidas pela sociedade.

Deste modo, a partir da superação de uma visão liberal do Direito Administrativo, impôs-se reconhecer com ainda maior nitidez que a Administração ocupa uma posição privilegiada no que tange a executar os objetivos do Estado. Ela possui a capacidade de, atuando dentro dos quadros da legalidade, efetivar os objetivos públicos dando concretude aos objetivos traçados em abstrato pela ordem jurídica. Se acaso fosse feita uma estátua da Administração Pública ela por certo não usaria uma venda (quiçá, um binóculo fosse necessário para que ela pudesse enxergar longe).

Nunca, portanto, a Administração pode ser vista como uma estrutura meramente formal destinada a ser uma executora imparcial dos comandos normativos que lhe são impostos. Para usar uma alegoria musical, a boa execução de uma música não depende exclusivamente da partitura, mas da virtude de quem está a executá-la. É verdade que a música – enquanto realidade ideal – consta da partitura. Todavia, é a execução que faz a música em concreto e, para tanto, o intérprete/executor tem um papel relevante.

Dessas considerações deriva, portanto, que o conteúdo da função administrativa, que o torna peculiar em relação às demais tarefas imputadas ao Estado, é o dever de satisfazer os objetivos postos pela ordem jurídica aos administradores.

É essa busca orientada a um fim externo e o dever de satisfazê-los que vai dar a feição operacional da administração pública. Com efeito, ambas as circunstâncias passam a integrar o conteúdo da função administrativa, que não deve ser vista como uma aplicação mecânica da lei. Embora a Administração seja condicionada pela ordem jurídica (no mínimo quanto aos pressupostos que deflagram a ação e os objetivos a serem satisfeitos), fato é que a relação estabelecida entre ambas é mais complexa do que a mera execução dos fins legais, pelos meios instituídos normativamente.

A Administração na sua função de dar concretude aos objetivos do Estado tem uma capacidade autônoma de interpretar as normas e executá-las do modo que repute mais conveniente à efetiva obtenção dos objetivos que lhe são assinalados.

2.4 A função administrativa como atividade orientada a um fim

Vista a posição topológica da Administração Pública dentre as tarefas do Estado, bem como identificado o que ela tem de próprio, cumpre analisar outra franja imbricada na noção de função administrativa. É que a atividade de administração se sujeita a certas pautas lógicas relativas ao seu exercício que merecem ser destacadas para que se fixe a abrangência da ideia de função administrativa.

Neste sentido, importa então destacar que a atividade de administração é orientada à satisfação de interesses alheios ao sujeito, bem como destacar as consequências daí derivadas.

De acordo com Ruy Cirne Lima:

> A palavra administração nos quadros do direito privado designa geralmente a atividade do que não é proprietário – do que não é senhor absoluto. (...).
>
> Exprimi-se, nestes passos, pela palavra administração conceito antagônico ao de propriedade. Propriedade "lato sensu" pode dizer-se o direito que vincula à nossa vontade ou à nossa personalidade um bem determinado em todas as suas relações. Opõe-se a noção de administração à de propriedade nisto que, sob administração, o bem se não entende vinculado à vontade ou a personalidade do administrador, porém, à finalidade impessoal a que essa vontade deve servir. (...)
>
> Em direito público, designa, também, a palavra administração a atividade do que não é senhor absoluto.[112]

---

[112] *Princípios de Direito Administrativo*. Porto Alegre: Sulina, 1964. p. 20-21.

O eixo da noção de administração enquanto atividade reside, portanto, na submissão do agente a interesses que não são propriamente seus. Daí um de nossos primeiros tratadistas, Augusto Olympio Viveiros de Castro, ter assinalado acerca do sentido do termo: "Administrar, no direito político, é o mesmo que na ordem privada cuidar de bens, dirigir institutos, guardar ou empregar capitaes."[113] E é exatamente essa atuação em vistas a interesses alheios que pode, também, ser designada como função.

Tal como esclarecem José Eduardo Figueiredo Dias e Fernanda Paula Oliveira: "Em primeiro lugar, *administrar* significa gerir um conjunto de bens para a realização de um conjunto de fins heterónomos. A administração é, pois, uma *tarefa* ou uma *actividade* que consiste na prossecução desses fins."[114]

O fenômeno é conhecido tanto no Direito Privado quanto no Direito Público. Ambos os quadrantes conhecem situações em que a atuação de um determinado agente se dá em vista ao atendimento de um interesse alheio. Esta nota elementar foi apreendida por Maria Sylvia Zanella di Pietro, ao registrar que:

> Quer no direito privado quer no direito público, os atos de administração limitam-se aos de guarda, conservação e percepção dos frutos dos bens administrados; não incluem os de alienação. Neles há sempre uma vontade externa ao administrador a impor-lhe a orientação a seguir.[115]

No Direito Privado a administração tomada como função se dá, contudo, em situações residuais em que alguém está vinculado – seja por conta de uma relação estatutária, seja por disposição contratual – a velar por interesses de terceiro. Dentre as primeiras hipóteses tem-se, por exemplo, a curatela, a tutela e o poder familiar. Já quanto às segundas podem ser enumerados o mandato, a representação e a administração de bens e interesses.

Contudo, nada obstante o Direito Privado conheça situações em que está em causa a função, os eixos metodológicos fundamentais dessa disciplina continuam a ser a propriedade (que repele a administração como visto acima) e a autonomia negocial, que – a partir de uma visão tradicional do Direito Privado, excluiriam a noção de função.

---

[113] *Tratado de Sciencia da Administração e Direito Administrativo*. 3. ed. Rio de Janeiro: Jacintho Ribeiro dos Santos, 1914. p. 385.

[114] *Noções de Direito Administrativo*. Coimbra: Almedina, 2009. p. 9.

[115] *Direito Administrativo*. 23. ed. São Paulo: Atlas, 2010. p. 48.

Todavia, merece destaque o fato de que, atualmente, tanto a propriedade quanto o contrato, estão sujeitos a observar o que se designa por função social. É dizer, tais temas deixaram de ser vistos como dizendo respeito exclusivamente aos indivíduos que participam de tais relações, mas passaram a ser vinculados a interesses externos aos desses sujeitos, que devem ser respeitados na atuação daqueles, sob pena de sanção. O exercício das prerrogativas inerentes ao domínio e à atuação da liberdade contratual passaram, portanto, a dever respeito a pautas alheias aos agentes, com vistas a que tais faculdades conferidas pelo sistema jurídico sejam exercidas de uma maneira socialmente adequada. Com efeito, tais considerações indicam a ampliação do conceito de função no âmbito do Direito Privado.

Hoje, não há mais dúvida de que o Direito Privado também serve de instrumento de promoção dos objetivos públicos, impondo às relações individuais certas pautas sociais que devem ser respeitadas com vistas a garantir os objetivos julgados adequados pelo Legislador. E isso aporta significativa alteração no modo pelo qual se compreende tradicionalmente a dicotomia público/privado, pois tradicionalmente a missão de velar por interesses da sociedade é atribuição de natureza pública. O fenômeno está a indicar que o Direito Privado calcado no interesse do indivíduo é muito mais uma figura do passado do que algo que se verifique na ordem jurídica vigente.

Aliás, desde uma perspectiva mais ampla vem se reconhecendo a vinculação do Direito Privado ao rol dos direitos fundamentais, que não se destinam apenas ao Estado e aos seus agentes, mas também aos particulares. Essa eficácia dos direitos fundamentais em relação a terceiros altera significativamente o papel reservado ao Direito Privado e àqueles que atuam segundo suas prescrições.[116] Com efeito, se à luz da doutrina tradicional os fins dos agentes era problema que não desbordava dos limites da relação privada, agora o tema ganhou substancial importância dizendo respeito à ordem jurídica.

Ambas as ideias contribuem definitivamente para o dever de repensar como se deve proceder a cisão entre Direito Público e Direito Privado, sendo carente de sentido aludir que este cuidaria de interesses de indivíduos e aquele de objetivos públicos. Com efeito, parece ter se confirmado a previsão de León Duguit, que via na ideia de função social uma força que suplantaria o conceito de direito subjetivo. Nas

---

[116] Sobre o tema, consultar Claus-Wilhelm Canaris. *Direitos Fundamentais e Direito Privado*. Tradução de Ingo Wolfgang Sarlet e Paulo Mota Pinto. Coimbra: Almedina, 2009. p. 53-75.

obras em que examina tanto a transformação do Direito Público quanto as do Direito Privado, o *Doyen de Bordeaux* coloca no dever de coesão social o fundamento do Direito, compreendido como algo concreto e não metafísico.[117] O autor indica que toda atribuição de uma capacidade, seja em Direito Público seja em Direito Privado, deve obedecer à finalidade que justifica essa atribuição. Assim, tanto o Estado, por intermédio do conceito de serviço público, deve garantir as atividades que são úteis ao bem-estar social, quanto os privados, por meio da chamada função social, devem respeito às necessidades sociais, ao desempenharem as competências que lhe são reconhecidas pela ordem jurídica. Assim, nota-se a aproximação entre o Direito Público e o Privado, sendo, ambos, técnicas de garantia da coesão social.

Por outro lado, no que tange ao Direito Público em específico, a ideia de função sempre foi central. É que toda teorização acerca do Estado está orientada a indicar que o fim legitimador da sua atuação é o bem comum, o que, desde logo, põe uma relação de instrumentalidade entre os meios de atuação pública e os fins perseguidos.

A par disso, contribui para a proeminência da função no campo do Direito Público o fato de os agentes sempre agirem em nome e por conta do Estado, não se confundindo com ele. Assim é que facilmente se identificava na atuação dos servidores públicos o exercício de uma missão que não era realizada em nome próprio. Não é devido a um acaso que, por exemplo, as primeiras explicações para o fenômeno, ainda impregnadas de Direito Privado, viam na atuação dos funcionários o exercício de um mandato, cuja nota elementar é a atuação de um interesse alheio ao mandatário.

De toda sorte, por administração pública se designa a atividade de busca de fins heterônomos por parte do aparato do Estado, com vistas à satisfação dos objetivos fixados em lei. Fins estes reputados públicos pelo ordenamento jurídico e, por isso, postos debaixo da responsabilidade do Estado. Manifestando-se sobre o tema, dizem José Eduardo Figueiredo Dias e Fernanda Paula Oliveira:

> No entanto, a administração que aqui nos interessa é a *Administração Pública*. A ideia de publicidade está ligada a um complexo de interesses que pertencem ou se referem a uma generalidade de pessoas indistintas, a um público. Dos interesses gerais ou comuns a um grupo amplo

---

[117] Tais obras estão reunidas em volume único traduzido para o Espanhol sob o título: *Las Transformaciones del Derecho* – Publico y Privado. Tradução de Adolfo G. Posada, Ramón Jaén e Carlos G. Posada. Buenos Aires: Heliasta, sem ano.

de pessoas a alguns que assumem uma importância tal que da sua satisfação resulta o equilíbrio da própria comunidade. Por isso que se justifica que a comunidade politicamente organizada atribua o encargo de velar pela satisfação desses interesses a órgãos da comunidade. Estes interesses designam-se, agora, como interesses públicos, na medida em que certos órgãos da comunidade politicamente estabelecida vão avaliar a importância relativa das necessidades comuns e eleger algumas entre elas para confiar a sua satisfação a serviços próprios do aparelho que dirige a vida da comunidade.[118]

Assim, a Administração Pública é aquela que está adstrita à satisfação de interesses tidos por públicos. Interesses estes recolhidos pelo Legislador e postos sob responsabilidade da Administração, que deve zelar pela sua implementação.[119]

Com efeito, pode-se dizer que essa busca institucional por interesses alheios aos do sujeito deu azo à atuação do Estado por meio de vias funcionais. Neste sentido, a atividade de administração pública se aproximava da atuação das pessoas jurídicas, pois em ambas há agentes, dotados de certo plexo de competências, a buscar a satisfação de interesses que não lhe são disponíveis. Merece registro nesse particular a opinião de Maurice Hauriou, para quem "A atividade de administração pública organizada em uma instituição deve ser considerada como uma sorte de empresa de gestão de negócios dirigida por sua vez dentro do interesse do governo do Estado e dentro do interesse do público."[120]

A referida passagem tem o inegável mérito de destacar que sob o ângulo da mecânica da sua atuação, a Administração Pública assemelha-se à atuação das pessoas jurídicas – em ambos os casos há a busca institucional de interesses alheios à estrutura que está a agir. Nada obstante os interesses perseguidos sejam públicos em um caso e privados noutro, o que implica uma série de peculiaridades, a produção de decisões e sua implementação é similar na Administração e nas demais pessoas jurídicas.

Tirando as contingências derivadas do meio de instituição dos fins, bem como a natureza pública dos interesses perseguidos por ela,

---

[118] *Noções Fundamentais...*, p. 9.

[119] Para uma descrição pormenorizada do papel do interesse público para o Direito Administrativo e as diversas acepções que podem ser dadas ao tema, consultar Maria Sylvia Zanella di Pietro (*Discricionariedade na Constituição de 1988*. 2. ed. São Paulo: Atlas, 2001. p. 209-231).

[120] *Précis de droit administratif...*, p. 17-18.

estruturalmente a administração pública se parece com a atuação de uma empresa de gestão de negócios.

A referida passagem de Maurice Hauriou indica com clareza que a busca de interesses públicos se faz de acordo com uma lógica própria às instituições que têm por missão zelar por interesses de terceiros. Nestes casos sempre haverá certas questões comuns à atuação dessas instituições. Por um lado, haverá sempre a definição de interesses para além da esfera de decisão do agente. Se assim não fosse, não haveria administração, mas sim autonomia e propriedade.

Por outro, a questão fundamental da atuação dessas instituições reside em saber se os meios utilizados pelo agente são idôneos para atingir os resultados a ele assinalados e se na sua atuação esses condicionantes foram observados. Com efeito, não importa de que tipo de relação de administração se esteja a cogitar (se pública ou privada), sempre haverá a necessidade de contrastar a atuação dos agentes com os fins que eles devem buscar. Em ambos os casos a questão do atingimento dos fins não diz respeito à esfera jurídica daquele que está a atuar, mas envolve o interesse de terceiros que não são capazes de atuar diretamente. Assim, a questão fundamental sempre será a relação de adequação entre os atos praticados e os interesses que não se fazem diretamente presentes, mas são vinculantes para aquele que está a agir.

Daí porque o problema essencial desencadeado pela lógica da atuação funcional é definir o controle daquele que atua na busca de um fim que não está à sua disposição. O problema do controle, em vista de uma atuação timbrada pela lógica da função, divide-se em dois núcleos.

O primeiro, é saber se os fins buscados são os legítimos, tal como se tem na técnica do controle do desvio de poder, em que os objetivos efetivamente buscados pelo agente não estão agasalhados pela norma a ser implementada. As finalidades a serem buscadas pelo agente sempre giram ao redor do interesse do terceiro.

O segundo diz com as formas utilizadas, que devem estar compreendidas dentre aquelas postas à disposição do agente (lembrando que a liberdade de eleição de meios é também uma delas). Com efeito, este deve agir segundo os meios que lhe são outorgados pelas normas que fixam sua competência. O controle dessa atuação tradicionalmente se efetiva pela técnica conhecida como excesso de poder, por meio da qual se sindica se as prerrogativas manejadas pelo agente estão efetivamente à sua disposição.

Com efeito, ao se cogitar uma lógica de atuação timbrada pela técnica da função, tem-se necessariamente certos corolários que representam os pressupostos elementares da atuação de todo aquele que não está a perseguir objetivos que lhe são próprios, mas pertencem a terceiros. Eles dizem com o controle da adequação dos fins e dos meios utilizados.

2.5 Função administrativa e regime de direito administrativo

A ideia de que a função administrativa conta com um regime próprio capaz de apartar o modo de atuação da Administração dos demais sujeitos de direito é inerente à tentativa de definir o âmbito de aplicação do Direito Administrativo. Ela está mesmo subjacente à atribuição de autonomia a essa disciplina. Tal como registra Celso Antônio Bandeira de Mello, tratando da noção de regime jurídico:

> Com efeito, se o objeto do jurista é um sistema de normas e o tema específico do administrativista são as regras e princípios que perfazem em sua unidade o direito administrativo, a primeira tarefa que se lhe impõe, como patamar para a compreensão dos vários institutos, é identificação das noções radicais que os embasam. (...)
> O trabalho teórico do jurista construído como é, à vista de aplicações práticas, resume-se e explica-se na tentativa de descobrir a "rationale" que congrega e unifica um complexo de cânones e normas.[121]

Preocupação essa ainda mais fundamental em um regime em que haja dualidade de jurisdições como o francês, em que devem ser buscados os critérios de atribuição que levam uma determinada causa a ser imputada a cada um dos entes julgadores. Se em outros sistemas a questão cinge-se aos limites da definição da autonomia didática do Direito Administrativo, para o sistema francês e todos aqueles que conhecem a dualidade de jurisdição o tema assume importância capital, pois é por meio dele que se fixam regras de competência entre a justiça administrativa e a ordinária.

Assim, nos sistemas que conhecem a dualidade de jurisdição, a definição das especificidades do Direito Administrativo se insere em um esforço de definir competências para apreciar os casos sujeitos à jurisdição própria. Com efeito, nos sistemas de jurisdição dual, a questão assume uma elementar importância prática não se traduzindo em um mero esforço de explicação. Natural, portanto, que a busca do

---

[121] O conteúdo do regime jurídico-administrativo e seu valor metodológico. *Revista de Direito Público*, São Paulo: Malheiros, n. 2, p. 44-61, out.-dez. 1967. O trecho citado está nas p. 56 e 57.

CAPÍTULO II
FUNÇÃO ADMINISTRATIVA: CONCEITO, CARACTERÍSTICAS E POSIÇÃO CONSTITUCIONAL | 93

critério definidor do Direito Administrativo tenha sido levada a cabo com vigor na França.[122]

Neste sentido é que Jean Rivero indicou não só que o Direito Administrativo é a única disciplina que busca um critério exclusivo de definição, mas também que essa particularidade deriva da necessidade de se resolver o problema prático de definir o âmbito de atuação do Conselho de Estado.[123]

Na busca de um elemento capaz de caracterizar o âmbito de atuação do Direito Administrativo, a experiência francesa – tal como indicado no capítulo anterior – pegou-se em dois critérios: o serviço público e a *puissance publique*. Ambos os critérios foram prestigiados na doutrina e pela jurisprudência administrativa, nada obstante o aceso debate entre as escolas que se filiavam a cada um dos paradigmas. Na verdade, por mais que os autores se batam acerca da questão, o Conselho de Estado, premido pelo dever de apreciar casos concretos, jamais se valeu de apenas uma dessas ideias para fixar os limites de sua atuação. Com efeito, as exigências práticas da jurisdição levaram o Conselho de Estado a uma postura pragmática, desprezando as grandes formulações da doutrina, adotando um viés casuístico.

Contudo, nada obstante o referencial adotado pela doutrina ou pela jurisprudência, a questão do regime jurídico era tratada de maneira parelha pelas duas escolas; em ambos os casos (independentemente de se reconhecer a prelazia de um ou outro critério) admitia-se que a atuação da Administração era exorbitante do Direito Comum. Com efeito, as duas escolas reconheciam que a atuação administrativa se caracterizava pela posição privilegiada ocupada pela Administração, que lhe possibilitava atuar de maneira unilateral.

De toda sorte, a questão que sempre restou mal acomodada pela doutrina do Direito Administrativo francês foi a existência de certas margens de atuação administrativa em regime privado, incapazes de

---

[122] A doutrina alemã, tal como registram Wolf, Bachof e Stober admitiu sem maiores embaraços a fluidez do conceito de administração (*Direito Administrativo*. Tradução de António Francisco de Souza, p. 38-40, v. 1). Os autores alemães não se dedicaram a buscar um critério capaz de explicar todo o direito administrativo, tal como os franceses. Em especial, por influência da teoria do fisco, não se buscou sistematizar a matéria em vista da utilização de vias de autoridade. Nesse sentido, anotaram os referidos autores: "nem a Administração Pública se deixa caracterizar pelos seus meios especiais para o exercício de poderes de autoridade, pois também pode haver Administração Pública desconforme à lei e agindo com o auxílio de meios de direito privado" (*Op. cit.*, p. 40).

[123] Existe-t-il un critère du droit administratif? *Revue du Droit Public et de la Science Politique en France et a l'Étranger*. Paris: LGDJ, 1953. p. 279-296.

serem explicadas pelos referenciais da escola do serviço público ou da *puissance publique*.

Por mais que se buscasse um critério para integrar essas atividades ao Direito Administrativo, as acomodações levadas a efeito eram precárias e não se alinhavam às linhas mestras que se pretendiam implementar. É dizer, a chamada gestão privada da Administração escapava da capacidade de explicação das linhas definidoras do âmbito de incidência do Direito Administrativo na França. Em boa verdade, durante muito tempo a Administração pretendeu que a atuação negocial era uma atividade menor, e, portanto, alheia ao Direito Administrativo. Não se devia conspurcar o Direito Administrativo – fio condutor da atuação soberana do Estado – com questões menores como a gestão patrimonial.

Havia, tal qual aponta Jacques Cailosse, um mito de pureza do Direito Administrativo que repelia o elemento econômico, com a pretensão de apenas disciplinar o poder.[124] Nessa linha, os interesses tidos por econômicos e postos sob gestão privada da Administração não seriam verdadeiros interesses gerais, escapando à *rationale* do Direito Administrativo.

Eis, em síntese, as dificuldades de se fixar a noção capaz de explicar a extensão do Direito Administrativo na França.

A questão foi enfrentada, em 1953, por Jean Rivero, no seu célebre artigo em que se põe a indagação de *se haveria um critério do Direito Administrativo* capaz de unificar a disciplina. As premissas e conclusões alcançadas por Rivero são importantes para se compreender o alcance da questão do regime jurídico, tal qual exposta no presente trabalho, em especial no que tange à gestão privada.

O ponto de partida do autor é trazer alguns elementos necessários para responder a uma questão prática: definir quais os critérios que caracterizam o Direito Administrativo, com vistas a poder atribuir ao Conselho de Estado as causas a ele afeitas. Tal questão é importante tendo em vista duas peculiaridades: a impossibilidade de se explicar – *seja pela puissance, seja pelo serviço público* – a gestão privada comumente utilizada pela Administração; bem como a constante oscilação do Conselho de Estado, que aplica tanto os princípios estatuídos pela escola do serviço público, como os trazidos por aqueles que veem no Direito Administrativo a existência de uma matéria caracterizada pela *puissance*. Ambas as dificuldades a indicar a inadequação prática

---

[124] *La constitution imaginaire de l'Administration*. Paris: PUF, 2008. p. 240.

da aplicação isolada dos pressupostos de cada uma das escolas, como pretendido pela doutrina.

Primeiramente, refutam-se no referido estudo as premissas da escola do serviço público, indicando que a emergência de uma Administração que atua diretamente em serviços comerciais e industriais (tal como a do Estado Social) põe por terra a pressuposição dos partidários dessa Escola, na medida em que estes indicavam que a busca de fins de utilidade pública se dá, inexoravelmente, por meio de um regime público. De acordo com Rivero, o conceito de serviço público adotado pela *Escola de Bordeaux* só seria útil em se mantendo constantes os pressupostos do Liberalismo, ou seja, mantendo o Estado apartado da economia, o que há muito havia deixado de ser verdade. A noção de serviço público como elemento definidor da aplicação do regime administrativo não resiste, pois, à emergência do Estado Social.[125]

Além disso, a Administração não tem o monopólio da busca da satisfação do interesse público – com efeito, os particulares também o buscam, não se mantendo o corte elementar inerente à aplicação dos pressupostos da escola do serviço público.

Por sua vez, a escola que vê na *puissance* a nota definidora do Direito Administrativo – ainda que mais adequada que a do serviço público – também anda mal ao pretender que o desnível entre a Administração e o particular seja o elemento de definição capaz de explicar o âmbito de incidência do Direito Administrativo. Nesse sentido, tem-se novamente a gestão privada a embaralhar a noção, impedindo que a existência de prerrogativas seja o elemento capaz de unificar o Direito Administrativo.

Por conta disso, Rivero busca apresentar um critério capaz de vencer as dificuldades postas pelos paradigmas da escola do serviço público e da *puissance publique*.

De acordo com o autor, é a existência do que chama de "prerrogativas em menos" o que melhor define o Direito Administrativo. Nelas estão traduzidas as peculiaridades que se põem à atuação da Administração e que representam um *minus* no que toca à atuação dos sujeitos privados. Tal elemento põe em foco o conceito de competência, compreendido como o espaço de atuação reservado à Administração pela ordem jurídica. Ao contrário da autonomia, que pode ser exercida

---

[125] Para uma crítica aprofundada e específica ao conceito de serviço público como o *alfa* e o *ômega* do Direito Administrativo consultem-se as ponderações de Georges Morange acerca do tema (Le declin de la notion juridique de service public. *Recueil Dalloz*, p. 45-48, 1947).

de acordo com a vontade do sujeito que atua, a competência é indisponível e se impõe ao agente administrativo, que deve satisfazer os elementos que estão descritos na regra de competência. Eis o elementar da atuação da Administração.

Essa noção vai ser retomada das concepções de Maurice Hauriou, para quem é de se distinguir entre os fins públicos e os meios de atuação da Administração. Para este professor, os fins da Administração sempre são públicos, sendo variáveis os meios pelos quais tais objetivos serão perseguidos. No que toca aos meios de atuação há dois focos de derrogação do Direito Privado, peculiares ao Direito Administrativo. O primeiro, que se refere à possibilidade de existirem privilégios e prerrogativas alheios às relações privadas, orientados a uma atuação unilateral por parte da Administração. O segundo, refere-se precisamente às "prerrogativas em menos", que implicam constrangimentos que se põem à Administração e não existem para os particulares. Eles se traduzem no dever de a Administração dar fiel cumprimento às regras de competência que lhe são postas.

Assim, em última análise, a diferença está entre a autonomia, típica dos particulares, a quem é dado eleger os fins e os meios da sua atuação e a competência, típica da atuação administrativa, em que há o dever de buscar interesses heterônomos.

Vistas em linhas gerais as ideias centrais da tese de Rivero, importa destacar o que elas apresentam de fundamental. Em um esforço de síntese o que há de mais importante no texto, a par da impossibilidade de se trabalhar de maneira absoluta com os critérios tradicionais do Direito Francês, é a definição da função administrativa não pelas derrogações "positivas" havidas em relação ao Direito Privado, pois elas nem sempre estão presentes no Direito Administrativo. O que de fato importa é a especial colocação da Administração como uma estrutura orientada para satisfazer as exigências das regras de competência que legitimam sua atuação. Nesta linha, não há qualquer oposição entre a busca de objetivos propriamente públicos por intermédio da gestão privada (*i.e.*, sem a existência de prerrogativas de sinal positivo). Todavia, neste caso o administrador ainda está a atuar uma regra de competência, e, portanto, sujeito àquilo que se chamou de prerrogativas em menos.

Nestes casos, o que torna peculiar o Direito Administrativo é a posição substancialmente distinta entre particulares e Administração na busca dos seus objetivos. Enquanto esta atua vinculada a uma regra de competência, os particulares gozam de uma margem de liberdade na própria definição dos fins a serem perseguidos. Nota-se então que a administração – tal qual já destacado acima – se caracteriza pela atuação de competências orientadas a uma finalidade heterônoma, e não pela existência de notas que garantam a unilateralidade.

Outro autor que merece ter suas ideias expostas no que toca à questão do regime jurídico é Georges Vedel, que em 1954 se dedicou a examinar o tema em um artigo orientado a definir quais são as bases constitucionais do Direito Administrativo.[126] Nele há uma exposição importante de como, tradicionalmente, a questão do regime jurídico próprio da Administração é posta. Além disso, é nítida neste autor a tentativa de explicar o direito administrativo por meio de um regime jurídico. Aliás, a doutrina de Vedel é, em linhas gerais, a mesma que se encontra defendida pelos autores nacionais, quando aludem que o regime administrativo se caracteriza por prerrogativas e sujeições alheias às relações privadas. É este, por exemplo, o pensamento de Maria Sylvia Zanella di Pietro, para quem "O conjunto das prerrogativas e restrições a que está sujeita a Administração e que não se encontram nas relações entre particulares constitui o regime jurídico administrativo."[127]

Tal como Rivero, Vedel parte da constatação da inadequação da escola do serviço público para explicar o Direito Administrativo. De acordo com o texto, a escola do serviço público seria inadequada para explicar o âmbito de atuação do Direito Administrativo em vista da fluidez do seu objeto (haja vista a dificuldade de fixar no que ele consiste de fato); da falta de aderência de seus pressupostos à realidade, pois o Conselho de Estado jamais a aplicou com exclusividade e do caráter arbitrário de tentar explicar toda a atuação da administração com base nesse critério (desconsiderando, *v.g.*, o Poder de Polícia e outras manifestações da Administração).

Com efeito, de acordo com Vedel, a tentativa da escola do serviço público de alijar o Direito Administrativo da noção de poder – *com nítida vinculação à tentativa de se opor em definitivo aos velhos privilégios da monarquia* – é infrutífera. Isso porque a noção de serviço público busca explicar o direito administrativo por um aspecto material que é completamente alheio à Constituição Francesa. De acordo com a Constituição daquele país, qualquer análise do âmbito reservado ao direito administrativo requer a análise dos conceitos de Poder Executivo e de Administração, que são formais. O elemento central de toda a teoria do Direito Público

---

[126] Les bases constitutionnelles du droit administratif. *Études et Documents du Conseil d'État – EDCE*, n 8, p. 21-53, 1954.

[127] *Direito Administrativo*. 23. ed. São Paulo: Atlas, 2010. p. 62.

é a lei, que apenas pode ser definida de maneira segura por um viés formal, fixando as posições dos diversos poderes em relação a ela. Por seu turno, a Constituição prevê o Poder Executivo com um certo feixe de atribuições, sendo essa a característica elementar por meio da qual pode se compreender a Administração – e não por meio de um critério material, referente ao serviço público.

É a separação entre julgar, legislar e administrar o elemento essencial para definir o Direito Administrativo. E administrar significa, de acordo com a concepção de Vedel, dar concretude aos objetivos da lei, missão reservada pela Constituição ao Executivo, que a atua por intermédio da função administrativa.

Segundo a concepção desse autor, para a Administração Pública aplicar a lei tem dois sentidos. Um "analítico", que implica dar aplicação a cada uma das normas, da melhor maneira possível. Outro "sintético" que implica zelar pela aplicação da ordem jurídica, garantindo o bem comum. A relação da Administração com a aplicação da lei não se resume ao conceito analítico, implicando também o sintético. Daí, portanto, que a missão do Executivo não se exaure em uma aplicação mecânica das normas, mas exige também uma atuação efetiva com vistas à preservação da ordem jurídica como um todo. Neste sentido é incisiva a seguinte passagem: "(...) a execução das leis não deve ser compreendida como a execução servil, parágrafo por parágrafo, de cada texto, mas ela implica *poderes próprios* e uma competência geral que se exerce em virtude da Constituição e fora mesmo de toda delegação legislativa".[128]

Ou seja, pelo conceito sintético relativo à subordinação da Administração à lei, põe-se em destaque a missão institucional do Executivo, que tem por dever preservar a ordem jurídica como um todo. Dito de outra maneira, por conta da submissão da Administração à ordem jurídica como um todo, há capacidades reservadas em seu favor de atuar para além de comandos normativos específicos, no que se refere à preservação do próprio sistema. É dizer: há a capacidade de a Administração agir *praeter legem*.

A função administrativa se liga à atuação do Poder Executivo, que se compreende como essa capacidade de atuar a ordem jurídica de forma dinâmica. Eis aí as bases constitucionais do Direito Administrativo, que por certo não se comprazem com os pressupostos materiais da escola do serviço público.

---

[128] *Op. cit.*, p. 38. Destaque no original.

Tal como anotou Vedel: "(...) é impossível construir o direito administrativo sobre uma noção principalmente material, enquanto nosso direito constitucional, fundamento da nossa ordem jurídica e fonte dos poderes de governo, recorre quase que exclusivamente a noções e critérios formais ou orgânicos".[129]

Analisando a função administrativa como manifestação concreta da atuação do Poder Executivo, Vedel assinala que uma das suas características é que ela se exerce de acordo com a *puissance publique*. É esse o traço que vai lhe tornar peculiar, segundo o pensamento deste autor. É aí que reside, de acordo com Vedel, a chave para a compreensão do regime jurídico inerente à Administração Pública. Aqui a tese se aproxima do pensamento de Hauriou, que já havia pretendido organizar a Administração ao redor da ideia de *puissance*.[130] Como anotou um autor português acerca do valor explicativo desta noção: "No direito administrativo, a ideia de *puissance publique* constitui a representação através da qual são sistematizadas as prerrogativas e os poderes de autoridade que a Administração pública possui para prosseguir o interesse público."[131] Foi precisamente essa ideia a retomada por Vedel ao tomar o Direito Administrativo como o Poder Executivo exercido em regime de autoridade.

Contudo, desde logo se coloca no texto a advertência de que tal elemento nada tem de arbitrário. Não se está na "idade metafísica do direito", quando se acreditava que "o Estado possuía uma vontade, por essência, superior à dos particulares."[132] A *puissance* é, então, a competência de a Administração adotar vias unilaterais exorbitantes do Direito Comum, que se traduzem na capacidade de comando que se reconhece à Administração. Todavia, fazendo coro às conclusões expostas por Rivero, Vedel assinala desde logo que as prerrogativas relativas ao exercício da função administrativa estão condicionadas por certos limites, alheios ao mundo dos particulares, que remetem à ideia de competência como título habilitador da atuação da Administração.

Deste modo, a *puissance* passa a ser elemento caracterizador do Direito Administrativo em sentido estrito – "(...) a administração

---

[129] *Op. cit.*, p. 26.

[130] Gregoire Bigot assinala essa proximidade entre os autores ao dizer, com uma ponta de ironia, que Vedel pretendeu fazer "o novo com o velho" (*Introduction Historique au Droit Administratif depuis 1789*. Paris: PUF, 2002. p. 352).

[131] ANTUNES, Luís Filipe Colaço. *O Direito Administrativo sem Estado* – Crise ou Fim de um Paradigma? Coimbra: Coimbra, 2008. p. 31.

[132] *Op. cit.*, p. 42.

stricto sensu não é outra coisa senão o exercício de poder público pelo poder executivo".[133] O regime de atuação da Administração é o da *puissance*, devidamente integrado pelo seu aspecto negativo, é dizer, pelas restrições próprias que se impõem só à Administração, e não aos particulares. Este é, segundo pensa o autor, o modo próprio da atuação do Poder Executivo, sendo este o critério que, em última instância, vai fixar a separação entre a jurisdição comum e a administrativa. Logo, no que tange à ideia de regime jurídico, vê-se que Vedel o caracteriza por meio de prerrogativas e sujeições, que seriam alheias ao mundo das relações privadas.

A partir dessas ideias, Vedel indica que há derrogações ao regime administrativo, e a mais importante delas é, precisamente, a utilização pela Administração de vias privadas. O que não configuraria, de acordo com o autor, Direito Administrativo no sentido estrito dado ao termo. De acordo com as premissas adotadas, a atividade de polícia sempre exigiria o recurso às vias públicas (caracterizadas pela *puissance*); todavia, no que toca ao serviço público, haveria uma liberdade de conformação por parte da administração capaz de conduzir à gestão privada. Contudo, segundo a lógica de Vedel, uma vez escolhida a gestão privada dos serviços públicos, nada obstante a atuação ainda fosse imputável ao Poder Executivo, essa ação não seria propriamente administrativa (pois ausente a *puissance*).

Com efeito, a teoria de Georges Vedel tem um evidente acerto ao definir a função administrativa a partir da posição institucional do Executivo na Constituição, bem como destacar que a missão do executivo não significa aplicar a lei "parágrafo por parágrafo". Além disso, ela significa um importante avanço ao fundar o Direito Administrativo em bases constitucionais, e não só na concepção de legalidade. Por outro lado, ela traz evidentes dificuldades ao excluir do Direito Administrativo a gestão privada, que tradicionalmente ocupa um campo de análise da doutrina e da jurisprudência. Sobre um certo sentido ela retoma aquilo que Rivero visou combater ao assinalar que as "prerrogativas em menos" é que caracterizam o regime administrativo.

As dificuldades trazidas pela teoria de Vedel não escaparam à análise da doutrina e foram examinadas em artigo de Charles Eisenmann, especialmente dedicado a revisar as conclusões alcançadas por aquele autor.[134]

---

[133] *Op. cit.*, p. 45.

[134] La Théorie des "bases constitutionnelles du droit administratif". *Revue du Droit Public et de la Science Politique en France et a l'Étranger*. Paris: LGDJ, 1972. p. 1345-1422.

CAPÍTULO II
FUNÇÃO ADMINISTRATIVA: CONCEITO, CARACTERÍSTICAS E POSIÇÃO CONSTITUCIONAL | 101

O ponto central da refutação de Eisenmann à teoria de Vedel está, justamente, na impossibilidade de se extrair da Constituição a ideia de um regime administrativo caracterizado por prerrogativas e sujeições, a caracterizar todas as manifestações propriamente administrativas.

A Constituição simplesmente ignoraria o elemento do regime jurídico ao tratar das tarefas da Administração. Conforme a opinião de Eisenmann, a Constituição não se preocupa, ao tratar da Administração, em criar uma categoria geral e abstrata, sujeita a um regime jurídico peculiar. Pelo contrário. A Constituição se preocuparia ao tratar da Administração Pública em trazer uma noção capaz de dar resposta aos diversos desafios postos ao Estado, noção essa de caráter eminentemente institucional. Daí Eisenmann ter asseverado de maneira incisiva que "ilusões e quimeras" estão na base da teoria das bases constitucionais do Direito Administrativo, tal qual ela é enunciada por Vedel.

E isso seria especialmente claro no que tange às manifestações de gestão privada da Administração que, de acordo com Vedel, não caracterizariam o exercício de função administrativa em sentido estrito. Para Eisenmann, antes de mais nada, a experiência desmente Vedel, pois a atuação do Estado, especialmente no que toca aos serviços públicos comerciais e industriais, além de integrar um tradicional capítulo caro aos administrativistas, representa sem dúvida uma importante maneira de o Estado atuar. Logo, ela não pode estar fora do Direito Administrativo, por conta da noção de regime jurídico cunhada por Vedel.

Eisenmann vai mais longe ainda ao apontar que diversas atuações administrativas contam com um regime que não é puramente administrativo, intercalando nuances de Direito Privado, lhes dando um certo caráter híbrido. Nestes casos, novamente se põe em questão o regime jurídico único a que se sujeitaria a Administração. E isso seria especialmente pernicioso para o Direito Administrativo ao alijá-lo das técnicas jurídicas que permitem sua atuação prestacional. É dizer: a pureza de regime posta por Vedel está longe de ser uma realidade verificável na prática, bem como traz severos inconvenientes práticos, tal como relegar ao limbo a parte mais significativa da atuação prestacional da Administração Pública.

Portanto, Eisenmann discorda fundamentalmente da tentativa de Vedel de reduzir o Direito Administrativo a uma questão de regime, isto é, de se valer de um conceito funcional para explicar os domínios dessa matéria. Para aquele autor, a Administração deve ser examinada sobre uma perspectiva institucional, abrangendo o modo de atuação das figuras administrativas. Nem a Constituição, nem a lei e a jurisprudência autorizam as conclusões de Vedel. Não há, pois, uma noção-chave a explicar todo o Direito Administrativo, tal como a noção material de regime jurídico exposta por Vedel. O Direito Administrativo rejeita a noção funcional (orientada pela ideia de um regime de prerrogativas e sujeições), devendo o intérprete apelar para a noção institucional para compreender o âmbito de incidência do Direito Administrativo. Assim, não se pode extirpar o Direito Privado do âmbito das relações administrativas, pela via da ideia de regime jurídico, tal como pretendeu Vedel ao enunciar aquilo que entendia por regime jurídico à luz da Constituição.[135]

O confronto entre as ideias de Vedel e Eisenmann ilumina alguns aspectos importantes acerca da questão do regime jurídico e permite tornar mais claras algumas das ideias expostas anteriormente.

Primeiramente, importa assinalar que Vedel acerta ao indicar que a função administrativa tem um viés formal, a ser definido em função das posições ocupadas pelo Executivo e demais Poderes do Estado na Constituição. Acerta também ao aludir que é a execução da lei – tanto analítica quanto sintética – que vai caracterizar a função administrativa. Todavia, tal qual indica a refutação de Eisenmann, não é possível definir a função administrativa a partir da presença de elementos de *puissance*, a exigir o desnivelamento entre particulares e Administração nas relações que se estabelecem entre eles. Assim, não se pode pretender excluir do universo das relações administrativas aquelas que contam com o Direito Privado a regular a relação da Administração com os particulares.[136]

Pretendendo fazer a síntese do que veio de se expor e buscando um conceito operacional capaz de explicitar as balizas relativas ao regime jurídico, tem-se que: a Administração age necessariamente por intermédio de regras de competência, que impõem uma atuação estruturada ao influxo de uma finalidade alheia (cf. Rivero). Na verdade, a questão fundamental é descortinar o modo pelo qual a Administração se relaciona com a ordem jurídica e quais os constrangimentos que são postos a ela por conta disso.

---

[135] A crítica de Eisenmann foi posteriormente respondida por Vedel (Les Bases Contitutionnelles du Droit Administratif. In: AMSELEK, Paul (Coord.). *La Pensée de Charles Eisenmann*. Paris: Economica, 1986. p. 133-145). Nada obstante a dureza da crítica dirigida a si, Vedel indica não só sua amizade por Eisenmann, mas também reputa que a questão discutida figura dentre seus maiores orgulhos intelectuais, afinal foi seu arguidor que cunhou o termo "vedeliano", o que lhe foi motivo de distinção.

[136] No mesmo sentido vai a crítica de Gregoire Bigot, que faz uma resenha da controvérsia Vedel/Eisenmann, indicando o acerto das posições deste (*Introduction Historique au Droit Administratif depuis 1789*. Paris: PUF, 2002. p. 354-357).

CAPÍTULO II
FUNÇÃO ADMINISTRATIVA: CONCEITO, CARACTERÍSTICAS E POSIÇÃO CONSTITUCIONAL | 103

Além disso, a função administrativa reside na capacidade de a Administração aplicar a lei, zelando pela integridade da ordem jurídica. Com efeito, à Administração compete – na qualidade de tarefa posta a cargo do Executivo – dar concretude à vontade instituída pelo legislador ao conformar a ordem jurídica (cf. Vedel).

Nessa tarefa, a Administração pode se valer de um regime que internalize prerrogativas que a põem em uma posição de superioridade em vista dos particulares. Todavia, ela também pode se valer de modos de atuação em que ela não esteja posta em situação de superioridade, valendo-se da chamada gestão privada (cf. Eisenmann).

Tais elementos parecem mais apropriados para tentar descrever no que consistiria o regime administrativo dos que os que vêm sendo tradicionalmente utilizados para explicar a questão no Direito brasileiro. Isto sem embargo da afirmação de que dentre nós a questão assume menor importância do que nos sistemas de jurisdição dual, em que a definição desta questão tem efeitos práticos sobre a atribuição de competência. Em um sistema de jurisdição una como o nosso, a questão do regime jurídico apenas visa reforçar a autonomia didática que se reconhece ao Direito Administrativo. Aliás, registra-se que em um sistema como o nosso, a questão da existência de regimes híbridos, tal como exposto por Charles Eisenmann, em nada embaraça a atuação do intérprete, pois esse é um resultado perfeitamente possível de se considerar e dele não derivará qualquer dificuldade em termos de definir qual a jurisdição capaz de conhecer dos conflitos pertinentes.

Retomando a questão do regime jurídico, registra-se que dentre nós a mais célebre exposição acerca da importância deste elemento para caracterizar a atuação da Administração Pública foi levada a cabo por Celso Antônio Bandeira de Mello, em sua clássica obra *Natureza e Regime Jurídico das Autarquias*,[137] tendo depois sido incorporada a outras obras deste autor. Buscando caracterizar a personalidade pública, o autor expõe que teria a doutrina errado ao qualificá-la com base nos critérios que estava a utilizar, que seriam: (i) a busca de uma finalidade pública (critério material) ou (ii) a integração da pessoa na estrutura da Administração (critério formal).

Sobre o primeiro critério, o autor indica sua inadequação tendo em vista o seu caráter extrajurídico, pois nada a princípio fixaria um determinado objetivo como público, ou não, sendo indiferente a vontade do intérprete para tanto. Já quanto ao segundo, ele seria certo,

---

[137] São Paulo: RT, 1968. As discussões postas referem-se ao Capítulo VIII.

em termos. Para o autor ele só seria válido na justa medida em que a questão da inclusão da pessoa jurídica fosse vista pelo viés do regime jurídico. Assim, nos casos em que o legislador dotou a pessoa de um regime administrativo, haveria personalidade pública e o ente integraria a Administração Pública.

Com efeito, a reformulação do autor acerca da personalidade do Estado se dá em função da questão do regime jurídico. Pessoas administrativas haveria quando o regime jurídico dado pela lei a elas fosse o administrativo.

A partir daí o autor passa a descrever no que consistiria o regime jurídico administrativo, indicando que ele se caracterizaria por dois princípios que lhe configurariam: a supremacia do interesse público sobre o particular e a indisponibilidade do interesse público. A partir desses dois corolários é que se desdobraria todo o regime administrativo, capaz de definir quando se estaria diante de uma manifestação administrativa, e quando não.

Todavia, algumas críticas podem ser postas a esta teorização, aliás muitas delas já indicadas acima, quando foi exposto como a questão foi discutida na França. A mais relevante delas parece ser a que visa afastar o argumento de índole material – uma atividade é administrativa, quando busca fins públicos – substituindo-o pela de regime jurídico caracterizado pela supremacia do interesse público sobre o privado.

A uma, não parece justa a crítica de que a tentativa de enunciar o elemento material seja necessariamente extrajurídica. Afinal, nada obsta que a finalidade pública a que se alude seja buscada exatamente na ordem jurídica. Aliás, isso se impõe de fato ao se perquirir os títulos que legitimam a atuação da Administração Pública, que não hão de ser recolhidos senão no direito positivo. Com efeito, dizer que é pessoa pública (ou dizer que uma atividade é pública) com base no fato de estar em causa um interesse público não dispensa a análise do direito posto, e nem atribui foros de legislador ao intérprete. É que nestes casos o método a ser empregado diz com definir onde está previsto que se está diante de uma responsabilidade, de um fim, atribuído à Administração. Logo, não parece haver o corte sugerido pelo autor, a invalidar a tentativa de se explicar a atuação administrativa pelos fins públicos buscados. É que da mesma forma que o regime jurídico, os fins perseguidos pela Administração são dados que pertencem ao direito positivo.[138]

---

[138] O problema dos fins públicos é bastante agudo no que toca à avaliação das estruturas administrativas brasileiras, mesmo aquelas organizadas de acordo com o Direito Privado.

O problema que reside aí é que não necessariamente um objetivo público deve ser buscado por meio de instrumentos que consagram uma posição de desigualdade nas relações que se estabelecem entre privados e a Administração. Todavia, esse problema não se confunde com a análise da natureza dos objetivos que estão sendo buscados, o que constitui um elemento importante para se fixar o que compete à Administração (e o que não compete).

Por outro lado, e mais grave ainda, o elemento de supremacia do interesse público que se tem como caracterizador do regime jurídico administrativo, este sim, assume caráter metafísico e extrajurídico. É o que transparece, *v.g.*, da seguinte passagem, que visa explicitar o conteúdo do princípio: "Trata-se de verdadeiro axioma. Proclama a superioridade do interêsse da coletividade, firmando a prevalência dêle sôbre o do particular, como condição, até mesmo, da sobrevivência e asseguramento dêste último. É pressuposto de uma ordem social estável, em que todos e cada um possam sentir-se assegurados e resguardados."[139]

Com respeito, parece que para se escapar de um pretenso elemento extrajurídico se pôs outro elemento da mesma natureza em seu lugar. Isto porque, se bem é verdade que do ponto de vista ideal se pode afirmar sem embaraço que o interesse público prefere o particular (bem como que o justo é melhor que o injusto e outras afirmações do gênero), esse dado não dispensa a análise das regras postas. Com efeito, as cogitações abstratas tomadas pelo Legislador em nada condicionam a aplicação concreta das regras do direito positivo.

O princípio da supremacia do interesse público visa justificar as prerrogativas da Administração, contudo nem toda atuação da Administração conta, necessariamente, com tais benefícios. O direito positivo pode, ou não, conferi-las, bem como modular os seus efeitos. Além disso, a sua aplicação não dispensa, à luz da atual Constituição brasileira, uma série de salvaguardas em favor do particular (tal como o devido processo legal, por exemplo). Assim, o princípio da supremacia do interesse público não tem aplicação em todas as manifestações da Administração, o que bem demonstra que ele é inadequado para caracterizar o regime jurídico administrativo, máxime como um todo.

Pense-se, por exemplo, nas empresas estatais que perseguem objetivos públicos, em que acaba sendo tormentosa a questão de definir – mesmo diante da expressa indicação pela utilização de um regime privado – no que elas se sujeitam ao Direito Público em função do objeto que estão explorando.

[139] *Natureza e regime jurídico das Autarquias*. São Paulo: RT, 1968. p. 294.

Assim, em última instância, o equívoco parece residir na tentativa – à moda do que já havia feito Vedel – de tentar qualificar toda a manifestação da função administrativa por intermédio de um regime que internalize prerrogativas que atribuem supremacia à Administração, o que não é verdade.

E mesmo a indisponibilidade do interesse público não assume a importância que se pretende dar a ela. De acordo com o pensamento do autor em exame, a indisponibilidade se caracteriza pela impossibilidade de o administrador dispor do interesse público, pois ele pertenceria à coletividade e seria inapropriável. Novamente, a análise da questão parece exigir alguns esclarecimentos. Primeiro, evidentemente que o interesse público é objeto de disposição, e o é por parte do legislador que não só o define em concreto, como também fixa as condições para que possa se dispor dele. Assim, o fato de um interesse pertencer à coletividade não significa, *ipso facto*, que ele é indisponível. Por outro lado, nada obsta que a regra legal que fixa competência ao agente administrativo permita que ele disponha do interesse público, na medida de sua avaliação. A questão parece ser puramente de competência para dispor e se traduz, em verdade, na impossibilidade de o agente perseguir uma finalidade que não a da norma, substituindo uma definição que lhe é alheia por um interesse seu. Isso não significa negar a existência de vontade por parte do agente, que deve interpretar o fim público se esta alternativa lhe for outorgada. O que se proíbe é que ele substitua a vontade institucional que deve atuar em concreto por interesses seus.

Aliás, é o agente que, não raro, fixa o que de fato vem a constituir o interesse público, o que indica que ele participa diretamente da dinâmica da decisão administrativa. Assim, é de se refutar as linhas que pretendem que a função administrativa seja algo puramente abstrato que independe da atuação dos sujeitos de carne e osso que estão a ocupar os cargos públicos.

Em que pese o sistema normativo dar as linhas mestras a serem seguidas, as estruturas da Administração – tal qual qualquer pessoa jurídica – são preenchidas por vontade humana. A Administração não é um relógio a quem o Legislador dá corda e passa a atuar por um jogo de engrenagens. Como toda estrutura que envolve personalidade jurídica, a Administração depende da vontade – no sentido natural do termo – das pessoas que a integram.

Nesta linha, parece sem sentido buscar proteger a vontade da Administração da vontade do agente, pois ambas se completam num sentido de potência/ato que é inerente à atuação administrativa. A fusão dessas vontades se dá pelo processo da imputação, descrito por Jorge Miranda nos seguintes termos:

> No Estado (como, em geral, nas pessoas colectivas) verifica-se, por um lado, a definição normativa de centros de formação da vontade colectiva e, por outro lado, a atribuição a certas pessoas físicas da função de os preencherem em concreto, de agirem como se fosse o Estado a agir. E, então, a vontade que essas pessoas singulares formem – uma vontade psicológica como qualquer outra – é tida como vontade da pessoa colectiva e qualquer acto que pratiquem, automaticamente enquanto tal, a ela atribuído. Nisto consiste o fenómeno da imputação.
>
> Não há dualidade de pessoas (a pessoa titular dos direitos e a pessoa que os exerce) como na representação, legal ou voluntária. Há unidade: é uma só pessoa – a pessoa colectiva – que exerce o seu direito ou prossegue o seu interesse, mas mediante pessoas físicas – as que formam a vontade, as que são suporte ou titulares dos órgãos.[140]

Logo, a vontade concreta do agente desempenha um importante papel na concretização da atuação da Administração.

Isso não significa, por evidente, que o agente possa se demitir das funções que a regra de competência lhe outorga ou que possa agir ao arrepio dela. Como visto acima, a administração é por definição uma atividade que implementa fins heterônomos, o que traz uma estrutura toda própria à função administrativa (com relevo para o controle nos vértices dos meios e fins). Todavia, isso não parece significar a indisponibilidade da Administração sobre os objetivos e bens postos sob sua cura. Daí porque acerta Jean Rivero ao tratar da questão sob o aspecto da competência e das contingências que daí derivam, qualificando a Administração por este viés, e não pela indisponibilidade.

É essencialmente em vista dessas cogitações que as premissas recolhidas no pensamento dos autores examinados acima parecem ser mais capazes de iluminar no que consiste o regime jurídico do que as colocações que são tradicionais na doutrina nacional.

Contudo, na justa medida em que os esquemas da doutrina – em especial estrangeira – só valem quando encontram aderência à realidade, é necessário investigar se os pressupostos teóricos expostos acima encontram respaldo na nossa ordem jurídica.

Em especial, é preciso investigar como a função administrativa está descrita na Constituição de modo a buscar validar os pressupostos que vieram de ser expostos.

---

[140] *Manual de Direito Constitucional.* t. V, 3. ed. Coimbra: Coimbra, 2004. p. 47.

2.6 Função administrativa na Constituição de 1988

Vistos os pressupostos contidos na ideia de função administrativa, importa analisar o nosso texto constitucional para ver quais foram as premissas por ele efetivamente encampadas nessa matéria, de modo a se fixar alguns referenciais à luz da Constituição.

O primeiro elemento a tratar do tema na nossa Constituição é o artigo 2º, ao definir que "São Poderes da União, independentes e harmônicos entre si, o Legislativo, o Executivo e o Judiciário." Por meio do referido dispositivo, não só se consagra o esquema tripartido de repartição dos Poderes Estatais, mas também se estabelece a sua independência. Em essência, o dispositivo garante um certo plexo de atuação para cada um dos Poderes, que não pode ser invadido pela atuação dos demais.[141]

Daí a conveniência do vocábulo "harmônicos", tradicional nas nossas Constituições máxime tendo em vista o amplo inter-relacionamento entre os Poderes. Com efeito, a complexidade do Estado moderno exige que os Poderes articulem-se entre si, de modo a dar conta das complexas responsabilidades postas a cargo do Poder Público. Aliás, a referência aos três Poderes e o dever de harmonia entre eles é de nossa tradição republicana e já aparecera no Texto promulgado em 1891. Como anotou Annibal Freire da Fonseca: "No tocante à organização dos poderes políticos, o sistema constitucional brasileiro os erigiu em soberanos, mas limitados. Com o característico formal e rígido da independência que a lei lhes atribui, nenhum deles tem subordinação a outro e guardam todos, no envolver da ação respectiva, a harmonia indispensável à efetividade do sistema."[142]

No mesmo sentido anotou Anna Cândida da Cunha Ferraz, já sob a vigência da Constituição Federal vigente acerca da cláusula de independência e harmonia:

> A cláusula-parâmetro por excelência para aplicação do princípio da separação de poderes, onde o princípio é constitucionalmente adotado como base de um sistema presidencialista, é, e ainda continua a ser, a cláusula da "independência e harmonia entre os poderes." Isto significa dizer que, no desdobramento constitucional do esquema de poderes,

---

[141] Para uma análise bastante pormenorizada da Constituição de 1988, enfrentando o tema tanto no sentido orgânico da separação de Poderes, quanto em relação às funções em concreto, consultar Diogo de Figueiredo Moreira Neto. *Curso de Direito Administrativo*. 14. ed. Rio de Janeiro: Forense, 2005. p. 21-33.

[142] *O Poder Executivo na República Brasileira*. Brasília: Unb, 1981. p. 20.

CAPÍTULO II
FUNÇÃO ADMINISTRATIVA: CONCEITO, CARACTERÍSTICAS E POSIÇÃO CONSTITUCIONAL | 109

haverá um mínimo e um máximo de independência de cada órgão de poder, sob pena de se desfigurar a separação, e haverá, também, um número mínimo e um máximo de instrumentos que favoreçam o exercício harmônico dos poderes, sob pena de, inexistindo limites, um poder se sobrepor ao outro poder, ao invés de, entre eles, se formar uma atuação em "concerto".[143]

Soma-se a isto o fato de que, de acordo com o artigo 60, §4º, III da Constituição, não se admite Emenda Constitucional que vise suprimir a separação de poderes de nossa ordem jurídica. A técnica de controle consagrada na tripartição dos poderes integra o rol que se convencionou denominar de "cláusulas pétreas", que representam aquelas matérias que, por opção expressa do constituinte originário, restaram suprimidas da capacidade de disposição pelo constituinte derivado. Por elas delinearem a feição elementar do Texto vigente cuja alteração o deformaria na essência. Tais preceitos não admitem qualquer tentativa de abolição pela via do exercício do poder constituinte derivado.

Além disso, de acordo com o art. 34, IV constitui motivo para intervenção da União nos Estados a atuação que vise "garantir o livre exercício de qualquer dos Poderes nas unidades da Federação", o que demonstra o valor institucional que a separação de Poderes assume em nossa ordem Constitucional. Outrossim, a indevida influência das mais altas autoridades no arranjo da separação de poderes constitui crime de responsabilidade, na forma de lei (conforme os artigos 2º, 4º, II e 6º da Lei nº 1.079/1950).

Nesta linha, registra-se, então, que há um espaço de atuação que cabe precipuamente ao Executivo, que não pode ser turbado pelo Legislativo e pelo Judiciário.[144]

---

[143] *Conflito entre Poderes* – O Poder Congressual de sustar atos normativos do Poder Executivo. São Paulo: RT, 1994. p. 14.

[144] A fórmula por excelência por meio da qual o Legislativo pode imiscuir-se na função administrativa é a chamada lei de efeito concreto. Embora na doutrina nacional ela seja aceita sem maiores reflexões (nada obstante se sujeite ela ao controle pela via do *writ of mandamus*) encontra-se nos autores estrangeiros questionamentos em relação à sua utilização. Sobre o tema, manifesta-se Luís Pedro Pereira Coutinho que deriva da ideia de supremacia da Constituição um espaço de supralegalidade que deve ser respeitado pelo Legislador. Assim, na medida em que a Constituição reserva um espaço de atuação para a Administração (aplicar as leis gerais), este não pode ser invadido por leis de efeitos concretos, que devem versar sobre casos extraordinários. Qualquer abuso nessa área significa uma perda de controles em desfavor do administrado que deve ser evitada (As duas subtrações. Esboço de uma reconstrução da separação entre as funções de legislar e administrar. *Revista da Faculdade de Direito da Universidade de Lisboa*, Coimbra, n. 41-I, p. 99-133, 2000.

Nele é que está precipuamente alocado o exercício da função administrativa, pois é ao Executivo que compete dar operacionalidade às missões estatais tidas por relevantes pelo Legislador de modo a atribuir a responsabilidade estatal direta sobre elas. Com efeito, é de se destacar que o Executivo, na medida em que é um dos Poderes da União, traduz parcela de soberania reservada pela Constituição a este órgão. Assim, não pode vir a ser aniquilado por nenhum dos outros Poderes, gozando de um campo de competência que lhe é próprio e indevassável.

Novamente pertinente é a lição de Annibal Freire da Fonseca, perfeitamente aplicável à Constituição vigente:

> O poder legislativo exerce as suas funções periodicamente, dentro de prazos prefixados. O poder judiciário só é chamado a decidir em casos concretos e sua ação circunscreve-se as regras imanentes ao estatuto constitucional. O executivo funciona permanentemente. Destinado a impulsionar e dirigir a ação administrativa, não é possível negar-lhe a plasticidade indispensável ao mecanismo governamental. (...).[145]
>
> A natureza do poder executivo em nosso sistema constitucional é, em relação aos outros, a de um poder igual na sua origem, embora diferente nos seus fins. Nas suas múltiplas funções não o tolhe senão a lei e esta, para completar-se, precisa, na generalidade dos casos, da interferência do executivo, não é lógico pretender a subordinação jurídica deste ao legislativo.

Cumpre, portanto, avaliar, à luz da Constituição, qual será esse espaço reservado ao Executivo e como ele vem a desempenhar a função administrativa que lhe é própria.

Todavia, convém destacar que o capítulo reservado a estruturar constitucionalmente a Administração é anterior aos dispositivos dedicados a estruturar o Executivo, o que é feito no momento em que se fixam as prerrogativas do Presidente da República e seus Ministros. Ao dispor sobre as altas autoridades que ocupam o ápice da estrutura administrativa, a Constituição também trouxe preceitos que se referem à função administrativa, todavia, por esta ser mais ampla, há artigos específicos a cuidar dela. Tais disposições precedem os preceitos constitucionais que cuidam da própria definição da função executiva.

Antes de tratar propriamente da função administrativa, a Constituição dedica-se a cuidar de vários outros temas. Ela, por exemplo, se

---

[145] *Op. cit.*, p. 27-28.

dedica a estabelecer os direitos e garantias fundamentais, os direitos sociais, definir as condições para assumir a nacionalidade brasileira, a participação política, a organização federativa do Estado. Vencidos todos esses temas, muitos dos quais trazem subsídios para a compreensão da função administrativa, a Constituição se dedica a descrever as regras pelas quais se exercerá a função administrativa, isto a partir do seu artigo 37.

O *caput* do referido artigo traz a extensão do conceito de administração pública no nosso sistema, bem como fixa a principiologia inerente a toda atuação administrativa. *In verbis* – "A administração pública direta e indireta de qualquer dos Poderes da União, dos Estados, do Distrito Federal e dos Municípios obedecerá aos princípios de legalidade, impessoalidade, moralidade, publicidade e eficiência (...)".

O primeiro registro a ser feito, diz com o fato de que a função administrativa não se restringe apenas ao Executivo. Com efeito, a Constituição tem por administração – de modo a sujeitar às pautas principiológicas do artigo 37 – a manifestação de função administrativa por qualquer um dos Poderes da União. É dizer, de acordo com a Constituição, há o exercício de função administrativa pelo Judiciário e pelo Legislativo, naquilo que se convencionou chamar de exercício atípico ou anômalo dessa função. Com efeito, na medida em que se reconhece autonomia aos Poderes da União, eles devem contar com processos que permitam sua autogestão, processos esses que são tomados pela Constituição como exercício de função administrativa. Embora postas em um plano acessório, pois são meros instrumentos para o Legislativo e o Judiciário desenvolverem com autonomia as funções que lhes são próprias, fato é que eles exercem função administrativa em relação a tais temas.[146] Ao fazerem-no, sujeitam-se aos preceitos da Constituição a respeito.

Por outro lado, a Constituição expressamente faz referência à Administração Indireta, a demonstrar que não apenas os entes que integram diretamente o perfil constitucional do Estado (como as pessoas políticas e os Poderes) exercem funções administrativas. Admite-se, portanto, desde logo, não só a criação de figuras administrativas à margem da estrutura primária do Estado, mas também se indica que a elas se aplica a Constituição, naquilo que ela definiu como função administrativa.

---

[146] Sobre o caráter residual e acessório do exercício de função administrativa pelo Judiciário e pelo Legislativo, consulte-se Maria Sylvia Zanella di Pietro – *Direito Administrativo*. 23. ed. São Paulo: Atlas, 2010. p. 57.

Além disso, a Administração mantém seu caráter homogêneo em face de nossa estrutura federativa. Todo e qualquer ente, não importa se vinculado à União, aos Estados ou aos Municípios, deve respeitar o esquema constitucional no que se refere à Administração Pública. Nada obstante as diferentes competências distribuídas pela Constituição (especialmente a que trata dos assuntos administrativos e é atribuída a todas as pessoas políticas), o exercício da função administrativa sempre deve guardar respeito às pautas constitucionais, mantendo-se homogêneo.

Conclui-se, portanto, que à luz do *caput* do artigo 37, a função administrativa assume um caráter amplo, abarcando o exercício anômalo de função administrativa pelos Poderes Legislativo e Judiciário, não fazendo qualquer discriminação no que toca à Federação (todos os entes políticos a exercem de acordo com os mesmos princípios), bem como não importa se o exercício se dê diretamente por uma pessoa política, ou se por criaturas destes.

Percebe-se, pois, que a Constituição deu conceito amplo à função administrativa, de modo a sujeitar aos princípios do seu artigo 37 toda e qualquer manifestação dessa natureza que vier a se evidenciar.

Examinada a extensão do conceito de função administrativa impõe-se analisar a técnica utilizada pela Constituição para caracterizar a Administração Pública. Nada obstante a Constituição tenha disciplinado uma série de situações específicas, descritas nas normas que se seguem ao *caput* do artigo 37, fato é que foi por meio da estipulação de princípios que a função administrativa foi caracterizada pela Constituição.

É, portanto, à luz dos princípios estipulados pelo artigo 37, *caput* da Constituição, que se fixa o regime jurídico inerente ao exercício da função administrativa que se caracterizará pelo respeito aos seguintes pressupostos: legalidade, impessoalidade, moralidade, publicidade e eficiência.

Note-se, para os fins que interessam à presente exposição, que tais princípios não definem desde logo uma opção cerrada pelo regime público ou pelo privado. É que tais princípios por si sós não trazem qualquer elemento capaz de indicar a necessidade de se adotar tal ou qual regime. É dizer, dos princípios conformadores da administração pública não se extrai qualquer regra que imponha uma reserva de atuação da Administração por vias de direito público. Contudo, nada obstante o regime que venha a ser adotado, ele deve necessariamente observar as pautas principiológicas do artigo 37 e as regras especiais nele consagradas.

Com efeito, mesmo a administração exercida, por força de injunção constitucional expressa, em regime privado – tal como se dá com as empresas estatais *ex vi* do artigo 173, §1º, II e §2º da Constituição, deve respeito às pautas valorativas do artigo 37 e às regras nele estipuladas. Daí, portanto, que de acordo com a própria Constituição não há uma oposição expressa entre os princípios do artigo 37, *caput* e a utilização de vias privadas para o exercício da função administrativa. Pensar de modo distinto seria negar força à Constituição, na justa medida em que ela reputa como exercício de função administrativa a atuação das empresas estatais, que de acordo com suas próprias disposições, atuam em regime privado!

Disso deriva com clareza que não se estabelece, de acordo com a própria Constituição, uma reserva de atuação administrativa por vias de Direito Público, sendo possível que a atuação em regime privado se dê em observância aos princípios conformadores da Administração Pública. Com efeito, nada obsta que a atuação por vias privadas obedeça aos predicados da legalidade, impessoalidade, moralidade, publicidade e da eficiência (mais que isso: a atuação deve respeito a eles).

Além dos princípios gerais aplicáveis a toda atuação capaz de ser caracterizada como Administração Pública, o artigo 37 previu uma série de regras específicas que disciplinam diversos aspectos relativos ao funcionalismo público, às contratações feitas pela Administração, à responsabilidade dos agentes estatais, dentre outros preceitos. Todas essas regras devem ser observadas onde quer que haja atuação capaz de se caracterizar como administração pública, seja em regime público, seja em regime privado.

Contudo, retomando a linha do artigo 2º, o exercício da função administrativa é próprio, natural, do Poder Executivo, que é minudenciado a partir do artigo 76 da Constituição.[147] Aliás, nesta questão reside um importante ponto de autonomia do nosso Direito Administrativo, pois aqui nossa história jurídico-institucional seguiu, desde 1891, o modelo norte-americano, em que a figura do Presidente da República foi concebida à imagem dos antigos reis (cuja experiência continental europeia visou proscrever). Esse modelo, por certo, implicou o

---

[147] A estrutura do Executivo Federal é regida por diversos diplomas normativos. Além de algumas disposições do Decreto-Lei nº 200/1967 regem o tema as prescrições das Leis nº 10.683/2003, 10.869/2004 e 11.204/2005. Merece registro a prescrição do artigo 1º do Decreto-Lei nº 200 que estipula que "O Poder Executivo é exercido pelo Presidente da República auxiliado pelos Ministros de Estado", tal preceito bem indica o relevo dado a tal figura pela nossa ordem jurídica, a influir sobre o desenho da nossa Administração Pública.

fortalecimento do Executivo, que passou a disputar a centralidade com o Legislativo, ao contrário da Europa onde a regra era a supremacia do Parlamento e uma função executiva tímida (de mera subordinação à lei). Conforme a lição de José Manuel Sérvulo Correia:

> Os constituintes de Filadélfia quiseram um executivo independente e forte e de um modo geral esse desiderato não foi contrariado pelos factos até os nossos dias. Paradoxalmente, seria uma república a recolher a favor do seu presidente a imagem do rei do século XVIII, titular ainda de "prerrogativa". A autonomia e o nivelamento entre legislativo e executivo aproximam-se ainda hoje nos Estados Unidos mais do tipo de relacionamento entre os poderes nas monarquias constitucionais novecentistas do que daquele que se verifica nas democracias parlamentares contemporâneas.[148]

De toda sorte, é inegável que em sistemas presidencialistas o Chefe do Executivo possui atribuições de maior monta dos que as que se verificam nos sistemas parlamentares. Assim, a opção presidencialista é um importante dado na concepção do arranjo institucional entre lei e administração. Segundo adverte José Manuel Sérvulo Cunha: "Na sua concretização o princípio da legalidade depende das relações estruturais entre os poderes legislativo, executivo e judicial e da posição funcional do executivo na ordem constitucional."[149] Mais do que isso, na medida em que a chefia do Executivo é um cargo eletivo, ele vai legitimar-se diretamente pelo sufrágio, o que faz com que ele se amolde à previsão contida no §1º do art. 1º da nossa Constituição, que pontifica: "Todo poder emana no povo, que o exerce por meio de representantes eleitos ou diretamente nos termos desta Constituição." Logo, a opção pelo presidencialismo – ratificada por meio de plebiscito – condiciona a compreensão que se deve ter do nosso sistema administrativo. Aqui é um dos pontos que a importação de doutrina da Europa continental é de ser vista *cum granu salis*, haja vista a tradição parlamentarista daqueles países.

Por outro lado, embora a técnica utilizada ponha em foco o Poder Executivo Federal, o grosso das disposições previstas na Constituição se aplica também aos Estados e Municípios por força de simetria

---

[148] *Legalidade e autonomia contratual nos contratos administrativos.* Coimbra: Almedina, 2003. p. 27-28.

[149] *Ibidem*, p. 19.

entre eles.[150] Aqui se têm as chamadas normas federais extensíveis que são, quanto aos modelos estipulados na Constituição, de observância compulsória por Estados e Municípios, sendo, portanto, de caráter nacional. O modelo relativo à repartição dos poderes é de observância cogente pelos demais entes da Federação, tal como já decidiu o Supremo Tribunal Federal.[151]

Especificamente no que interessa à correlação entre o Poder Executivo e a função administrativa tem-se a disposição do artigo 76. Ela atrela de modo indelével o exercício do Poder Executivo ao seu Chefe, haja vista nossa tradição presidencialista. Deste modo, a pessoa que está investida neste cargo por força do mandato que recebeu do povo tem a atribuição constitucional de dirigir a máquina administrativa. Conforme sintetizou Mário Masagão: "A unidade total do serviço [*i.e.*, da Administração] se realiza no chefe de Estado."[152] Assim, a capacidade de atuação posta sob responsabilidade do Executivo é titularizada por seu chefe, a quem cabe buscar implementar os objetivos postos pela lei, dentro do quadro da legalidade.

Por outro lado, outra disposição que importa destacar é a contida no artigo 84, II da Constituição, que torna mais clara a atribuição reservada ao chefe do Executivo pelo artigo 76. Diz o referido preceito que compete a esta autoridade, em conjunto com seus assessores diretos, exercer "a direção superior da administração".

Com efeito, o referido preceito, lido em conjunto com a prescrição do artigo 76, indica que a direção superior da administração compete ao chefe do Executivo. Daí que, por evidente, uma das mais relevantes atribuições inerentes a este cargo é impulsionar a administração com vistas à obtenção dos resultados que dela se esperam (ou seja, aqueles fixados pela ordem jurídica).

Deriva disto que a concepção exposta mais acima que vê na Administração uma atividade dinâmica (e não estática) de busca constante dos objetivos é essencialmente conforme a dinâmica constitucional brasileira. Com efeito, as considerações acerca do tema feitas acima, que indicam que a função administrativa não encerra uma aplicação

---

[150] Sobre o tema, consultem-se as ponderações de Léo Ferreira Leoncy. *Controle de Constitucionalidade Estadual*. São Paulo: Saraiva, 2007. p. 1-34.

[151] Cf. ADI nº 276/AL, Rel. Ministro Sepúlveda Pertence, *DJ* 19.12.1997, em que se decidiu que as matérias reservadas ao chefe do Executivo não podem ser alteradas no plano estadual, pois integram o modelo vinculante estipulado pela Constituição acerca da separação dos Poderes.

[152] *Curso de Direito Administrativo*. 5. ed. São Paulo: RT, 1974. p. 32.

mecanicista da lei, mas sim pressupõe um "princípio de ação" (cf. Hairou), são conformes a nossa Constituição. Tanto é assim que se impõem aos mais altos representantes do escalão Executivo dirigir a Administração no sentido da obtenção de seus fins. Ora, se a Administração por simples obra da lei e sem qualquer direcionamento político pudesse obter os resultados que dela se esperam, a disposição contida no artigo 84, II da Constituição seria completamente ociosa.

Note-se que se cuida de uma atribuição que se conecta de modo direto ao exercício da função administrativa, a par de estar prevista ao lado de prerrogativas de soberania previstas pela Constituição (tais como: promulgar e vetar leis, celebrar tratados, exercitar a política externa, declarar intervenção, estado de sítio, guerra, paz, conceder anistia, indulto, editar medidas provisórias etc.)

As mesmas conclusões se alcançam do artigo 87, I, que ao dispor acerca das atribuições dos Ministros de Estado (e dos seus equivalentes nas demais esferas federativas) indica com clareza que a eles cabe, na qualidade de agentes políticos que ocupam o topo da hierarquia do Executivo, zelar pelo direcionamento e correto exercício da função administrativa, respondendo diretamente ao Chefe do Executivo, com quem guardam relações de confiança, podendo ser destituídos a qualquer tempo.

A inteligência dos referidos preceitos indica que a função administrativa – sem embargo dos princípios que a informam e que devem ser respeitados – pressupõe um direcionamento por parte das autoridades executivas que, mercê de seus compromissos políticos e da legitimidade haurida nas urnas, devem gerir a Administração de acordo com as expectativas daqueles que legitimaram seus mandatos.

Tais preceitos são virtuosos na justa medida em que associam de maneira indelével o direcionamento a ser dado pelo Chefe do Executivo e por seus auxiliares diretos ao exercício da função administrativa. A administração não pode prescindir dessa força direcionadora, que se espraia por toda estrutura administrativa. Aliás, é da essência do jogo democrático que os governantes sejam cobrados pela população muito incisivamente no que toca à sua atuação administrativa. O Chefe do Executivo – máxime o Presidente da República no sistema presidencialista – encarna, pois, a força que direciona a Administração na busca de seus objetivos.

Tem-se, portanto, que o direcionamento político da Administração integra à luz da nossa Constituição a parcela da função administrativa posta a cargo do Executivo.

Com efeito, sintetizando o que se recolheu da Constituição, algumas notas hão de ser encarecidas, pois orientarão as conclusões específicas que serão enunciadas a seguir, no que se refere à utilização de vias privadas pela Administração Pública.

Primeiramente, a função administrativa se caracteriza eminentemente por princípios que devem ser respeitados onde quer que haja Administração. Nada obstante haja, de acordo com a Constituição, Administração exercida no âmbito do Judiciário e do Legislativo, essa é uma função própria e natural do Executivo, a quem as leis e a própria Norma Fundamental conferiram diversas responsabilidades.

Do modo pelo qual está estabelecido na Constituição o exercício da função administrativa, não há uma opção por um regime jurídico material que lhe seja próprio. Pelo contrário, a própria Constituição admite que a utilização de vias privadas por figuras administrativas não desborda do regime constitucional referente à função administrativa. Em outras palavras: não há um regime próprio da função administrativa, em termos da aplicação de um regime público, reservado à atuação da Administração. Reserva só há no que toca ao relacionamento em termos de direito privado para a atuação da Administração empresarial. Apenas neste caso a Constituição estabeleceu de modo vinculante a adoção de um regime que deve necessariamente ser utilizado pela Administração Pública.

Por outro lado, no que toca à atuação do Poder Executivo, esse é o lócus natural da função administrativa. E neste campo, é inafastável o direcionamento político da atuação administrativa, por intermédio dos agentes que ocupam o topo da hierarquia do Poder Executivo, a quem incumbe definir o direcionamento a ser dado à Administração Pública, dentro dos quadros fixados pela ordem jurídica.

CAPÍTULO III

O EXERCÍCIO DA FUNÇÃO ADMINISTRATIVA POR VIAS DE DIREITO PRIVADO

3.1 O Direito Privado como via secundária para a Administração Pública – a posição tradicional

Pelas razões expostas no primeiro capítulo, a função administrativa afastou-se da utilização de vias privadas, afirmando-se o Direito Administrativo como o domínio da exorbitância. De acordo com as bases teóricas examinadas, haveria uma oposição de essência entre Direito Privado e Administração derivada do tipo de interesse tutelado, a excluir que os interesses propriamente públicos fossem tutelados por aquele ramo. A partir disso, a Administração Pública naturalmente se valeria de um direito próprio, diferente do que lhe seria assegurado pela utilização de regras de índole privada.

Nada obstante não se pudesse negar que a Administração se valia algumas vezes de preceitos de Direito Privado, pois isto sempre foi uma constante, tais manifestações eram colocadas em um plano nitidamente secundário. Elas teriam lugar apenas nos casos em que os interesses a serem perseguidos fossem alheios ao interesse público propriamente dito, o que aconteceria especialmente nos casos de gestão patrimonial.

Sem embargo de os traços básicos dessa concepção já terem sido paulatinamente expostos anteriormente, é necessário sistematizar o tema de modo a expor com mais clareza seus pressupostos, bem como extrair as consequências derivadas da adoção desse modelo.

Para dar conta desse objetivo são elucidativas as colocações de Renato Alessi, que dedica um capítulo das suas Instituições de Direito Administrativo para tratar da utilização do Direito Privado pela Administração Pública.[153] Nelas se tem o que pode ser chamado de estado da arte da utilização do Direito Privado pela Administração Pública a partir de uma visão em que se separam estruturalmente os interesses públicos/privados. Tal corte acaba por indicar um inegável caráter secundário do Direito Privado, bem como a existência de modulações a incidirem no regime privado decorrentes da simples presença da Administração nestas relações.[154]

Para compreender o alcance da doutrina deste autor, indica-se que ele toma por pressuposto uma concepção de função administrativa que internaliza desde logo a ideia de que a Administração ocupa necessariamente uma posição superior à do particular nas relações jurídicas de que ela participa, o que se justifica em vista da tutela do interesse público que é posto a seu cargo. Diz ele acerca desse ponto:

> El Derecho administrativo, al igual que con más generalidad el Derecho público, está inspirado en la *fundamental superioridad del sujeto público con respecto al sujeto privado*, superioridad que se traduce, de un lado, en un *mayor valor de aquellos intereses* que los entes públicos están llamados a satisfacer (intereses públicos), mientras que, de otro lado, se refleja en la posibilidad de que, únicamente para la satisfacción de dichos intereses, puedan dichos sujetos públicos gozar de *poderes jurídicos adecuados para producir efectos por su sola voluntad unilateral*, e incluso dentro de la esfera jurídica de los sujetos privados.[155]

A partir da passagem transcrita nota-se que a posição adotada pelo autor – tradicional no Direito Administrativo filiado a bases

---

[153] *Instituciones de Derecho Administrativo*, tomo I. Tradução de Buenaventura Pelisé Prats, Bacelona: Bosch, 1970. p. 211-224.

[154] A opção por esse autor se justifica por três aspectos. Primeiro, na sua obra há uma explicação detalhada da questão da relação Direito Privado/Administração Pública a partir das premissas de que esta atua interesses intrinsecamente mais relevantes que os perseguidos pelos particulares. Segundo, a linha seguida, nada obstante seja exposta por um autor italiano, mantém-se fiel aos pressupostos da escola francesa, onde diversos autores trabalham nas mesmas claves do autor, embora de maneira mais ligeira, a partir da ideia generalizante de gestão privada. Por fim, o autor goza de inegável prestígio na doutrina nacional, sendo usualmente citado ao se explicar as características da função administrativa.

[155] *Op. cit*, p. 14.

francesas – lastreia-se em uma superioridade intrínseca da Administração Pública que se desdobra, por um lado, na superioridade dos interesses que são por ela perseguidos e, por outro, na capacidade de atuar de maneira unilateral.[156] A superioridade dos interesses assume, pois, uma dupla função: justifica a adoção das vias exorbitantes por um lado e, por outro, serve de limite para aferir se tais poderes estão sendo legitimamente manejados. Assim, a ideia de superioridade do interesse atuado pela Administração é ao mesmo tempo fundamento e limite da sua atuação.

Eis as chaves em que tradicionalmente se explica a superioridade da Administração Pública, que costumam ser postas como pressuposto da separação entre o Direito Administrativo e o Direito Privado. A partir delas se justificaria o Direito Administrativo como um regime de exorbitância, onde a atuação unilateral é da sua própria essência, relegando as formas de atuação em regime privado para uma zona secundária.

Partindo desse referencial, percebe-se que nada resta à utilização do Direito Privado, senão um papel nitidamente subalterno a ser desempenhado nas hipóteses em que a Administração não tem a necessidade de fazer atuar sua superioridade essencial em relação aos particulares. Com efeito, o tema fica circunscrito à definição de quais são as manifestações da função administrativa em que a Administração pode deixar de lado seu "poder soberano".

Daí porque a nota caracterizadora da utilização das vias privadas seria a paridade entre Administração e particular, despindo-se a Administração de suas prerrogativas de império ao atuar conforme esse modelo.[157] A partir do momento em que houvesse a utilização das vias privadas a Administração não teria mais como atuar suas prerrogativas derivadas de sua supremacia, pois teria se colocado em um plano em que tais manifestações seriam descabidas, haja vista valer a igualdade entre os sujeitos a interditar a utilização de vias favorecidas.

Nesta linha, após o autor registrar que a atuação em regime público jamais exclui a utilização das prerrogativas, que mesmo não sendo previstas expressamente podem ser manejadas pela Administração a qualquer tempo (pois existem em potência, ainda que latentes), faz ele a seguinte advertência no que toca à utilização do regime privado:

---

[156] As conclusões alcançadas por Alessi são muito próximas, por exemplo, às expostas por Jean Brethe de la Gressaye, que indica que apenas nos domínios dos serviços públicos é que cabe utilizar o Direito Privado (Droit Administratif et Droit Privé. *Le Droit Administratif Français au milieu du XXe siécle – Etudes offertes a Georges Ripert*. Paris: LGDJ, 1950. p. 304-322).

[157] Cf. *op. cit.*, p. 211.

> Por el contrario, en el caso de relaciones jurídicas reguladas por el Derecho privado, derivadas de una actividad regulada por este, la posición de supremacía de la Administración falta no sólo como ejercicio actual de dicha supremacía, sino también como cosa potencial, de manera que no existe ninguna posibilidad de actuación eventual de ella.[158]

Assim, o típico da atuação da Administração pelas vias de Direito Privado seria a interdição ao uso de prerrogativas que decorressem de sua posição de soberania. Uma vez posta no nível dos particulares, a Administração ficaria jungida ao regime característico desta espécie de relações, que interditaria por completo o recurso à exorbitância (que é tomado com alheio ao mundo privado). Note-se que essa posição só pode ser sustentada a partir da premissa de que a atuação administrativa em sentido próprio se caracteriza exatamente por contar com vias de autoridade. Pretende-se com isso que haja um corte em relação à atuação da Administração que separa um regime propriamente administrativo (ou administrativo em sentido estrito) e um regime simplesmente "da Administração".

Feitas essas observações de índole geral, o autor se dedica a esclarecer uma distinção no que tange às possibilidades de a Administração se valer de vias de Direito Privado para atuar. Tal corte tem fundamento na seguinte advertência: "(...) la Administración puede servirse de estos médios ofrecidos por el Derecho privado tanto para una finalidad de carácter privado, como para una finalidad que pueda considerarse público".[159] Nesta linha, haveria duas possibilidades distintas de a Administração socorrer-se de vias privadas.

Em determinadas hipóteses (a serem examinadas abaixo), mesmo em interesses que não são tidos como puramente acessórios, haveria a possibilidade de adotar vias privadas. Para realçar a duplicidade de regimes, o autor vai inclusive se valer de uma nomenclatura distinta.

Para os casos em que estão em questão "interesses meramente secundários e patrimoniais", tidos como os que se referem à gestão de bens do sujeito Administração (e não da coletividade como um todo), utilizar-se-ia a expressão "Direito Privado da Administração". Aqui se estaria diante de um campo em que o Direito Privado naturalmente seria aplicável, pois em última instância a Administração está a se portar como um sujeito privado a gerir seu patrimônio próprio.

---

[158] *Op. cit.*, p. 213.

[159] *Op. cit*, p. 213.

Ao contrário, quando se estiver diante de um interesse ainda que parcialmente público, a expressão a ser utilizada é "atividade administrativa de Direito Privado". Mais que atribuição de nomes distintos para o fenômeno, de acordo com Alessi, há uma diferença substancial entre estas espécies.

No que se refere à gestão de interesses tomados por secundários, pertinentes à gestão do patrimônio de pessoas administrativas, elas estariam naturalmente afeitas ao Direito Privado. Contudo, o autor faz uma advertência importante acerca do tema: os atos que caracterizariam a opção da Administração pela utilização de vias privadas neste caso continuam sujeitos à regência pública e aos controles que lhe são inerentes. Apenas uma vez formada a vontade da Administração por processos de natureza pública, a execução dela é que será submetida a preceitos de natureza privada, que passarão a reger os atos dali para diante.

Todavia, mesmo nestes casos a presença da Administração na relação vai trazer uma série de particularidades, que implicam derrogações do regime privado. Além da natureza pública do processo de formação da vontade, o autor sustenta a existência da capacidade de haver a desestabilização do vínculo jurídico em nome da tutela do interesse público, da sua extinção unilateral ou nos casos de nulidade do procedimento de formação da vontade, a possibilidade de a Administração executar diretamente sua vontade ao interno da avença, bem como a existência de procedimentos especiais para o particular reclamar o inadimplemento que lhe desfavoreça.

Nota-se, portanto, que inclusive nas hipóteses em que o autor reconhece a possibilidade de o Direito Privado incidir nas relações estipuladas entre a Administração e particulares há substanciais derrogações derivadas da simples presença desta. Sem embargo do Direito Privado ser aplicável à espécie, todos os pontos de deflexão derivados da presença da Administração incidem, de modo a se garantir a integridade dos seus interesses.

É dizer: o Direito Administrativo é aplicável em tudo aquilo que é necessário para preservar a Administração de uma verdadeira incidência do Direito Privado!

Quanto à segunda possibilidade de utilização do Direito Privado, quando está em questão em alguma medida a existência de um interesse público, ela se traduziria, de acordo com o autor, na possibilidade de a Administração optar em alguns casos pelo regime a ser aplicado. A questão, em verdade, remete a uma distinção entre as atividades que não prescindem de atuação soberana e as que dela poderiam prescindir.

Com efeito, restam desde logo interditadas quaisquer manifestações em que houvesse a opção do regime privado para perseguir objetivos puramente públicos, pois estes não admitiram gestão privada em qualquer medida. Somente seria possível adotar a referida técnica quando houvesse uma questão patrimonial. Assim, para que se possa utilizar o Direito Privado nestes casos é necessário que haja um interesse patrimonial imediato, ficando o interesse geral mediatamente tutelado por meio da utilização desta via. Diz Alessi acerca deste ponto:

> (...) la Administración formalmente y por lo hecho de recurrir a medios de naturaleza privada (que están fundamentalmente establecidos para realización de intereses secundarios, subjetivos, patrimoniales, como son los intereses de los particulares), viene a situar en el primer plano, en su consideración, cuando se decide a la acción, un interés subjetivo (como sujeto jurídico) secundario, patrimonial, dejando em segundo plano el interés público general.
> Por lo tanto, no podrá admitirse, en los casos dudosos, el configurar como relación de carácter privado las relaciones a que dé lugar la actividad administrativa que tenga em primer plano y en directa e inmediata consideración el interés público general, sin una consideración directa de un posible interés patrimonial subjetivo.[160]

Assim, a utilização do Direito Privado, mesmo nas hipóteses em que se admite a existência de um interesse geral, fica restrita aos casos em que há uma nota de patrimonialidade a ser tutelada pela Administração. Para fora desse campo de incidência, há, portanto, a soberania, que não se compraz com a utilização das vias privadas em nenhuma medida.

Outro pressuposto arrolado pelo autor para que possa haver a utilização das vias privadas é a efetiva existência de uma solução privada e uma pública, ambas a satisfazer o interesse da Administração em igual medida. Apenas diante dessa existência de meios fungíveis é que poderia haver a escolha pela via privada, não cabendo optar por tal solução em não havendo certeza acerca da efetividade da solução alternativa. E, note-se, que não há fungibilidade quando se repute que a solução de índole pública é a necessária para atingir um determinado objetivo, pois aí se exclui toda e qualquer possibilidade de se apelar para as vias privadas. Nesta hipótese não se cogita de qualquer escolha a ser exercida.

---

[160] *Op. cit.*, p. 222.

Deste modo, a utilização do Direito Privado, mesmo nos casos em que se indica haver a existência de um interesse geral a ser tutelado por essa via, não dispensa que essa nota seja residual, pois é ainda a existência de um interesse patrimonial que está a legitimar a opção.

Ou seja, não se quebra o pressuposto de que apenas a busca de interesses de natureza patrimonial da Administração é que legitima a utilização de vias privadas. Havendo a prevalência de um interesse público, não há qualquer margem para se utilizar o Direito Privado.

A concepção indicada acima retrata bem a posição que tradicionalmente se reserva ao Direito Privado quando se põe a questão de definir quais os limites e possibilidades de sua atuação no que se refere ao exercício da função administrativa. É importante destacar que a partir da ideia de que a Administração ocupa um plano de superioridade em relação ao indivíduo não se admite mais que em sua atuação própria, isto é, naquilo que toca aos assuntos verdadeiramente administrativos, haja a incidência de relações regidas pelo Direito Privado.

Há, portanto, uma invencível antítese entre a busca de objetivos propriamente públicos e a utilização do Direito Privado. Este só teria trânsito nos casos em que a Administração estivesse a atuar interesses tidos por secundários, de natureza patrimonial. Mesmo reconhecendo que o Direito Privado pode ser chamado a atuar em situações que está em causa um interesse da coletividade, ainda assim, essa tutela seria de forma mediata, pois na ausência de um interesse patrimonial imediato ficaria interditada esta opção.

Com efeito, esta linha conduz a alguns desdobramentos metodológicos, que configuram a síntese das ideias por ela encampadas. No campo do Direito Administrativo "puro sangue", isto é, alheio a considerações patrimoniais, a incidência de prerrogativas de ordem pública é presumida e independe de qualquer previsão explícita, pois elas são naturais a este setor da atuação jurídica. Pelo contrário, em se tratando de gestão de interesses puramente patrimoniais, tomados como secundários, a presunção é oposta, devendo as prerrogativas possuírem previsão expressa.[161]

---

[161] Dentre nós, a ideia é exposta, por exemplo, por Maria Sylvia Zanella di Pietro, que assim se manifesta sobre o tema "(...) nas relações de direito público os privilégios e prerrogativas se presumem independentemente de previsão legal, porque são inerentes à autoridade de que se reveste a Administração Pública no exercício de funções consideradas essenciais, nas relações de direito privado o que se presume, no silêncio da lei, é a igualdade de posição; os desvios ao direito comum são apenas os expressamente estabelecidos em lei" (*Do Direito Privado na Administração Pública*. São Paulo: Atlas, 1989. p. 96).

3.2 As tensões elementares: publicização do Direito Privado e fuga do Direito Administrativo

A separação do Direito Público entre dois mundos distintos, o primeiro a cuidar das relações de soberania e o segundo a reger as relações inter-privadas tem pressupostos históricos bastante bem definidos. Ela se justifica a partir do ideário Liberal que separava a esfera estatal da sociedade civil que recebia da ordem jurídica garantias contra indevidas ingerências por parte do Poder Público. Portanto, apenas de acordo com a simplicidade do modelo originário é que se podia de fato trabalhar com alguma segurança com as chaves propostas pela *summa divisio*, a envolver de um lado Direito Administrativo, interesse público, exorbitância e de outro Direito Privado, interesses privados, liberdade.

A partir do momento em que o Estado passou a não mais tomar a sociedade civil como um espaço autônomo merecedor de tutela, mas como uma matéria a ser amoldada na busca do interesse público, o choque se fez sentir de maneira evidente. Desde então tanto os próceres do Direito Público se viram às voltas com o que denominaram de fuga para o Direito Privado, quanto os estudiosos deste ramo do Direito passaram a debater a indevida invasão de seus domínios pelo Estado.

Ambos os movimentos são o reverso de uma mesma moeda: a crescente participação do Estado na vida social. Com efeito, a partir do momento em que foi quebrada pelos fatos históricos a dicotomia cunhada pelo Liberalismo – que estava na origem não só do Direito Administrativo, mas também do Direito Privado cristalizado nos Códigos – os hibridismos passaram a assombrar os juristas, legando diversos tons de cinza onde antes se pretendia haver branco e preto.

É o tempo da fuga da Administração para o Direito Privado e o da publicização do Direito Privado, ambos fenômenos que demonstram a perda do sentido que tradicionalmente se dava à *summa divisio*.

Para pontuar com um registro deste movimento alheio à área do Direito Administrativo, merece nota a posição de René Savatier, que lançou juízo extremamente crítico acerca da indevida invasão do Direito Privado por normas de Direito Público.[162] [163]

---

[162] Droit Privé et Droit Public. *Recueil Dalloz*, p. 25-28, 1946.

[163] O fenômeno analisado por Savatier foi analisado dentre nós por Maria Sylvia Zanella di Pietro, que se manifestou da seguinte maneira a propósito: "O que ocorreu, na realidade, foi que o direito privado sofreu transformações provocadas pelo crescimento do direito público; alguns de seus princípios e institutos, elaborados sob a influência do individualismo que dominou, durante longo período, todos os setores em que se desenvolve a vida em sociedade, foram afetados a partir do momento em que o interesse coletivo passou a

Para este autor, o ataque ao Direito Privado se dava em duas frentes. Primeiro, a banalização do conceito de pessoa jurídica impunha aos particulares a necessidade de se sujeitarem a relações de índole estatutária que acabavam por reduzir sua efetiva esfera de liberdade, pois ela só seria plena quando os cidadãos agiam de acordo com a sua personalidade natural. Segundo, o aumento de regras supletivas da vontade particular implicava uma indevida redução do espaço de autonomia dos indivíduos, depondo contra a essência de liberdade que caracterizava o Direito Privado. Ambas as manifestações punham em xeque a figura do particular, que seria a chave mesmo da distinção entre Direito Público e Direito Privado. Em suma, para Savatier o indivíduo tinha sua liberdade atacada pela maior incidência de regras de Direito Público, cuja nota essencial era autoritária.

Na feição original, a *summa divisio* refletia o direito aplicável a cada feixe de relações. Quando estavam em causa relações inter-privadas, incidiria o Direito Privado e vice-versa. Logo, de acordo com Savatier, a chave da divisão é exatamente o conceito de particular, que informaria quando determinado feixe de relações deveria estar sujeito ao Direito Privado ou ao Público. E a essência da figura do particular é a liberdade que lhe é assegurada (autonomia), sendo que as limitações que o Estado deve pôr ao particular são aquelas necessárias à manutenção da liberdade nas relações travadas entre os particulares.

Daí o porquê de o âmbito de atuação das chamadas normas de ordem pública ser tipicamente de caráter negativo (envolvendo obrigações de não fazer), refletindo as imposições do Estado que visam à manutenção da liberdade no mundo das relações privadas.

Todavia, frente às manifestações do Estado, alargando o espaço de utilização da técnica da personalidade jurídica e ampliando as normas prescritivas sobre a vontade dos particulares, Savatier vaticina a morte do status do particular e, por consequência, a perda da nitidez do espaço reservado ao Direito Civil. Para este autor, a incidência de normas a definir a situação do particular para além da sua liberdade em se articular como bem entendessem comprometeria a própria essência do Direito Privado. A progressiva imposição de obrigações positivas e ônus transformaria os particulares em prestadores de serviços públicos em prol do Estado, aniquilando a sua liberdade essencial. Portanto,

---

predominar sobre o individual. O direito deixou de ser apenas instrumento de garantia dos direitos do indivíduo e passou a ser visto como meio para consecução da justiça social, do bem comum." (*Do Direito Privado na Administração Pública*. São Paulo: Atlas, 1989. p. 39).

nada mais haveria a separar, de fato, o Direito Público do Privado em relação ao sistema de valores.

Diante do fenômeno, Savatier desde logo indica que, nada obstante a invasão procedida indevidamente nos campos do Direito Privado, o Direito Público pagaria um duro preço por ela.

De acordo com ele, a consequência inegável do alargamento do Direito Público sobre os domínios dos particulares implicaria uma privatização das técnicas deste ramo do Direito. Nos espaços em que o Direito Público passa a se articular com os privados, haveria o surgimento de uma espécie híbrida incapaz de ser reduzida à pureza dos esquemas originários. As necessidades do Estado nestes domínios não dispensariam, portanto, apelo a formas privadas, ainda que parcialmente. Ou seja: a publicização do Direito Privado conduzia inexoravelmente à privatização do Direito Administrativo.

Com efeito, de acordo com a conclusão deste autor, perdia-se a clareza que esteve na base da afirmação histórica tanto do Direito Civil positivado no Código Napoleônico, quanto do Direito Administrativo de um Estado guarda noturno.

Análise similar foi realizada sob a perspectiva de um publicista.

Nesta mesma linha, Jean Rivero lançou suas considerações por meio de um trabalho datado de 1947 dedicado a examinar as consequências para o Direito Administrativo de uma maior atuação da Administração sobre os domínios privados.[164] Novamente o pano de fundo é a incidência de normas imperativas no âmbito das relações privadas, sendo a questão posta a partir da opinião de Henry Mazeaud,[165] para quem elas nada alterariam e a de Savatier, que, como visto, tinha opinião manifestamente oposta àquela.

De acordo com Rivero, a oposição entre Direito Público e Direito Privado pode ser feita de várias maneiras, sendo inerente a ela a existência de domínios distintos. Nesta perspectiva é inegável que a Administração sempre compareceu ao ambiente das relações privadas

---

[164] Droit Public et Droit Privé: conquête, ou status quo? *Recueil Dalloz*, p. 69-72, 1947.

[165] A opinião de Henry Mazeaud pode ser consultada no artigo: Defénse du droit privé. *Recueil Dalloz*, p. 17-18, 1946. Para este autor a publicização não passaria de um slogan, pois nada teria abalado a estrutura essencial do direito privado enquanto sistema das relações privadas. Para ele, a existência de regras de ordem pública é natural a essa disciplina, não constituindo qualquer novidade. Por outro lado, a existência de zonas de incerteza acerca da natureza do direito vigente é natural, muito especialmente no que toca à separação Direito Público/Direito Privado. Para o autor sempre haverá sujeitos privados a se relacionar pelo Direito Privado que está a salvo de uma atuação aniquiladora de suas bases por parte do Direito Público.

com vistas à manutenção da ordem. Nesta qualidade, a Administração abstinha-se de "jogar o jogo", limitando-se a supervisionar o cumprimento das regras. Todavia, este papel de supervisão pode ser alterado, atuando o Estado nos domínios privados, utilizando-se de suas técnicas. Para o autor, há uma distinção das técnicas do Direito Público e do Direito Privado. Neste campo, a forma de inter-relação é o consenso. Naquele, a técnica é a imposição.

Mais do que duas técnicas distintas, a separação entre Direito Público e Direito Privado envolveria não só dois domínios e duas técnicas diferentes, mas, sobretudo, dois pontos de vista opostos.

Portanto, o Direito Privado visaria ao livre desenvolvimento dos particulares, sendo este o bem jurídico por ele tutelado. Daí as normas de ordem pública serem apenas limites negativos essenciais à liberdade. Por sua vez, o Direito Público se ocuparia do bem comum, o que legitimaria a utilização das vias de autoridade. É basicamente sobre essas três oposições básicas – domínio, técnica e ponto de vista – que Rivero põe a separação entre Direito Público e Privado.

Fixadas essas premissas, Rivero passa a expor três maneiras de explicar a relação entre Direito Privado e Direito Público, afetando o plano dos domínios, das técnicas e dos pontos de vista. Primeiro, a questão poderia ser posta em termos de uma efetiva "conquista", em que o Direito Privado capitularia, tendo seu espaço ocupado pelo Direito Público.

Uma segunda possibilidade seria a existência de um "protetorado", onde haveria uma proteção de normas de natureza pública em relação às privadas. É por meio desta categoria que o autor explica a atuação administrativa na ordem privada, despida de elementos de autoridade.

Por fim, haveria o que o autor chama de "cerco", em que o Direito Público imporia sua lógica aos domínios privados, ainda que de maneira sorrateira, contrabandeando para dentro do Direito Privado suas técnicas. Assim, paulatinamente, mesmo se estando em um campo formalmente privado haveria, cada vez mais, a adoção de uma lógica pública, embora formalmente preservado o domínio privado. Haveria uma espécie de colonização, segundo o autor.

De acordo com Rivero, em se considerando a existência de um domínio afeito ao Direito Privado, assiste razão a Mazeaud. Com efeito, o Direito Público não acabou com a existência de um campo próprio das relações privadas. Todavia, levando em conta a ocorrência de fenômenos identificados como cercos e protetorados, assiste razão a René Savatier ao indicar que o Direito Privado passou por substanciais alterações, a deformar sua feição originária. Não se pode, portanto, fechar os olhos para as mudanças.

Após fazer o inventário da questão pelo aspecto particular de como os juristas afeitos ao Direito Privado se colocavam diante das alterações experimentadas, Rivero vai questionar quais são as transformações postas ao Direito Administrativo decorrentes da ampliação de seus horizontes. O autor apela aqui a uma forma de conquista muito particular, a dos cativos gregos em Roma, que passaram a ensinar aos seus suseranos sua particular visão de mundo.

Por meio desta metáfora, Rivero quer significar que ao atuar sobre o domínio típico dos privados, o Direito Público passou a comungar desses valores, tal qual um bárbaro a moldar sua visão de mundo a partir do referencial daqueles que conquistou.

A partir da atuação da Administração sobre os domínios antes tidos por estritamente privados houve a perda de unidade do Direito aplicável à atuação administrativa. Desse momento em diante, o Direito Público deixa de ser o modo natural da atuação administrativa, passando a conviver com atuações da Administração que são regidas pela *rationale* privada.

Isso foi especialmente claro na França no que se refere aos processos de nacionalização relativos às indústrias. Nestes domínios novos, o Direito Administrativo passou a ser informado pela lógica privada que se impôs à Administração.

Diante dos referenciais doutrinários citados, duas questões hão de ser ressaltadas. A primeira diz com a proximidade das conclusões alcançadas por Savatier e Rivero, que assinalam que a atuação da Administração sobre os domínios antes compreendidos como sendo de Direito Privado deixou marcas no próprio Direito Administrativo, que passou a contar com técnicas privadas. Com efeito, é de se ressaltar que a quebra definitiva do pressuposto de unidade da atuação administrativa ocorre quando a Administração passa a intervir ativamente nas relações privadas, deixando a posição de garante típica do Liberalismo. Daí a quebra da unidade de atuação na França equivaler à perda da capacidade de aglutinação derivada do conceito de serviço público, que colocou às claras a inviabilidade de se trabalhar com a ideia de um regime administrativo puro.

Além disso, outra constatação há de ser feita acerca da própria concepção que os referidos autores têm acerca da dicotomia Direito Público/Direito Privado. Neste sentido é de se ressaltar que para ambos há um valor intrínseco nela, decorrente da própria natureza das coisas. Afinal, só há sentido em discutir a questão da suposta invasão e seus efeitos em se admitindo que haja campos de incidência autônomos, sujeitos a valores distintos.

É o que se conclui tanto da análise de Savatier, ao indicar que a tutela da liberdade é própria do Direito Privado, quanto da de Rivero, para quem há uma distinção entre os domínios, que envolve técnicas e pontos de vista díspares.

Expostas essas premissas, parece claro que a *summa divisio* assume para os autores um aspecto axiológico, onde se contrapõem em cada um dos hemisférios valores de natureza distinta, a implicar técnicas necessariamente apartadas. Assim, o Direito Privado tutela objetivos essencialmente distintos dos privilegiados pelo Direito Público, sendo essa a contraposição essencial que lhes permite abordar o problema nos termos de uma oposição entre ambos. Nesta linha, a divisão prescreve para cada um dos campos um certo plexo de valores.[166]

Ambos os ramos seriam portadores de uma lógica diversa, o que implicaria na possibilidade de discutir a invasão de um ramo pelo outro, de modo a desnaturar o sistema de valores que informa cada um dos hemisférios. Deste modo é legítimo perguntar se haveria de fato uma separação absoluta entre as matérias, encerrando nela um valor intrínseco. A resposta é dada de maneira incisiva por Charles Eisenmann.

3.3 A divisão como fenômeno meramente descritivo: o pensamento de Charles Eisenmann

A visão exposta por Savatier foi objeto de dura crítica por parte de Charles Eisenmann – que não só se dedicou a demonstrar o equívoco das ideias daquele, mas também pretendeu colocar a questão da divisão entre o Direito Público e Privado em nova perspectiva.[167] Com efeito, as ideias expostas pelo autor colocam a discussão em uma nova perspectiva, esvaziando a importância da discussão tal qual ela é posta pelos teóricos que reconhecem na *summa divisio* um valor ontológico.

---

[166] Acerca do sentido prescritivo da distinção consultar Jean-Bernard Auby (Le rôle de la distintion du droit public et du droit privé dans le droit français. In: FREEDELAND, Mark; AUBY, Jean-Bernard (Coord.). *The Public/Private Law Divide, Une entente assez cordiale?* Oxford: Hart, 2006. p. 11-19).

[167] Droit Public, Droit Privé (En marge d'un livre sur l'évolution du droit civil français du XIXᵉ au XXᵉ siècle). *Revue du Droit Public et de la Science Politique en France et a l'Étranger.* Paris: LGDJ, 1952. p. 903-979.

O ponto de partida das reflexões de Eisenmann é justamente refutar a tese de publicização do Direito Privado tal qual exposta por Savatier, fundada nas premissas do aumento de importância das pessoas jurídicas, bem como do aumento de normas supletivas de vontade.

Quanto ao primeiro ponto, Eisenmann desde logo questiona o entendimento de que o aumento do espaço reservado às pessoas jurídicas caracterize qualquer submissão dos indivíduos a maiores margens de autoridade. Simplesmente isso não ocorre, pois a submissão de indivíduos a estruturas de pessoas jurídicas não traz *per se* qualquer perda de liberdade. Pelo contrário, a atuação organizada em pessoas jurídicas aumenta a capacidade de atuação dos indivíduos, alargando seu espectro de ação, o que bem demonstra o erro da tese. Pessoas jurídicas ampliam em verdade as potencialidades das pessoas naturais. Na base da crítica de Savatier se esconde, em verdade, o pressuposto de que tudo que é coletivo é público, opondo-se, portanto, à essência do Direito Privado. Ideia essa manifestamente equivocada, segundo Eisenmann.

De acordo com Eisenmann, o equívoco da segunda ideia também seria evidente. Ele reside na identificação por parte de Savatier de que qualquer regulamentação no âmbito das relações privadas implicaria uma perda de espaço referente à liberdade. Contudo, na medida em que as regras de conduta pressupõem sempre um polo ativo e outro passivo, restringir certas faculdades em um destes, implica, necessariamente, aumentá-las no outro.

Assim, para Eisenmann, a norma que reduz o poder de ingerência do marido aumenta a liberdade da mulher e assim por diante. Com efeito, as limitações que são combatidas por Savatier conduzem à ampliação de direitos no outro polo da relação jurídica, mantendo-se constante a liberdade havida no sistema. Ou seja, juridicamente a liberdade não é atingida por medidas dessa ordem, pois elas, em verdade, vão favorecer a liberdade do sujeito passivo. E o fato de se restringir a liberdade dos "antigos mestres" não se traduz em uma redução de capacidade a todo gênero humano, como faz crer Savatier.

Todavia, a crítica dirigida por Eisenmann não se limita apenas a refutar os pressupostos específicos dos quais parte Savatier para defender a publicização do Direito Privado. Ela dirige-se a própria concepção adotada acerca da relação havida entre Direito Público/Direito Privado. Desde uma perspectiva geral, Savatier aponta uma troca indesejável da regência privada da sociedade por uma pública. Assim, o Direito Público estaria a se constituir em um instrumento de atuação para além de suas finalidades próprias, intervindo indevidamente na sociedade. Expostos esses pressupostos, Eisenmann indica o caráter evidentemente ideológico da crítica de Savatier, que conta com uma concepção idealizada do que seriam os escopos e o âmbito de atuação do Direito Privado.

O que está de fato em causa é a opinião difundida de que o Direito Administrativo seria um direito de sujeição, que se oporia, na essência, ao Direito Civil, que se moveria sob a propulsão do consenso. Contudo, para enfrentar a questão exige-se apontar no que de fato reside a oposição entre o Direito Privado e o Direito Público, questão essa ignorada completamente por Savatier.

Eisenmann então se dispõe a tratar da relação entre Direito Público/Direito Privado.[168] Num primeiro momento o autor se dedica a refutar a tese de que o Direito Administrativo pressupõe relações de autoridade e as "ideias satélite" daí derivadas. Somente afastadas tais ideias é que Eisenmann vai expor sua tese acerca da *summa divisio*.

Para refutar a ideia de que o Direito Administrativo é caracterizado por relações autoritárias, parte-se da indicação do que se toma por autoridade em direito. Em um primeiro sentido possível, autoridade existe nos casos em que há a imposição normativa a um determinado sujeito para que ele adote certa conduta. Aqui, autoridade se põe como exigência de atuação. Por outro lado, normas que atribuem faculdades de atuação, habilitando a prática de atos, reconhecem um âmbito de autonomia e, pode se dizer, conferem maior liberdade. Já em um segundo sentido (mais restrito que o primeiro), autoridade significa a capacidade de impor deveres ou obrigações para além de qualquer consenso.

Contudo, independentemente do sentido tomado, é de se reconhecer que tanto no âmbito do Direito Público quanto do Direito Privado identificam-se normas de autoridade, bem como normas de autonomia. No Direito Privado há diversas manifestações em que normas impõem condutas a sujeitos privados, bem como obrigações e deveres que são impostos a alguém para além do seu consentimento (tal como na responsabilidade extracontratual, por exemplo). Por seu turno, do ponto de vista do Direito Público há diversas normas que criam direitos em favor dos particulares, especialmente as que se referem a prestações devidas pelo Estado em favor de seus cidadãos. Logo, não haveria qualquer distinção ontológica entre esses dois ramos do Direito.

---

[168] Para uma abordagem do problema dos critérios na doutrina nacional, consultar a obra de Romeu Felipe Bacellar Filho – *Direito Administrativo e o Novo Código Civil*. Belo Horizonte: Fórum, 2007. p. 23-107 e a de Maria Sylvia Zanella di Pietro – *Do Direito Privado na Administração Pública*. São Paulo: Atlas, 1989. p. 23-26.

Com efeito, como normas que impõem condutas, criam prerrogativas e permitem a atuação unilateral são comuns ao Direito Público e ao Privado, não é possível apartá-los por aí. Isso implicaria verdadeiros absurdos como, por exemplo, retirar do âmbito das relações privadas a responsabilidade extracontratual e o poder familiar e do âmbito das relações públicas os contratos e a aquisição de força de trabalho pela Administração.

Vista a impossibilidade lógica de, à luz dos referenciais do direito positivo, se estruturar a separação entre Direito Público/Privado ao entorno da noção de autoridade/liberdade, coloca-se a questão como sendo mais como uma "inspiração geral".

Nesta linha pretende-se, do ponto de vista do Direito Privado, relacionar o Direito Público à submissão, sendo esse o campo natural da atuação deste (e a liberdade o daquele). Todavia, mesmo aí fracassa a empreitada, pois o Estado é garantidor da liberdade, bem como há diversos institutos de Direito Público em que se amplia a liberdade dos privados, ou se lhe outorgam prestações. Assim, nem do ponto de vista de uma inspiração geral pode se tomar este campo do Direito como sendo menos afeito à liberdade do que o Direito Privado. Nada obstante o Direito Público conheça institutos de autoridade, não é a partir deles que se explica todo o seu campo de incidência, sendo essa uma ideia falsa.

Logo, segundo Eisenmann, todas as chaves de raciocínio sugeridas por Savatier são imprestáveis, pois apelam a categorias idealizadas acerca da separação público/privado que não são capazes de explicar nada acerca da realidade do sistema.

Além de refutar a tese enunciada acima, outras similares são afastadas pelo autor.

A primeira é que o Direito Administrativo cuidaria de interesses públicos e o Privado de interesses particulares. Para Eisenmann, a tese não se presta a explicar a dicotomia, pois também se funda em fórmulas vazias. Além de haver fins coletivos que não se amoldam a nenhum dos campos, é fato notório que diversas normas privadas visam a finalidades públicas, sendo o contrário também verdadeiro. Como não se pode admitir que as normas de Direito Privado que visam fins coletivos sejam tomadas como públicas, e vice-versa, o critério é inservível. Não há nada que separe na perspectiva dos interesses tutelados o Direito Público do Privado de modo a se fixar a prelazia de um em relação a outro.

O EXERCÍCIO DA FUNÇÃO ADMINISTRATIVA POR VIAS DE DIREITO PRIVADO

Outra tese similar é a que vê a atuação do Direito Privado ao influxo da noção de direito subjetivo, enquanto o Direito Administrativo envolveria a atuação pela via de um esquema de função. Para Eisenmann, função diz com a predeterminação dos fins e gestão dos meios para atingi-los. Aquele que não elege livremente os fins está atuando sob o signo da função. Contudo, a função é típica de largas atuações de natureza privada em que o indivíduo não pode definir os fins, atuando no interesse de outrem. Assim, pensar por essa linha seria separar do Direito Privado manifestações que lhe são típicas como o poder familiar, o mandato, a representação de negócios etc. Logo, de acordo com este autor, o critério não legitima uma separação radical entre as esferas.

Uma outra tese a ser rebatida é a que identifica necessariamente a existência de Direito Público onde há a intervenção do Estado. Para Eisenmann, é perfeitamente natural que a relação de base seja privada, e o seu cumprimento venha a ser assegurado por normas de natureza pública. A simples presença do Estado nesses casos em que se visa garantir a sanção de determinada regra não transforma, à moda de um Midas, tudo em Direito Público. Um exemplo esclarece a questão: a sucessão se dá mediante procedimentos que correm nos tribunais em causas de "jurisdição voluntária". Ora, o simples fato de isso acontecer não transforma as regras atinentes à sucessão em Direito Público. Assim, a atuação estática do Estado não basta para que uma determinada relação seja vista como Direito Público. A simples posição de garante ocupada pelo Estado no que toca a efetivar os preceitos normativos não transforma a relação de base em Direito Público.

Na verdade, o erro cometido por esta teoria é o mesmo que aparta os ramos do Direito em função dos interesses tutelados. O fato de o Estado intervir para garantir que as relações privadas correrão como desejado pela ordem jurídica não as transforma em Direito Público.

Por conta dos argumentos arrolados acima, vê-se que Charles Eisenmann refuta qualquer valor na divisão que venha a se caracterizar por um critério racional, o que implica uma ruptura com as linhas prescritivas que viam nela mundos separados por conceitos distintos e inconciliáveis.

Refutadas ideias que são próximas das que estão na base do pensamento de Savatier (teoria dos interesses, do modo de relação e da presença do Estado), Eisenmann dedica-se a indicar quais são, segundo ele, as chaves que justificam distinguir Direito Público e Direito Privado.

Para ele, desde o ponto de vista histórico, a divisão é meramente uma conveniência acadêmica, a separar objetos de estudo e ensino, cada qual focado em determinados problemas e relações.[169] Nesta perspectiva, a divisão tem um inegável caráter prático. Assim, na origem, a distinção era apenas uma questão de classificação destinada a reunir grupos de disciplinas distintos – e não a separar dois sistemas díspares.

Todavia, os juristas, especialmente sob a influência da doutrina alemã, passaram para além da utilidade didática da divisão e pretenderam ver nela duas lógicas distintas, a separar racionalmente o Direito Público do Direito Privado, dotando a distinção de um valor axiológico.

Não bastava apenas descrever dois ramos distintos da árvore do Direito, mas atribuir à cisão um valor intrínseco a ser racionalmente deduzido. Haveria, pois, uma oposição ontológica entre o Direito Público e o Direito Privado, a dar origem a dois regimes de atuação radicalmente díspares.

Segundo Eisenmann, esse corte radical é arbitrário e não corresponde à realidade. O erro essencial é supor que o Direito Público e o Privado tenham objetivos e tutelem valores que lhes são próprios e exclusivos, separando-se como óleo e água.[170] [171] Não há assim um

---

[169] Do ponto de vista histórico da divisão, Olivier Beaud traz dois dados que contribuíram decisivamente para sua instituição no panorama francês: a separação dos concursos para seleção dos professores ocorrida, em 1897 e a fundação da *Revue du Droit Public et de la Science Politique*, em 1894. Ambos os eventos estão na base da afirmação da dicotomia na França. (La distinction entre Droit Public et Droit Privé: un dualisme qui résiste aux critiques. In: FREEDELAND, Mark; AUBY, Jean-Bernard (Coord.). *The Public/Private Law Divide, Une entente assez cordiale?* Oxford: Hart, 2006. p. 21-38).

[170] No mesmo sentido já havia advertido León Duguit, para quem a distinção é didática e se refere a distintas relações entre sujeitos (em linha próxima à de Eisenmann). Diz a propósito o *Doyen de Bordeaux* "Entretanto nós temos que pôr o leitor em guarda contra uma doutrina ou mais ainda uma tendência que tem hoje grande crédito: ela consiste em estabelecer uma separação absoluta, uma espécie de muro inquebrável entre o direito público e o direito privado, a afirmar que as noções que são verdadeiras nas relações entre particulares entre si, deixam de ser verdadeiras quando pretendemos aplicá-las às relações os governantes e seus agentes ou entre os governantes e os particulares. (...) Nós não podemos admitir uma distinção assim concebida entre direito público e direito privado" (*Manuel de Droit Constitutionnel*. 4. ed. Paris: E. Bocard, 1923. p. 43). Com efeito, essa posição se sustenta a partir da negativa do autor no que se refere a reconhecer a soberania do Estado sobre o particular, pois toda a questão giraria ao entorno da noção de serviço público (já exposta anteriormente). A distinção entre Direito Público e Privado para Duguit reside na forma distinta de sanção das normas em cada ramo, pois, no que toca à relação com o Estado, não haveria propriamente direitos subjetivos. Em abono do seu argumento o autor cita o caráter objetivo do contencioso administrativo na França.

[171] A opinião de que não se encerra no quadrante do Direito Público uma superioridade intrínseca ao cidadão já havia sido perfilada por um dos nossos primeiros tratadistas. Neste sentido, Augusto Olympio Viveiros de Castro, lastreado no magistério de Posada, classificou tal tendência como uma *"suggestão muito perniciosa"* (*Tratado de Sciencia da Administração e Direito Administrativo*. 3. ed. Rio de Janeiro: Jacintho Ribeiro dos Santos, 1914. p. 101-102).

CAPÍTULO III
O EXERCÍCIO DA FUNÇÃO ADMINISTRATIVA POR VIAS DE DIREITO PRIVADO | 137

espírito do Direito Público ou do Privado a interditar que haja interpenetrações entre ambos. Nesta linha, eventuais modificações não desnaturam nada e não implicam indevidas invasões a serem combatidas por uma resistência.

A chave da questão é retomar a pureza original da separação, com vistas a objetivos bastante mais modestos, renunciando toda pretensão de ver nela dois universos estanques. Para resolver o conflito é necessário focar no tipo de relação que se estabelece entre os sujeitos. O dado elementar então é a natureza dos sujeitos que se estão a relacionar. Se a relação envolve sujeitos privados, ela integra o Direito Privado. Se os sujeitos são públicos, ou há um sujeito público, a relação pertence ao campo do Direito Público. Embora seja difícil caracterizar por vezes o sujeito, é a natureza da relação a chave para a classificação. Daí ter Bertrand Seiller sintetizado a opinião de Eisenmann da seguinte maneira: "o direito administrativo é o conjunto de regras de direito onde a Administração é o sujeito ativo ou passivo".[172]

Nesta linha, uma mesma regra pode vir a ser tomada, a depender da relação que está a reger, como Direito Público ou Direito Privado.[173] Assim, se um determinado preceito está a ser aplicado em uma relação que envolva sujeitos privados, ela – naquele caso – está a integrar o Direito Privado. Nada impede, todavia, que a mesma norma venha a ser utilizada para reger uma relação que envolve um sujeito público, sendo que ela pertencerá ao Direito Público nesta hipótese. Assim, não há uma separação *a priori* entre normas de Direito Privado e de Direito Público.

Nesta perspectiva, fica refutada a tese de que o Direito Público é composto de normas de uma natureza distinta das que integram o Direito Privado. Assim, nada obsta, por exemplo, que, no sistema francês, o Conselho de Estado venha aplicar nas relações que julga preceitos de natureza privada. Aqui reside uma importante constatação para este sistema no sentido de que as jurisdições administrativa e comum não se separam por conta das regras de fundo que vêm a ser aplicadas por elas. Não há uma unidade em relação às espécies de normas aplicadas por cada uma das jurisdições a cunhar uma separação estanque entre

---

[172] *Droit Administratif 1, Le sources et le juge.* 2 ed. Paris: Flammarion, 2004. p. 27.

[173] Esse mesmo pensamento é encontrado na obra do Visconde do Uruguai (Paulino José Soares de Souza. *Ensaio sobre o Direito Administrativo.* Brasília: Ministério da Justiça, 1997. p. 22-23). De acordo com ele, o Direito Administrativo não é apenas integrado por normas administrativas, mas compreende as civis e as penais. Assim, este ramo do Direito é constituído por todas as normas que incidem na relação entre Administração e particular, posição parelha a de Eisenmann, a refletir a configuração original a que alude o professor francês.

elas. Nada obstante possam incidir nas relações administrativas normas sem quaisquer paralelos nas que se encontram nas relações entre particulares, isto não impede que aquelas relações sejam regidas por preceitos que, tradicionalmente, são aplicados aos particulares.

Embora possa se pretender tratar do fenômeno sob o aspecto quantitativo, pois determinados setores da atuação administrativa são mais afeitos a normas sem equivalente nas relações privadas (tal como as relativas ao Poder de Polícia), isso por si não prova qualquer distinção de essência entre esses sistemas.

Aliás, é sob um viés quantitativo que se fala em Direito Administrativo em gestão pública e gestão privada. Naquela, quantitativamente incidem mais normas que não têm qualquer aplicação nas relações privadas. Nesta, pelo contrário, incidem muitas normas que são similares às observadas no relacionamento entre privados. Contudo, nesses casos as relações continuam a ser públicas, pois um dos sujeitos envolvidos na relação é o Estado. É dizer, a aplicação de regras privadas à atuação da Administração não retira essa atividade do campo de incidência do Direito Administrativo, o que acaba por se opor às teses que não veem em tais casos a existência de função administrativa em sentido estrito.

Assim, de acordo com o pensamento de Eisenmann, normas públicas – que detêm essa natureza por incidirem sobre relações em que o Estado toma parte – podem ser iguais em seu conteúdo a normas privadas.[174] Logo, não há qualquer distinção de essência entre as espécies normativas relativas ao Direito Público e o Privado. Com efeito, reafirma-se a posição do autor de que a *summa divisio* não tem qualquer aspecto valorativo e nem implica uma distinção lógica no plano dos regimes. Na linha do pensamento do autor, é perfeitamente possível que a Administração seja submetida à regência de normas que em seu conteúdo são idênticas às que disciplinam as relações privadas. O que define sua qualificação como públicas é precisamente a presença do Estado na relação e nada mais.

Expostas as premissas adotadas por Charles Eisenmann, percebe-se que ele esvazia de qualquer valor essencial a divisão entre Direito Público e Privado.

---

[174] Essa mesma posição é exposta por Jean-Bernard Auby, para quem a tentativa de achar um critério definidor da natureza das normas administrativas é vã. O melhor que se pode obter é "uma inspiração geral"; todavia não há um critério pelo qual possam se agrupar todas as normas tidas como de Direito Público, ou de Direito Administrativo. As normas são de tal ordem diversas que o melhor que se pode utilizar são fórmulas verbais fluídas sem qualquer importância prática (Le rôle de la distintion du droit public et du droit privé dans le droit français. In: FREEDELAND, Mark; AUBY, Jean-Bernard (Coord.). *The Public/Private Law Divide, Une entente assez cordiale?* Oxford: Hart, 2006. p. 18-19).

CAPÍTULO III
O EXERCÍCIO DA FUNÇÃO ADMINISTRATIVA POR VIAS DE DIREITO PRIVADO | **139**

Esta divisão tem, conforme a linha exposta acima, um valor relativo e é eminentemente didática. Sem embargo de ela estar na base do ensino jurídico e da cultura dos juristas, não se pode pretender dar a ela foros definitivos. Ela representaria apenas uma comodidade didática, despida de qualquer caráter prescritivo.

Em especial, a partir desta premissa, devem ser afastadas quaisquer linhas que pretendam que haja uma diferença estrutural tanto entre a Administração e os particulares, quanto às regras relativas a cada um dos quadrantes. Pode-se dizer então que para o autor a *summa divisio* possui um valor meramente descritivo, não encerrando qualquer concepção que permita separar por completo o Direito Público do Privado. E isso com base na ideia de unidade do ordenamento jurídico que se compraz com divisões didáticas, mas não de caráter efetivamente científico ou racional. Como a ordem jurídica é uma só, não se pode tolerar a existência de um Direito Privado ontologicamente diferente do Direito Público.

3.4 A propósito de uma síntese entre as visões descritivas e prescritivas

O embate entre uma visão descritiva e prescritiva obscurece um ponto de vista fundamental à questão. É a qualidade da Administração Pública enquanto ente capaz de atuar na ordem jurídica, ou seja, agindo como sujeito de direito, que é a chave da questão para que sejam fixadas as premissas acerca da distinção entre regime público e regime privado.

Em que pese a visão prescritiva ser inadequada por apelar a conceitos que não se verificam, de fato, na ordem positiva – pois é inegável que todas as notas que se pretendem ver como caracterizadoras do regime público se fazem presentes no Direito Privado – ela tem o mérito de indicar que a presença da Administração em determinada relação tem consequências relevantes no que tange à forma pela qual esse vínculo vai se desenvolver. Embora isso não traga em si um valor especial, e não implique uma separação ontológica quanto à natureza do direito aplicável, fato é que a Administração jamais será tomada como um sujeito privado ao se articular com quem quer que seja. E isso com base em dados que podem ser facilmente recolhidos em nosso direito positivo, tal como sugere um lançar de olhos pelo art. 37 da nossa Constituição.

Por outro lado, a visão descritiva tem o inequívoco mérito de desmistificar a *summa divisio* como algo que encerre dentro de si uma plêiade de valores autoevidentes. Com efeito, não corresponde à verdade que o universo das relações privadas conhece a tutela de fins públicos, que nele se encontram relações de natureza funcional e que haja, por definição, uma superioridade ínsita à atuação administrativa. Mesmo as pretensas prerrogativas da Administração (que seriam alheias aos particulares nas suas relações) são facilmente encontradas no Direito Privado.[175] Qualquer tentativa de explicar o âmbito de incidência do Direito Administrativo por aí acaba deixando de fora a atuação da Administração em bases não autoritárias, o que é inadmissível tendo-se em mira as missões a ela reservadas no Estado Contemporâneo. Logo, outro acerto evidente derivado de ideias postas por esta concepção é integrar a atuação da Administração em chaves horizontais dentro da atuação sujeita ao Direito Administrativo. Para enfrentar a questão da separação entre a atuação por vias públicas ou privadas é necessário, portanto, abandonar o que pode ser chamado de nostalgia do Liberalismo e dos seus mitos estruturantes.

Contudo, sem embargo das virtudes da linha adotada por Eisenmann, não se pode pretender que a separação entre público e privado seja carente de qualquer sentido jurídico; nada mais sendo que uma ferramenta teórica destinada a melhor se estudar o Direito. Ora, a separação entre Direito Público e Direito Privado repercute a ideia de que o Estado é protagonista da vida social e isto, por si só, traz consequências jurídicas relevantes. Daí parecer inadequada a tentativa de retirar qualquer sentido da divisão entre Direito Público e Direito Privado.

Somados os acertos e indicadas as impropriedades e inconsistências em ambas as linhas, pode-se dedicar a tentar explicar a questão com base na posição institucional da Administração Pública ao ocupar qualquer papel dentro de uma relação jurídica. Ao que nos parece, a chave da questão é compreender o papel reservado à Administração ao tomar trato em uma relação jurídica e as consequências daí derivadas, refutada a ideia de que a Administração é um sujeito que age necessariamente de maneira qualitativamente distinta dos demais.

Como se pretendeu indicar no segundo capítulo deste trabalho, a administração pública consiste em uma atividade que implica a

---

[175] É Charles Debbasch que lembra que as manifestações mais tradicionalmente tidas como exorbitantes (como, *v.g.*, o ato unilateral e o poder regulamentar) são hoje presentes no âmbito das relações civis, o que implica que dizer que o Direito Administrativo se caracteriza pela sua exorbitância é apenas uma "figura de linguagem" (Le droit administratif, droit dérogatoire au droit commun? *Melánges René Chapus "Droit Administratif"*. Paris: Montchrestien, 1992. p. 127-133).

CAPÍTULO III
O EXERCÍCIO DA FUNÇÃO ADMINISTRATIVA POR VIAS DE DIREITO PRIVADO | 141

atribuição de uma competência constante para os legitimamente investidos na sua estrutura atuarem em concreto a ordem jurídica (*i.e.*, as leis e a Constituição). Isto implica que tal modo de atuação está permanentemente orientado à satisfação de interesses cuja definição primária não é de responsabilidade daqueles que estão investidos nos cargos. Deriva daí que a vontade psicológica do agente se funde com os objetivos estatutários a ele impostos, de modo a se formar a vontade concreta da Administração. Insista-se, a administração, como obra humana, não é um processo mecânico e só é possível de ser exercida na medida em que a vontade psicológica reage com os objetivos externos ao agente, possibilitando de fato a atuação concreta do Estado, ao aplicar a lei e a Constituição.

Assim, uma nota elementar da Administração – que resulta do simples fato de ser ela uma atividade de satisfação de fins heterônomos – é o controle de adequação da vontade atuada em concreto pelo agente com a vontade da ordem jurídica, bem como dos meios por ele empreendidos.

Por outro lado, e sem embargo disso, a administração como atividade complexa, vincula-se nos quadros constitucionais dos Poderes do Estado. O Estado, ao partilhar sua soberania em quando menos três grandes quadrantes – o de criar o direito, o de resolver conflitos na sua aplicação e o de promover os valores descritos pela sociedade como de responsabilidade pública –, deu a este último uma relevante tarefa, que jamais pode ser tomada como a simples execução da lei, como se o Executivo fosse não só a "boca da lei", mas também dotado de uma voz baixa, pois nem sequer caberia a ele dar a última palavra nos assuntos por ele tratados. É verdade que ao Executivo cumpre executar a lei. Entretanto, isso é algo, no que tange à atividade administrativa, bastante mais complexo do que funcionar como mero ente reativo. A ordem jurídica é tomada como matéria-prima pela Administração a ser atuada em concreto e de ofício para que valores sejam implementados. Os cidadãos esperam que a Administração mantenha a ordem pública, que lhes preste – ou garanta sua prestação – serviços essenciais e, ainda, que apoie iniciativas da sociedade para que esta possa desenvolver suas potencialidades. A cada quadrante desse a Administração tem que atuar, incumbindo às altas autoridades do Executivo e seus delegados dar o impulso necessário a tanto. Cabe a eles, na feliz expressão da Constituição, dirigir a Administração Pública. Mais do que isso, tal processo envolve uma cobrança política, legitimando-se os representantes do Executivo pelos benefícios que, em concreto, garantem à população. Construir escolas, gerir o transporte coletivo, abrir estradas, garantir a segurança, conceder crédito, apoiar a indústria; é isso (e muito mais) que os cidadãos esperam da Administração. É com esse tipo de responsabilidade que lida a Administração Pública contemporânea. O velho guarda noturno imaginado como a encarnação do Estado Liberal hoje seria um super-herói.

É atento a tais premissas que se deve imaginar, pois, quais são as vinculações que surgem a partir do momento em que a Administração toma parte nas relações jurídicas.

A primeira ideia a ser exposta neste sentido é que a forma de responsabilidade que se exige da Administração implica, necessariamente, a criação de certas salvaguardas alheias ao mundo privado. Elas constituem as técnicas necessárias a que o interesse descrito nas normas seja, de fato, efetivado. É por meio delas que se garante a relação de subordinação que deve haver entre os atos praticados e os interesses descritos nas normas. Na justa medida em que a atuação da Administração deve gerar certos resultados, bem como há uma responsabilidade pública imputada aos agentes, há o dever de as formas jurídicas a serem utilizadas, tanto do ponto de vista subjetivo, quanto objetivo, garantirem a potencial satisfação destes reclames. São precisamente os pressupostos que garantem as salvaguardas destes objetivos que caracterizam o *quid* que faz o Direito Administrativo estruturalmente diferente do Direito Civil.

Sobre o tema manifesta-se Eberhardt Schmidt-Assmann:

> El poder del Estado es un poder que necesita ser justificado. Puede unilateralmente establecer efectos jurídicos, pero tiene que legitimar sus decisiones mostrando su relación con los intereses públicos. Allí donde entra en juego el poder estatal, no puede conformarse el derecho con ponerle explícitas limitaciones desde fuera. Tiene que organizarse de tal manera que sea capaz de imponer su voluntad y a la vez estar organizado desde dentro de un modo que lo haga idóneo para la satisfacción del interés público. Esa doble vertiente de la problemática del interés público debe asimilarla de manera autómata el Derecho público junto al problema del ejercicio del poder. Justificar una decisión significa explica-las reflexiones de partida y los objetivos. Las decisiones de los detentores del poder deben ser motivadas por principio, de manera diferente a como ocurre en el ámbito privado. No se trata sólo de algunas normas que obligan a motivar en determinados casos. La necesidad y la posibilidad de motivar las decisiones llevan a la aparición de estructuras jurídicas especiales que afectan a la formación interna de aquéllas mucho

más profundamente que la mera regulación del procedimiento externo que es habitual en Derecho privado.[176]

Com efeito, é a posição da Administração, enquanto sujeito que age implementando valores públicos, que traz a incidência de um regime jurídico diferenciado, que jamais poderá ser assimilado ao Direito Privado utilizado por sujeitos autônomos. Como resulta claro da síntese de Pedro Gonçalves: "O Estado, em sentido lato, cumpre as suas incumbências no exercício de um Poder Público, nunca no exercício de liberdades ou de direitos."[177]

É que a Administração jamais será um sujeito dotado de autonomia no sentido que é atribuído ao tema no Direito Privado, agindo segundo pressupostos de competência que exigem, portanto, a definição de um espaço em que a atuação administrativa deve ser desenvolvida e os objetivos a serem atingidos. Nesta linha, há condicionantes que restringem a atuação administrativa, que são alheios ao mundo das relações privadas, derivados basicamente da necessidade de a Administração legitimar-se perante a sociedade.

Nesta linha, feliz foi a opção da Constituição ao submeter todo o exercício de funções administrativas aos valores previstos no seu artigo 37, *caput*. São tais princípios que dão à Administração uma conformação própria à Administração Pública, incapaz de ser encontrada nas relações travadas por sujeitos autônomos.

A função administrativa legitima-se, primeiramente, pela relação que deve manter com a legalidade, na medida em que é a ordem jurídica que fundamenta a atuação dos administradores. Embora a lei não esgote o ciclo da decisão administrativa, salvo nos raros casos de atividade plenamente vinculada, é fato que a atuação administrativa se move dentro do quadro da legalidade. Daí ser um problema de essência da Administração fixar a relação desta com a ordem jurídica nos diversos quadros em que ela atua.

A Administração é exercida de maneira impessoal, é dizer sem cogitações de ordem subjetiva que comprometam a objetividade da sua atuação. Isso veda que ao considerar o universo dos beneficiários da sua atuação, a Administração não pode permitir qualquer favorecimento (disso é que deriva um direito de igual tratamento perante ela mais do

---

[176] *La Teoria del Derecho Administrativo como Sistema.* Tradução de Mariano Bacigalupo e outros. Madri: Marcial Pons, 2003. p. 296.

[177] *Entidades Privadas com Poderes Públicos.* Coimbra: Almedina, 2005. p. 224.

que decorre da previsão geral de igualdade perante a lei). Além disso, é indevida qualquer apropriação pessoal por parte dos administradores dos benefícios gerados pelo regular exercício de seus misteres, especialmente as de ordem imaterial. Com efeito, quem age em nome do povo é a Administração, poder do Estado organizado para efetivar em concreto a ordem jurídica, e não quem quer que seja. Destaca-se ainda que é pela via da impessoalidade que se tem a constitucionalização da ideia de função, atrelando a administração à busca de interesses alheios aos próprios do administrador.

Por outro lado, a atuação dos administradores se submete à moralidade, tornando dentre nós explícito aquilo que todos esperam da atuação pública. A prescrição vem a se somar à legalidade de modo a qualificar ainda mais os objetivos que são perseguidos pelos administradores. Assim, não basta que a ordem jurídica tolere determinada conduta, ela deve estar de acordo com os preceitos valorativos que as pessoas esperam da Administração Pública. Com efeito, há um efeito externo deste princípio a sujeitar os administradores à censura dos administrados no que toca à moralidade dos seus atos podendo levá-los à sua invalidação.[178] Aqui reside uma distinção de essência em relação ao mundo privado, pois a moralidade nas relações entre particulares é assunto que interessa diretamente aos envolvidos, assumindo, entretanto, uma dimensão coletiva no que se refere à Administração. Ferir a moralidade administrativa implica legitimidade para qualquer interessado questionar o ato, o que implica verdadeiro controle social sobre o tema.

Nada obstante a fluidez do enunciado, em havendo atuação que objetivamente se afaste da moralidade há desvio de poder a comprometer a validade do agir da Administração. Dentre os núcleos que decorrem do princípio merecem menção expressa aqueles que interditam que a atuação dos administradores – ainda que legal – venha a se convolar em surpresa para o administrado. A seriedade das expectativas geradas pela Administração integra o núcleo da moralidade.

---

[178] É Maria Sylvia Zanella di Pietro que encarece essa nota, ao assinalar que não é só na vontade do agente que se tutela a moralidade. Para esta professora, o princípio incide em outros ângulos da atuação administrativa – tal como nos motivos e objeto do ato administrativo. Nesta linha é que ela alega que, por exemplo, despesas públicas que privilegiem aspectos supérfluos – em mordomias para os administradores – podem ser taxadas de imorais em caso de estarem sendo preteridos gastos em aspectos fundamentais da responsabilidade do Poder Público, como educação e saúde (*Discricionariedade Administrativa na Constituição de 1988*. 2. ed. São Paulo: Atlas, 2001. p. 154-155).

A atuação pública é por definição típica da função administrativa. Salvo hipóteses de sigilo necessárias à proteção de outros valores – que devem estar previstas em lei – tudo na vida da Administração está sujeita ao escrutínio da sociedade. Novamente aqui a regra é diferente da que se encontra no âmbito privado, onde o tônus é o sigilo inerente à proteção da intimidade dos particulares.

Por fim, há a eficiência que traz o dever de a Administração atingir os objetivos fixados pela ordem jurídica, bem como adotar meios idôneos para tanto. Aqui, descontados os pontos de vista metajurídicos, tem-se uma especial vinculação dos administradores aos fins que devem ser alcançados, bem como um controle pelos resultados produzidos.[179] Assim, a atuação que não gera os resultados que dela se espera – ainda que tenha atendido às finalidades da lei – pode ser reprovada. Afinal, uma administração eficiente é a que produz o que dela se espera.[180]

Aliás, nesta perspectiva duas observações hão de ser feitas. A primeira é que ao tratar da ideia de prerrogativas em menos (cf. Jean Rivero) tem-se, exatamente, isto em mira. A atuação da Administração implica certos constrangimentos que são inerentes à gestão de interesses institucionais da coletividade. Todavia, parece tecnicamente inadequado falar em prerrogativas em menos. Isto porque o raciocínio ainda parte do referencial de uma substancial distinção entre Administração e particulares que está na base mesmo de tentar qualificar aquela a partir de suas prerrogativas. A questão não diz com as prerrogativas em si, mas com o papel que a Administração ocupa na nossa ordem jurídica, muito especialmente como ela se vincula ao bloco da legalidade e da juridicidade.

Nesta perspectiva, ressalta-se que sempre haverá técnicas de controle referentes à atuação dos administradores que são alheias ao mundo privado. E, note-se bem, tais controles independem de a atividade ser exercida em regime público ou privado, tal como atesta de maneira eloquente o nosso direito positivo. Afinal, os meios de controle da Administração – tais como as ações popular, civil pública e de improbidade, não fazem qualquer distinção em relação ao tema, alcançando inclusive os particulares que tratam com o Poder Público. Outro dado

---

[179] Sobre o controle da Administração pelos resultados que ela produz é importante a leitura das ponderações de Diogo de Figueiredo Moreira Neto (*Quatro Paradigmas do Direito Administrativo Pós-Moderno* – Legitimidade, Finalidade, Eficiência e Resultados. Belo Horizonte: Fórum, 2008. p. 123-144).

[180] Para uma completa exposição acerca deste princípio, consulte-se Egon Bockmann Moreira (*Processo Administrativo*. 4. ed. São Paulo: Malheiros, 2010. p. 177-224).

relevante é indicar que as formas de controle que estão previstas no que tange ao exercício da função administrativa permitem um amplo controle relativo aos princípios da Administração. Em que pese a fluidez inerente ao método de trabalho referente a tais *standards* de valor – que não transforma aqueles que controlam a Administração em mágicos, capazes de tudo defender com base na sua peculiar interpretação destas normas – fato é que nosso direito positivo controla a Administração na relação que ela possui com tais preceitos normativos. E nem poderia ser diferente, pois são os princípios do *caput* do artigo 37 da Constituição que marcam o espaço pelo qual a função administrativa integra-se na ordem jurídica, caracterizando à luz do Texto Magno a atividade de administração pública.

Conclui-se, portanto, que é a posição da Administração Pública no nosso sistema normativo e o dever de que essa atividade seja exercida conforme a pauta axiológica do artigo 37 *caput* e das demais regras que atingem todo o espectro desta função (licitação, concurso público etc.) que a caracterizam e a apartam em definitivo dos espaços de liberdade e autonomia a princípio utilizados pelo Direito Privado.

Assim, supera-se uma visão que pretende ver na Administração uma atividade dotada de qualidades intrínsecas que lhe apartam do mundo privado. Ora, não há – seja pelos interesses, pelo modo de agir ou qualquer outro método – um critério capaz de unificar toda Administração em torno de si. O regime jurídico da Administração Pública não se caracteriza – desde a superação do Liberalismo, quando menos – por um valor intrínseco distinto daquele que rege as relações privadas.[181] Isso implica que não há um corte relativo às técnicas de atuação de que dispõe a Administração que a torne completamente distinta da atuação privada. Como bem ponderou Pedro Gonçalves: "(...) o que verdadeiramente distingue o Estado da Sociedade não são, em regra, os meios ou instrumentos de que aquele se serve para agir, mas os papéis e missões que tem de desempenhar para atingir os fins que lhe são acometidos"[182]. Aliás, não é devido a um acaso que aqueles

---

[181] Sobre a identificação da perspectiva axiológica da *summa divisio* com os pressupostos do Liberalismo, manifesta-se Floriano de Azevedo Marques Neto: "Para o paradigma em análise [*do Estado Moderno, i.e., Liberal*], a apartação entre dois campos jurídicos é central. Enquanto o Direito Privado se ergueria sobre a construção liberal da igualdade – eixo da autonomia da vontade e do sinalagma contratual –, o Direito Público, via de conseqüência o Direito Administrativo, se ergueria sobre o pressuposto da desigualdade a priori, da supremacia existente entre a autoridade (o Estado) e os sujeitos (os indivíduos integrantes da sociedade política)." (*Regulação Estatal e Interesses Públicos*. São Paulo: Malheiros, 2002. p. 77).

[182] *Entidades Privadas com Poderes Públicos*. Coimbra: Almedina, 2005. p. 235.

que tentam raciocinar com base na diferença de valores entre o mundo privado e o público acabam tendo grandes dificuldades para explicar a atuação da Administração em regime de Direito Privado, pois ela se afigura, nestas claves, quase como uma contradição em termos.

Por outro lado, também não se pode pretender por completo o esvaziamento da distinção, como se ela encerrasse apenas uma questão topológica, indiferente para o Direito e cujo valor fosse somente uma conveniência didática. A análise da maneira pela qual a Administração Pública assume suas missões institucionais e as responsabilidades inerentes ao exercício de suas atividades não permite que esse setor do universo jurídico seja assimilado ao que se refere às relações privadas. Assim a posição ocupada pela Administração na ordem jurídica impede que ela seja assimilada ou reconduzida ao Direito Privado, pois há certas estruturas jurídicas que devem ser observadas para permitir que os fins públicos por ela buscados venham a ser atingidos e para responsabilizá-la perante a sociedade. Embora isso não interdite a utilização de vias consensuais, em que as técnicas da atuação unilateral sejam deixadas de lado, jamais pode se pretender a efetiva vinculação da Administração à *rationale* privada em que os constrangimentos postos aos administradores públicos não estão presentes.

3.5 Limites e possibilidades da utilização pela Administração do Direito Privado e as vinculações públicas a que ele se sujeita

Fixadas as premissas atinentes à separação do espaço público e o espaço privado, especialmente tendo em conta a figura da Administração Pública, é que se pode discutir o espaço reservado ao Direito Privado na sua atuação.

Isto porque a colocação da questão a partir da posição institucional que ocupa a Administração Pública em nosso sistema explicita duas notas importantes para análise deste fenômeno. Por um lado, indica que institucionalmente o exercício da função administrativa possui vinculações de ordem pública que impedem que ele seja assimilado por completo pelo Direito Privado. Com efeito, jamais o Direito Privado se aplicará integralmente à Administração. Por outro, indica com clareza que a divisão não é dotada de um valor intrínseco a repelir que a função administrativa utilize vias privadas. Como não há um valor intrínseco relativo à divisão, não há campos que sejam necessariamente públicos ou necessariamente privados. Como bem ilustra o debate acerca da publicização do Direito Privado, nada obsta que técnicas a princípio identificadas como pertencendo a um ramo do Direito sejam utilizadas em outro. Assim como uma maior carga de normas cogentes não foi apta a desnaturar o Direito Civil, a maior presença de relações em que a autoridade da Administração não se faz presente também não retira o sentido do Direito Administrativo. Haverá certas vinculações institucionais inerentes à Administração que sempre garantirão um grado de especificidade do Direito por ela atuado, impedindo – desde o ponto de vista lógico – sua verdadeira assimilação pelo Direito Privado.

Partindo então da posição referencial ocupada pela Administração Pública em nosso sistema, a questão fundamental é definir os tipos de vinculação que incidem no que se refere à utilização de vias privadas. A exemplo de qualquer outra atuação da Administração, a utilização de técnicas privadas se sujeita a certos limites que visam garantir que os elementos ínsitos à função administrativa sejam satisfeitos.

Tal como se registrou no primeiro capítulo, o sistema jurídico mais permeável à utilização do Direito Privado por parte da Administração foi o alemão. Seja por conta da Teoria do Fisco, seja pela força havida pelos Tribunais ainda antes da afirmação completa do Liberalismo, fato é que este sistema foi mais tolerante com o intercâmbio das soluções privadas para a Administração. Na Alemanha não incidiram as razões históricas muito particulares ao sistema francês, que conduziram a uma tentativa de completa cisão entre o Direito Administrativo e o Direito Privado. Tanto é assim que a Administração pode, dentro de certas coordenadas, optar por atuar em regime privado. Natural, portanto, que as soluções do Direito Alemão sejam as que primeiro tentaram explicar a questão da articulação entre Direito Privado e Administrativo, preservando-se o núcleo público referente a este. Aliás, no Direito Alemão passou-se a se falar inclusive em "Direito Privado Administrativo" (*Verwaltungsprivatrescht*) e "Direito Administrativo Privado" (*Privatverwaltungsrecht*) para designar os fenômenos em que a Administração se vale de vias privadas.[183]

O Direito Administrativo Privado constitui o direito aplicável àquelas relações em que a Administração atua em colaboração com o particular na obtenção de ganhos coletivos por meio de arranjos instituidores de parcerias.[184] O típico desse direito é não apenas regular

---

[183] A distinção entre ambos e a exposição dos conceitos é feita com base na nota dos tradutores da obra de Eberhardt Schmidt-Assmann (*La Teoria del Derecho Administrativo como Sistema.* Tradução de Mariano Bacigalupo e outros. Madri: Marcial Pons, 2003. p. 304).

[184] A expressão tradicional em nosso Direito é "parcerias com a Administração" e abrange

CAPÍTULO III
O EXERCÍCIO DA FUNÇÃO ADMINISTRATIVA POR VIAS DE DIREITO PRIVADO | **149**

a atuação administrativa, mas também explicar certas restrições que se põem aos particulares quando agem em colaboração com a Administração, tendo em vista a natureza dos objetivos que estão sendo implementados.

O Direito Privado Administrativo, por seu turno, representa exatamente o Direito Privado aplicado pela Administração com as derrogações que a ele devem ser postas para garantir que a função administrativa respeite os valores a que ela se dirige. Assim, a Administração, ao atuar por meio do regime privado deve especial atenção aos princípios da igualdade e aos demais direitos fundamentais. Sobre o tema anotam Hans J. Wolf, Otto Bachoff e Rolf Stober:

> Se um ente da Administração estabelece relações de direito privado para prosseguir fins (de prestação e de direcção) de Administração Pública que lhe foram confiados por normas de direito público, estamos perante uma actividade formalmente, mas não materialmente, privada ("fiskalische Tätigkeit). Há, pois, um direito privado especial da administração. A sua especificidade consiste, entre outras coisas, no facto de os entes da Administração não se encontrarem no pleno gozo da autonomia jurídico-negocial, mas estarem subordinados a numerosas vinculações de direito público. Isto é válido tanto para a administração de fornecimento como para a administração de saneamento (por exemplo, fornecimento de transportes, de água, gás e de electricidade, administração de saneamento de águas e resíduos urbanos), tal como também para o fomento e a direcção da economia através de subvenções – como fianças, subsídios à habitação e de outra natureza –, na medida em que não sejam garantidos ou liquidados através de acto administrativo.[185]

Com efeito, a construção do Direito Privado Administrativo na Alemanha responde à necessidade de fazer incidir o núcleo do regime inerente à Administração no que tange à utilização do Direito Privado. Como jamais o sujeito Administração Pública poderá ser reduzido à condição de um sujeito privado – haja vista as responsabilidades a ela assinaladas – há a necessidade de se tomar as regras privadas levando em conta o dever de se garantirem certos valores que por si sós não seriam implementados.

---

diversos institutos em que há colaboração entre particulares e o Estado, tal como exposto por Maria Sylvia Zanella di Pietro (*Parceria na Administração Pública* – Concessão, Permissão, Franquia, Terceirização, Parcerias Público-Privadas e outras Formas. 5. ed. São Paulo: Atlas, 2006).

[185] *Direito Administrativo.* Tradução de António Francisco de Souza. Lisboa: Calouste Gulbenkian, 2006. v. 1, p. 314.

Note-se, contudo, que o corte que se dá não é no sentido de proscrever a utilização do Direito Privado pela Administração em campos muito alheios aos insinuados pela ideia de gestão privada. A questão se põe em outros termos. Aqui o foco é definir o *quid* do regime público que traz uma nova lógica ao Direito Privado de modo a garantir que os valores inerentes à atuação administrativa sejam satisfeitos. Não se cuida de dizer que o Direito Privado foi derrogado em bloco, mas sim definir os procedimentos necessários para garantir que a Administração seja capaz tanto de obter o que dela se espera, como impor-lhe as responsabilidades afeitas à sua posição institucional. Assim, preserva-se o núcleo essencial da Administração e permite-se que ela aja valendo-se de técnicas privadas. Com efeito, isto bem demonstra que inerentes ao regime administrativo não são as prerrogativas que a Administração vem a desfrutar, mas sim os instrumentos que visam garantir sua posição institucional no sistema jurídico.

O tema tal como proposto encontrou ecos em outros países da Europa tendo se assistido um incremento na utilização de soluções privadas no que se refere à Administração Pública, seja no que toca à ampliação das formas de atuação, seja naquilo que se refere às pessoas que a integram em que se reconhece personalidade de Direito Privado. França, Itália, Espanha e Portugal ao seu tempo e ao seu modo enfrentaram a questão do reenquadramento da utilização de soluções privadas no bojo das relações administrativas.[186]

Analisando o tema da privatização do Direito Administrativo houve intenso debate na doutrina espanhola. Ele dá conta de colocar as questões usualmente disputadas quando se discute o exercício de funções públicas por vias privadas. De um lado, autores como Sebastián Martin-Retortillo Baquer,[187] Silvia del Saz Cordero,[188] a criticar a opção, seja por conta da perda de controle, seja por defenderem a existência

---

[186] Para uma resenha das questões, consultar, quanto ao panorama francês, além das obras coletivas organizadas por Jean-Bernard Auby e Fabrice Melleray amplamente citadas neste trabalho, Jacques Cailosse – L'Administration Française doit-elle s'evader du Droit Administratif pour réléver le defi de l'efficience. *Politiques et Management Public*, v. 7, p. 163-182, jun. 1989. Na Itália: Giulio Napolitano – *Pubblico e privato nel Diritto Amministrativo*. Milano: Giufrè, 2003. Na Espanha, consultem-se os autores indicados nas notas seguintes. E em Portugal, Maria João Estorninho – *A Fuga para o Direito* Privado – Contributo para o estudo da actividade de direito privado da Administração Pública. Coimbra: Almedina, 1999.

[187] Reflexiones sobre la huida del Derecho Administrativo. *Revista de Administración Pública*, Madri: Centro de Estudos Constitucionales, n. 140, p. 25-67, maio-ago. 1996.

[188] La huida del derecho administrativo: ultimas manifestaciones. Aplausos y criticas. *Revista de Administración Pública*, Madri: Centro de Estudos Constitucionales, n. 133, p. 57-98, jan.-abr. 1994.

de uma reserva constitucional de Direito Administrativo a exigir um regime necessariamente distinto do privado.[189] De outro, autores como José Manuel Sala Arquer,[190] Fernando Garrido Falla[191] e Ignacio Borrajo Iniesta,[192] com uma visão bastante mais favorável do fenômeno.

Ignacio Borrajo Iniesta dedica-se no seu artigo a justificar a utilização de vias privadas por parte da Administração Pública, respondendo à tese de Silvia del Saz Cordero de que a Constituição imporia uma "reserva de Direito Administrativo" que lhe impediria de adotar soluções dessa natureza.

Primeiramente o autor indica que o ponto de partida da questão é exatamente a liberdade de conformação do Legislador, que fora os pontos que são tidos por imutáveis na Constituição – tal como os direitos fundamentais – pode dispor das matérias como entender mais conveniente. Assim, nada obsta que o legislador permita a adoção de modelos de atuação mais próximos do Direito Privado. Tal como aponta o autor, um erro a ser evitado é interpretar a Constituição com base nas fórmulas que já existem, pois isso significa em última análise manietar a liberdade de conformação de que goza o Legislativo, criando pela via interpretativa limites inexistentes no Texto Magno.

Por outro lado, este autor justifica a utilização do Direito Privado pela Administração com base em dois postulados: (i) a utilização de vias privadas não significa qualquer fuga do Direito, a Administração continua a se submeter a controles, afinal aqui se aplicam os institutos de natureza funcionalizada (e não a propriedade, no sentido de se dispor efetivamente dos interesses em jogo) e (ii) a Administração jamais será um sujeito privado.

Assim, tem-se que o controle da Administração continua sendo plenamente possível na medida em que, mesmo se utilizando técnicas privadas, continua a haver a vinculação entre determinadas

---

[189] A tese das bases constitucionais do Direito Administrativo na Espanha foi desenvolvida em detalhes por Silvia del Saz (Desarollo y Crisis del Derecho Administrativo. Su reserva constitucional. *Nuevas Perspectivas del Derecho Administrativo, tres estudios*. Madrid: Civitas, 1992. p. 99-195). Ela se baseia na disposição constitucional da Constituição Espanhola que submete à Administração ao Direito. Segundo o entendimento desta autora, por direito deve-se ler "Direito Administrativo", o que garante alcance constitucional ao regime de prerrogativas

[190] Huida del Derecho Privado y huida del Derecho. *Revista Española de Derecho Administrativo*, Madri: Civitas, n. 75, p. 399-413, jul.-set. 1993.

[191] Privatización e Reprivatización. *Revista de Administración Pública*, Madri: Centro de Estudios Constitucionales, n. 126, p. 7-26, set.-dez. 1991.

[192] El intento de huir del Derecho Administrativo. *Revista Española de Derecho Administrativo*, Madri: Civitas, n. 78, p. 233-249, abr.-jun. 1993.

competências a finalidades públicas. Assim, o movimento chamado de fuga do Direito Administrativo para o Privado nem sequer é verdadeiro, no sentido próprio dos termos. O que há é a fuga de um Direito Administrativo tal qual previsto originariamente por outro, diferente, que continua a ser sujeito às mesmas vinculações que o anterior.

Por fim, o autor agrega um importante dado à questão, que diz com as formas de controle a que se sujeitam as manifestações de atuação da Administração quer em regime de exorbitância, quer em regime de horizontalidade. Em ambos os casos, independentemente da técnica em questão, os valores fundamentais são protegidos pelo Direito Penal, que se ocupa de punir qualquer usurpação indevida por parte dos administradores. Assim, no que tange à última e mais aguda forma de controle, a questão também fica tratada da mesma maneira, o que indica a possibilidade de se utilizar um Direito Administrativo que atue desarmado dos princípios de autoridade pelos quais se pretende caracterizar a atuação administrativa. Aliás, de acordo com o autor, a utilização de vias privadas aumenta a responsabilidade dos agentes, pois aqui não há a separação havida entre a esfera de decisão da Administração e a de seu funcionário, de modo que este responde diretamente pelos danos que vier a dar causa em estando em questão a utilização de vias privadas.

O debate travado na Espanha tem a aptidão para iluminar um ponto importante relativo à utilização de vias privadas. É que nada obstante haja a utilização de meios tradicionalmente alheios ao Direito Administrativo isso não implica qualquer perda de sua natureza pública. Como a Administração, mercê de suas vinculações institucionais, jamais será capaz de ser tomada como um sujeito autônomo, é inegável concluir no sentido de que o Direito Privado de que ela se vale é um Direito ainda próprio da Administração. Nesta linha, não há qualquer Direito Privado de que a Administração possa se valer, caso se pretenda tomar essa expressão como relativa a um direito que trata de sujeitos efetivamente autônomos. E isto ocorre não por força de a natureza desse ramo de Direito ser ontologicamente distinta da do Direito Administrativo, mas sim porque o sujeito Administração Pública é colocado pela Constituição em uma posição jurídica única, que não pode ser reproduzida no âmbito das relações propriamente privadas.

Daí porque a única questão relevante – tal como já se antevê na tese do Direito Privado da Administração – é saber quais são as adaptações que as normas privadas sofrerão para serem compatibilizadas com a sua atuação tendo como parte a Administração como sujeito da relação jurídica, preservando um regime de maior liberdade (calcado em normas-quadro relativas ao comércio jurídico). Com efeito, uma verdadeira submissão da Administração ao Direito Privado implicaria repristinar a autonomia da Administração, o que parece implicar a volta a um período anterior ao Estado de Direito. Na medida em que o Poder é de titularidade do povo e é exercido em seu nome não há espaço para se pretender que a Administração seja tomada como verdadeiramente autônoma. Daí que a ideia de função se insere necessariamente no "DNA" da Administração. Sendo, portanto, inviável pretender que ao utilizar-se do Direito Privado a Administração perca sua natureza – o que significaria admitir a negação do Estado Democrático de Direito.

Isso, todavia, não significa que as técnicas do Direito Privado estejam permanentemente inacessíveis à Administração caso não haja uma indicação normativa que a autorize a tanto. O erro parece estar em supor que a Administração – se deixar de agir por vias de autoridade – se desnatura, o que é um resultado que, por ser absolutamente contrário ao ordenamento jurídico, não se autoriza. Assim, o único efeito de a Administração utilizar-se de vias privadas é atuar segundo uma lógica de horizontalidade, que pode vir a ser, inclusive, mais conforme com os objetivos públicos por ela perseguidos (quando, por exemplo, atua segundo uma lógica empresarial). Aqui o Direito Privado contribuirá diretamente para a satisfação de interesses públicos.

O primeiro foco de vinculação então ao Direito Público relativo à utilização do Direito Privado diz com os procedimentos referentes à formação das regras que legitimam essa opção ao interno da Administração. Esta advertência é antiga e já tinha sido feita dentre nós por Lafayete Pondé, que registrou que: "É certo que o Estado pode participar de situações jurídicas reguladas pelo direito privado. Ainda aí, porém, sua vontade é formada e declarada conforme um regime de direito público; e a finalidade do seu ato é um objetivo de interesse público, porque este interesse é uma constante que domina toda a atuação do Estado."[193]

Com efeito, a decisão de utilizar instrumentos de natureza privada é sujeita a pressupostos de natureza pública, que podem ser controlados integralmente pelas técnicas de fiscalização a que a Administração se sujeita ordinariamente.[194] É o que a doutrina alemã chama

---

[193] A vontade privada na formação ou na eficácia do ato administrativo. *Revista de Direito Administrativo*, São Paulo: Fundação Getúlio Vargas, n. 63, p. 16-29, jan.-mar. 1961. O texto citado está na p. 17.

[194] Cumpre esclarecer que aqui não há qualquer processo substancial de privatização, pois a questão está em definir os meios da atuação administrativa e não transferir uma

de teoria dos dois níveis[195] e a francesa de teoria dos atos destacáveis,[196] cunhadas para permitir o controle da atuação privada da Administração (especialmente tendo em vista as especificidades de sistema que contam com jurisdições duais). Em ambos os casos tem-se que a decisão que se refere à adoção de uma técnica privada deve ser controlada como sendo pública, o que implica garantir que essa possibilidade não seja utilizada indevidamente.

Assim, um primeiro lócus de controle é a própria definição da Administração no sentido de utilizar as vias privadas como um procedimento inerente à satisfação de finalidades postas sob sua responsabilidade. Tal processo se dá amplamente com base na principiologia que dentre nós orienta toda e qualquer decisão da Administração. Assim, os grados de legalidade, impessoalidades, moralidade, publicidade e eficiência devem orientar a adoção de qualquer decisão que vise implementar a utilização de técnicas privadas por parte da Administração. Como qualquer decisão tomada no exercício da função administrativa, tais balizas devem ser observadas. Por outro lado, indica-se que a própria Constituição impôs diversas regras que condicionam a liberdade de atuação da Administração, independentemente do regime de atuação que venha a ser adotado. Nesta linha, regras como as que exigem a licitação e o concurso público (ou outros procedimentos que garantam a impessoalidade na seleção de contratantes), as que vedam a acumulação de cargos, fixam limites de remuneração, dentre outras, devem ser observadas independentemente da forma de atuação que venha a ser implementada.

---

responsabilidade propriamente pertencente ao hemisfério público para o privado. A tarefa a ser desempenhada continua sendo pública, apenas as vias utilizadas é que não se amoldam ao procedimento clássico da atuação administrativa.

[195] Segundo a teoria dos dois níveis, há um ato de Direito Público prévio que fixa a decisão da Administração que será executado pela via do Direito Privado, assim o controle cinde-se nestes dois momentos que se sujeitam a uma lógica distinta. A crítica que é feita a esta teoria é que ela cinde o ato em dois ciclos distintos de uma maneira um tanto quanto artificial, pois à vista do particular há um ato só. Para aprofundar o tema, consultar Maria João Estorninho. *A Fuga para o Direito Privado* – Contributo para o estudo da actividade de direito privado da Administração Pública, Coimbra: Almedina, 1999. p. 358.

[196] Tal como explica Jean Lamarque, a teoria *"des actes detachables"* foi criada no início do Século XX pela jurisprudência do Conselho de estado de modo a permitir à jurisdição administrativa conhecer do contencioso dos contratos de direito privado da Administração, pela via do excesso de poder. Para tanto, separam-se, destacam-se, os atos públicos prévios que dão sustentação à decisão de contratar pela via privada, de modo a controlá-los, à moda de qualquer outro ato administrativo (*Recherches sur l'application du droit privé aux services publics administratifs*. Paris: Librarie Génerale de Droit et Jurisprudence, 1960, p. 175-191). A teoria encontra trânsito na Espanha, conforme se vê no artigo de Adolfo Carretero Pérez, La teoria de los actos separables. *Revista de Administración Pública*, Madri: Instituto de Estudios Políticos, n. 61-63, p. 83-117, 1970.

Ora, na exata medida em que nossa Constituição opta por definir a função administrativa à luz de uma determinada relação com certos plexos de valores, aliando a eles diversas regras especiais, sempre esse bloco de normatividade deve ser observado. Por evidente, qualquer apelo ao Direito Privado não tem o condão de romper com os pressupostos harmonizadores da função administrativa. Assim, o próprio constituinte deu resposta idônea aos riscos que usualmente se colocam naquilo que se chama fuga para o Direito Privado. O remédio para os males e distorções que possam daí derivar é exatamente o respeito às normas postas pela Constituição que condicionam todo e qualquer exercício da função administrativa.

Registra-se ainda nesta linha que distorções não são mais ou menos afeitas ao Direito Privado. Os riscos à efetiva proteção da *res publica* contra apropriações indevidas por parte de funcionários mal-intencionados ou a captura política do aparato administrativo – postos como óbices à utilização do regime privado – também estão presentes no que toca à utilização de um regime público. A experiência brasileira infelizmente o comprova, como bem demonstram as licitações dirigidas, as desapropriações desviadas, o provimento em cargos públicos de livre nomeação por parentes dos administradores e outros desvios. Não é o fato de se estar utilizando formas tidas como tipicamente pertencentes ao universo público que blinda a possibilidade de violação aos princípios da Carta Magna. Em si, o regime público em nada garante a observância dos princípios plasmados na Constituição. Com efeito, parece ser equivocada a linha que vê apenas no regime público a capacidade de tutelar tais valores. Aliás, não é devido a um acaso que ao cuidar do tema, a Constituição não estabeleceu qualquer corte ao nível do regime jurídico, vinculando tanto a atuação por vias de autoridade, quanto a consensual aos mesmos princípios e regras. Testemunho eloquente desta tendência é a intervenção do Estado na economia, que se faz em regime análogo ao privado, todavia, com respeito às normas que caracterizam toda a função administrativa.

Deriva daí que a mesma principiologia que informa a atuação da Administração munida de prerrogativas informa também a atuação em regime de horizontalidade, o que retira sentido em pretender ver nestes campos a implementação de uma lógica necessariamente distinta. O tipo de vinculação à satisfação do interesse público é o mesmo, independentemente de a Administração agir, ou não, sob instrumentos de Direito Privado.

Soma-se às vinculações havidas no que toca à formação da vontade da Administração o dever de agir em respeito aos direitos fundamentais dos administrados. Com efeito, no que toca à sua atuação externa, a Administração deve respeito aos direitos dos seus administrados mesmo atuando sob vias privadas.[197] Embora seja cada vez mais restrito o âmbito de liberdade dos privados para adotar decisões que restringem direitos fundamentais, fato é que ele existe. Pense-se, por exemplo, na educação ofertada por instituições de ensino que privilegiam uma determinada orientação religiosa e que, por isso, podem tutelar tais valores. Assim, uma escola que, por hipótese, tenha a orientação católica pode institucionalmente defender, dentro da sua autonomia privada, os valores típicos dessa confissão e nesta linha reputar certas ou erradas certas orientações. Essa margem de liberdade que integra a autonomia privada é completamente alheia à Administração que, portanto, está obrigada a atuar respeitando todos os direitos fundamentais dos administrados, que devem ser tratados de maneira isonômica. As únicas distinções toleradas são as referentes à implementação em ainda maior medida do princípio da igualdade, destinadas a prestigiar o conteúdo material do princípio, segundo a máxima de que os desiguais devem ser tratados de modo distinto, na medida da sua diferença.

Além das vinculações relativas à proteção dos direitos dos administrados, registra-se ainda que mesmo a atuação em vias privadas deve atender aos princípios ordenadores da ação administrativa. Segundo a advertência de Eberhardt Schmidt-Assmann: "Tambien la acción con formas de Derecho privado es acción del Estado y tiene que responder como tal publicamente."[198] Todavia, aqui deve haver compatibilização da atuação em regime privado com tais princípios. Assim, uma vez havendo uma decisão que permita à Administração atuar segundo vias privadas para sua melhor eficiência, mesmo assim deve ela respeitar a legalidade, todavia, aqui entendida como uma proibição de atuação contra a lei (sentido negativo do princípio). Da mesma maneira, há um dever geral de publicidade, necessário à efetivação do controle desta atividade. Todavia, em casos em que se justifique o sigilo por conta da utilização do Direito Privado, tal como na defesa de um segredo industrial, pode haver a flexibilização de ideias de privacidade. Pense-se, por exemplo, no dever de sigilo que se impõe aos administradores de

---

[197] Sobre o dever de vinculação aos Direitos Fundamentais e aos princípios conformadores da atuação administrativa, consultar Pedro Gonçalves. *Entidades Privadas com Poderes Públicos*. Coimbra: Almedina, 2005. p. 291-295.

[198] *La Teoria del Derecho Administrativo como Sistema*. Tradução de Mariano Bacigalupo e outros. Madri: Marcial Pons, 2003. p. 300.

sociedades anônimas em relação a certas informações estratégicas que não podem ser divulgadas ao público, senão nas formas e nos modos previstos pela legislação específica, excluindo um amplo acesso à informação que é típico do setor público.

Não poderia, por exemplo, um particular agindo com base no seu direito à informação requerer o acesso a documentos estratégicos de uma empresa estatal com vistas a lhe fazer concorrência. Com efeito, o que quer se significar é que os princípios constitucionais que sujeitam a Administração Pública continuam tendo trânsito no que tange à utilização concreta do Direito Privado. Entretanto, eles devem ser adaptados à *rationale* dos institutos privados, sob pena de se desnaturarem as próprias vantagens da utilização deste regime. Afinal, de nada serve conceber a utilização de vias privadas se todos os pressupostos da atuação pública fossem exigidos também aqui. Se fosse este o caso, nem sequer se cogitaria a atuação em uma duplicidade de regimes. O simples fato de se conceber um Direito Privado à disposição da Administração implica o dever de respeitar um mínimo de operacionalidade a tais vias. Embora se cogite de diversas vinculações públicas – especialmente no que se refere à formação da vontade administrativa – elas não permitem que os regimes se tornem absolutamente idênticos.

Além deste nível de sujeição aos princípios da Administração, a efetiva implementação de decisões administrativas por vias privadas se sujeita aos predicados da regulação privada das atividades que estão sendo desenvolvidas ou dos quadros normativos que regem as pessoas jurídicas administrativas que se organizam sob regime privado. Assim, ao atuar, por exemplo, em regime de mercado, a Administração submete-se à legislação antitruste, às regras que protegem o consumidor, dentre outras. Por sua vez, ao atuar sob o regime de sociedade de economia mista, a Administração se sujeita à lei que rege as sociedades anônimas no que tange à dinâmica da sua vida social. Assim, os objetivos que devem ser atingidos pelos privados e as formas que lhes são vinculantes também vinculam a Administração. Note-se que aqui é o Direito Privado que vai garantir a efetivação de valores reputados úteis para a sociedade. Somam-se aqui as exigências públicas e privadas, ampliando os níveis de controle que se exigem da Administração. Neste ponto da evolução do Direito não se pode mais pretender que o Direito Privado seja um espaço de exclusiva tutela dos interesses dos indivíduos.

3.6 Justificativas para a utilização do Direito Privado pela Administração: o domínio econômico e a eficiência

Vistas as limitações que se põem à atuação administrativa quando ela age sob técnicas de Direito Privado, bem como indicado que não há uma oposição de essência entre tais vias e os pressupostos que conformam o exercício da função administrativa, importa destacar as razões pelas quais a Administração pode vir a utilizar-se desta ordem de soluções.

Para cuidar do tema antes é necessária uma advertência importante para que não se busque dar uma dimensão exacerbada à questão, pretendendo reduzir à Administração a um sujeito que age apenas mediante técnicas consensuais. Se é verdade que ultimamente tem se assistido uma revaloração das técnicas consensuais na Administração, tendo sido ela aplicada a domínios antes infensos a tais recursos, não é menos verdade que largas parcelas do exercício da função administrativa são efetivadas mediante expedientes de autoridade, em que a unilateralidade se faz presente. Assim, indicar que a Administração pode se valer de vias privadas não significa esvaziar a Administração de sua autoridade. Em diversas manifestações a lei reputa que é a técnica da imposição que deve prevalecer, ocasiões em que não há espaço para se cogitar da utilização do Direito Privado. Assim, o uso de vias privadas é uma técnica a mais que vem a se somar ao cardápio de opções de que a Administração desfruta. Logo, como não há um valor intrínseco referente à adoção de um regime público, que seria por definição mais apto a atingir os interesses públicos, ele também não existiria no que se refere às vias privadas. As duas são técnicas à disposição da Administração. Com efeito, ao se analisar o fenômeno da utilização de vias privadas não se pode cair novamente na pretensão de reconhecer um valor naturalmente superior a este quadrante. Isso seria incidir novamente no equívoco das linhas que veem na divisão Direito Público/Privado um dado axiológico, apenas trocando o sinal. Ambos os regimes constituem técnicas à disposição da Administração a serem utilizadas da maneira mais apta a atingir os interesses públicos.

Deve-se evitar o que Bertrand Seiller chamou de edulcoração dos instrumentos jurídicos à disposição da Administração, que consistiria na atribuição de um valor desmesurado à atuação consensual.[199] Com efeito, não se pode perder de mira o valor da atuação unilateral, bem

---

[199] *Droit Administratif 2, L'Action administrative*. 2. ed. Paris: Flammarion, 2004. p. 22-26.

como que sob a fachada de atos consensuais têm-se, em verdade, atuações verdadeiramente unilaterais.

Feita a advertência, indica-se que um dos campos em que a utilização de técnicas privadas tem, desde longa data, bastante incidência é a gestão patrimonial da Administração, campo este que não está mais restrito à atuação de caráter secundário, como se compreendia no tempo do Estado Liberal.[200] Tal campo abrange, além das manifestações patrimoniais da Administração relativas à aquisição dos meios materiais necessários ao desempenho da função administrativa, as hipóteses em que se está a criar arranjos entre o Estado e os particulares para exploração de infraestruturas públicas, tais como a utilização privativa de bens públicos, por exemplo, bem como a outorga de prestações e subvenções com vistas a incentivar ou desincentivar certas condutas. É dizer, a gestão patrimonial da Administração acaba por envolver a atividade de prestação de serviços públicos, de fomento e a aquisição de insumos. E na justa medida em que todas essas atividades possuem um conteúdo econômico, estão elas suscetíveis à influência do Direito Privado.

A utilização do Direito Privado nestes domínios tem uma razão bastante clara: nele estão tradicionalmente contidas as técnicas relativas ao comércio jurídico, o que lhe faz ser a forma de regulação ordinária destes assuntos (lembre-se que na origem o Direito Administrativo pretendia-se, na ótica Liberal, para além do mercado, o que garante, quando menos, uma prelazia histórica das técnicas privadas).

Nestes pontos, na exata medida em que a Administração deve se relacionar com os agentes privados segundo uma lógica de mercado, a atuação do Direito Privado é mais palatável, pois, afinal, o que está em causa é estabelecer vínculos segundo o modo próprio de atuar dos empresários. Há aqui, portanto, uma tradicional zona de interconexão entre o Direito Privado e o Direito Administrativo. Como registra Eberhardt Schmidt-Assmann acerca desta zona de interconexão:

> El derecho privado actúa como derecho general del tráfico económico. Le proporciona a la Administración la necesaria "capacidad de conexión" de sus acciones con el mercado y con la actividad de sus interlocutores privados. Más allá, como derecho idóneo para experimentar puede ofrecer una sistematización para nuevas actividades, hasta que se

---

[200] A distinção que pretendia ver uma separação entre os atos de pura gestão patrimonial e aqueles que encerram interesses públicos – por não refletir uma distinção de valores, pois a Administração sempre age de maneira funcionalizada – está superada, tal como orienta Ruggiero Dipace (*Partenariato Pubblico Privato e Contratti Atipici*. Milão: Giuffrè, 2006. p. 192).

> manifieste la necesidad de una regulación jurídico-pública autónoma a través de una más intensa práctica administrativa. Esto es válido para las actividades administrativas cuyo alcance va más allá del ámbito estatal, cuyo número aumenta en la vida cotidiana de la Administración (...).[201]

Embora a passagem transcrita se refira ao cenário alemão, sabidamente mais permeável ao Direito Privado do que os sistemas que receberam maior influência do sistema francês, ela bem demonstra que a utilização de técnicas desta natureza é cogitada quando a Administração demanda uma articulação com a iniciativa privada. É nestes domínios, então, que tradicionalmente o Direito Privado vem a atuar de modo a oferecer soluções que permitam uma melhor integração com os particulares na dinâmica do comércio jurídico. Ela ainda indica a possibilidade de, na medida em que o Direito Privado é o Direito Comum da vida econômica, ele ser utilizado como forma de regulação para atividades para as quais ainda não há um modelo público definido.[202] Assim, havendo o dever de a Administração atuar para cumprir determinada necessidade, o recurso a vias de Direito Privado pode ser a solução para atuação nestes domínios. Veja-se que aqui o Direito Privado retoma a função de completar as eventuais lacunas de regulação pública, tal como lhe foi reconhecido desde os primórdios do Direito Administrativo. Nesta linha, é adequada a síntese de Hans J. Wolf, Otto Bachoff e Rolf Stober:

> A Administração Pública pode ser proprietária, possuidora, usufrutuária, etc. e participar em sociedades de direito civil ou comercial. A Administração Pública é, frequentemente, executada nas formas de direito privado, por não estar disponível o direito público para o fim em vista (por exemplo, funcionários públicos em empresas económicas, § 4º do BBG), por não se verificarem os pressupostos exigidos (por exemplo, para a expropriação), ou porque a estrutura do direito privado oferece uma margem de actuação mais ampla.[203]

---

[201] *La Teoria del Derecho Administrativo como Sistema*. Tradução de Mariano Bacigalupo e outros. Madri: Marcial Pons, 2003. p. 299.

[202] Nosso direito positivo já conheceu experiência dessa natureza, tal como descreveu Miguel Reale em parecer destinado a examinar ato administrativo negocial celebrado entre o Ministério da Fazenda e a ANFAVEA, entidade que congrega os produtores de veículos automotores. Por meio de "protocolo" regulou-se a evolução dos preços do setor no contexto de congelamento de preços, com vistas a garantir a solidez deste setor. O ato depois foi posto em causa pelo Ministro que sucedeu o que firmou o protocolo, estabelecendo-se discussão acerca da sua validade, tema acerca do qual versa o aludido parecer (*Aplicações da Constituição de 1988*. Rio de Janeiro: Forense, 1990. p. 133-161).

[203] *Direito Administrativo*. Tradução de António Francisco de Souza. Lisboa: Calouste Gulbenkian, 2006. v. 1, p. 305.

Encerrando a análise deste quadrante, registra-se que não se pode admitir atualmente que a gestão patrimonial da Administração seja tomada como um interesse jurídico de segunda classe, sendo, pois, indigno de ser regulado pelas técnicas que ordinariamente informam a atuação administrativa – fundadas na autoridade. Esta linha repristina o preconceito de que o elemento econômico é alheio à Administração propriamente dita, o que não é verdade, quando menos, desde a emergência do Estado de Bem-Estar Social. Logo, os interesses aqui em causa são tão públicos quanto os demais.[204] Tanto os meios pelos quais a Administração provê suas necessidades – pois indissociáveis da atuação administrativa em concreto – quanto as técnicas para articulação no que toca à utilização de seu patrimônio são importantes manifestações da função administrativa, que de modo algum podem ser vistas como subalternas. Como a Administração não é uma atividade puramente jurídica que prescinda dos meios materiais necessários à sua efetivação, o campo da gestão patrimonial da Administração é tão digno de nota quanto os outros. Assim, a maior permeabilidade ao Direito Privado que se verifica nestes domínios não deriva da sua menor importância, ou de um maior distanciamento do interesse público, mas sim de ser esse o campo da regulação jurídica mais apto a dar conta de situações patrimoniais.

Fixa-se assim que um primeiro fundamento a legitimar a adoção de esquemas que se pautem pela horizontalidade é a necessidade de a Administração articular-se em regime de mercado. Sem embargo de haver diversos instrumentos que permitem à Administração atuar no mercado por vias autoritárias – tal como o contrato administrativo, o regime de emprego público e as desapropriações – nada obsta que soluções de Direito Privado sejam concebidas como formas alternativas de regular tais atividades. Assim, não é devido a um acaso que os campos em que tradicionalmente houve a aplicação de expedientes desta natureza foi precisamente onde ocorreu a necessidade de a Administração sair de si e interagir com o mercado. Tanto é assim que os

---

[204] Essa visão de que os interesses na gestão econômica seriam puramente privados foi objeto de crítica por parte de José Luis Villar Palasí (La actividad industrial del Estado en el Derecho Administrativo. *Revista de Administración Pública*, Madri: Instituto de Estudios Políticos, v. 3, n. 1, p. 53-129, 1950. A crítica está especialmente nas p. 71-72). Aliás, nos primórdios das empresas estatais no Brasil o que se visava era a implementação de objetivos públicos como o fortalecimento das empresas nacionais, o que bem demonstra que estes não são interesses subalternos, como indicado por Trajano de Miranda Valverde (Sociedades Anônimas ou Companhias de Economia Mista. *Revista de Direito Administrativo*, Rio de Janeiro, v. 1, fasc. 2, p. 429-441, abr. 1945).

setores tradicionalmente sujeitos a certos grados de regulação privada são os serviços públicos, a contratação de mão de obra, a gestão do patrimônio da Administração, bem como a atividade de intervenção direta na economia e de fomento. Em tais campos, em maior ou menor medida, podem ser encontradas manifestações de atuação da Administração em regime de Direito Privado.

Ao lado do campo em que a nota econômica torna o Direito Privado uma solução idônea para a atuação Administrativa registra-se que atualmente a aplicação de esquemas consensuais vem sendo admitida em campos antes infensos a qualquer articulação de vontades. Onde antes só havia imposição, tem sido tolerado o consenso como via para satisfação do interesse público. Como anota Gustavo Justino de Oliveira: "(...) uma das linhas de transformação do direito administrativo consiste em evidenciar que, no âmbito estatal, em campos habitualmente ocupados pela imperatividade há a abertura de consideráveis espaços para a consensualidade."[205]

O contexto geral relativo ao fenômeno pode ser reconduzido à erosão da noção autoritária de ato administrativo. Se nos primórdios do Estado Liberal era fácil qualificar o ato administrativo como uma manifestação unilateral e autoritária da Administração, parelha à sentença passada por um juiz, com o incremento do caráter prestacional, tais linhas não puderam ser mantidas. Assim, tendo em vista as prestações positivas postas sob gestão da Administração, o conceito de ato administrativo começou a perder contato com as notas que originalmente o haviam caracterizado. Paulatinamente começou-se a ver o consenso entre Administração e particular como integrando determinados atos administrativos, especialmente os que tinham por objeto conferir direitos aos administrados e, portanto, não raro eram por eles solicitados. Deixou, pois, de ter sentido caracterizar os atos administrativos pelo seu viés de autoridade. Os privilégios tidos como a nota identificadora dos atos administrativos simplesmente deixaram de ter qualquer aderência à realidade no que concerne a diversos campos da atuação da Administração.

Este progressivo movimento de consensualidade no âmbito das relações administrativas acabou por deixar de se restringir ao campo da administração de prestações e passou a se inserir em contextos antes reservados exclusivamente à autuação autoritária do Estado. Assim, a técnica da consensualidade acabou por inserir-se no domínio do Poder

---

[205] *Contrato de Gestão*. São Paulo: RT, 2008. p. 32.

de Polícia, bastião por excelência da atuação autoritária do Estado, o que veio trazer diversas questões novas no que se refere às técnicas disponíveis à Administração em relação à conformação da ordem pública. A função ordenadora da Administração, para utilizar uma expressão feliz de Carlos Ari Sundfeld,[206] passou a conhecer técnicas de articulação consensual, também disponíveis ao administrador na sua missão de tutelar a ordem pública. Daí porque o tema passou a se aproximar do Direito Privado. Ora, na justa medida em que o Direito Privado de que a Administração se vale nada mais é que uma maneira especial de atuação – e não um espaço próprio de autonomia –, bem como que a caracterização desse espaço se faz à luz da atenuação das prerrogativas unilaterais, é evidente que a articulação mediante consensos está contida na *rationale* relativa a este quadrante da atuação administrativa. Assim, as chaves consensuais que estão na base da utilização do Direito Privado como via de exercício para a função administrativa se fazem presentes nos campos antes reservados exclusivamente a uma atuação autoritária.

É exatamente essa nota que é posta em relevo por Luciano Parejo Alfonso ao destacar que

> El acuerdo o consenso expresa, a su vez, el dato de la participación directa de la voluntad de sujetos distintos a la Administración (incluso privados) en el resultado del ejercicio de las potestades administrativas. El quid novum de esta forma alternativa de actividad administrativa radica justamente en que la voluntad de los ciudadanos contribuye directamente, como tal, a establecer los términos y condiciones de las relaciones jurídico-administrativas concretas, haciendo emerger éstas al primer plano del Derecho administrativo. Pues en la actuación de la Administración a través de ella se recobra un cierto paralelismo con lo que ocurre en el campo propio del Derecho privado: las relaciones a que da lugar son perceptibles como tales en su existencia y desarrollo y no solo a través de instantáneas referidas a momentos especialmente significativos jurídicamente (los actos).[207]

Nesta linha, diversas habilitações normativas têm surgido no nosso Direito, autorizando a utilização de vias consensuais, especialmente

---

[206] A expressão visa se opor ao conceito de poder de polícia que remete a arquétipos anteriores ao Estado de Direito, que trazem em si a ideia de que a Administração pode tudo no afã de tutelar a ordem pública. Como a submissão da Administração ao bloco de legalidade deve ser encarecida, a expressão cunhada por Carlos Ari Sundfeld deve ser enaltecida. Sobre o tema consultar: *Direito Administrativo Ordenador*. São Paulo: Malheiros, 2003.

[207] ALFONSO, Luciano Parejo; JIMÉNEZ-BLANCO, António; ÁLVAREZ, Luis Ortega. *Manual de Derecho Administrativo*. 5. ed. Barcelona: Ariel, 1998. p. 752, v. 1.

no que toca aos setores regulados, meio ambiente, defesa da concorrência e outros em que há uma complexidade inerente à atuação da Administração.[208] Muito embora nosso direito não conte com uma habilitação genérica para celebração de acordos dessa natureza, fato é que eles têm sido amplamente presentes na vida cotidiana da Administração, o que demonstra a atualidade da questão. Por meio deles, a Administração deixa de ultimar processos administrativos sancionadores e estipula com o particular as providencias que entende cabíveis para a proteção do interesse público. Nestes casos, o que se têm é a colocação ao lado dos instrumentos sancionatórios tradicionais, de novas técnicas que podem ser manejadas pela Administração com vistas a implementar, em concreto, os objetivos que lhe são assinalados pela ordem jurídica. Cuida-se, portanto, de uma técnica alternativa a ser utilizada no bojo das relações processuais instauradas e geridas pela Administração Pública.[209] Com efeito, tais expedientes se conectam à lógica processual relativa aos processos sancionatórios levados a cabo no bojo das relações administrativas e configuram uma via alternativa para encerrarem-se tais litígios. Por meio deles, a Administração pode fixar uma série de providências a serem implementadas em substituição à aplicação de uma penalidade ou mesmo fixar reparações a serem pagas pelos administrados com vistas à extinção do processo, inclusive sem aferição de culpa. A nomenclatura usualmente utilizada que remete a "ajuste de condutas" bem demonstra que o que se tem em mira com tais atos é fazer o particular aderir a um comportamento reputado conforme pela Administração, abstendo-se de lesar – ou continuar lesando – a ordem jurídica. Em verdade, tais procedimentos têm a vantagem de implicar uma melhor adesão do particular à solução estipulada, bem como previnem sucessivos questionamentos a respeito da decisão adotada. A lógica é a da concessão recíproca entre Administração e particular, com vistas a excluir as incertezas derivadas do processamento de um procedimento administrativo complexo. Vantagem esta significativa no cenário nacional em que uma vez exaurido o ciclo da decisão administrativa, abre-se o da discussão no Judiciário, aumentando as

---

[208] Para uma apresentação exaustiva do tema no panorama do Direito brasileiro consulte-se a dissertação de Juliana Bonacorsi de Palma, *Atuação Administrativa Consensual* – Estudo dos acordos no processo administrativo sancionador, defendida perante à Faculdade de Direito da Universidade de São Paulo no ano de 2010, sob a orientação do Professor Dr. Floriano de Azevedo Marques Neto.

[209] De acordo com Ruggiero Dipace, os contratos atípicos são uma alternativa aos provimentos administrativos de natureza unilateral (*Partenariato Pubblico Privato e Contratti Atipici*. Milão: Giuffrè, 2006. p. 189).

incertezas. Uma vez que a solução é concertada não cabe às partes, em princípio, pô-la em questão sob pena de incidirem em flagrante *venire contra factum proprium.*

Nada obstante haja debate acerca da natureza desses arranjos – se atos ou contratos administrativos, o que importa destacar é que, a par de a discussão não se revestir de maiores consequências práticas, nestas manifestações está sempre em causa uma articulação de vontades entre a Administração e os particulares, o que implica analisar tais concertos sob as pautas do Direito Privado.[210] Novamente tomando as lições de Luciano Parejo Alfonso: "El acto administrativo consensual es un negocio jurídico de carácter contractual y una forma alternativa de desarrollo de la actividad administrativa unilateral."[211] Nada obstante cuidar-se, de acordo com a maior parte da doutrina, de um ato, seu conteúdo é o de negócio jurídico, a atrair a incidência dos condicionamentos relativos à atuação da função administrativa por vias privadas.

Deste modo, aqui incidem os condicionamentos inerentes a toda atuação consensual da Administração: a formação da vontade mediante procedimento de natureza pública, bem como o dever de o ato consensual que dá execução a esta deliberação estar de acordo com os princípios da Administração. Assim, mesmo nesses domínios há a necessidade de tratar todos de maneira isonômica, bem como de a convenção celebrada estar de acordo com as finalidades públicas que informam toda atuação da Administração.[212]

3.7 A capacidade de a Administração agir segundo modelos privados: a superação da tipicidade das formas do agir administrativo

Vista a inexistência de uma antinomia absoluta entre o Direito Administrativo e o Direito Privado utilizado pela Administração, bem como as vinculações a que o manejo destas vias predica e os controles a elas inerentes e os campos e justificativas para sua aplicação, importa analisar o tema central do presente trabalho. É que nada obstante

---

[210] Para uma resenha da discussão da natureza jurídica, consultar Andreia Cristina Bagatin (A natureza Jurídica dos Acordos previstos pela Lei nº 8.884/94. In: MOREIRA, Egon Bockmann; MATTOS, Paulo Todescan Lessa (Org.). *Direito Concorrencial e Regulação Econômica*. Belo Horizonte: Fórum, 2010. p. 191-215).

[211] *Op. cit.*, p. 758.

[212] Ambas as notas são expressamente destacadas por Luciano Parejo Alfonso, *op. cit.*, p. 755 e 759.

reconhecer-se a possibilidade de, em tese, a Administração se utilizar do Direito Privado para a prossecução de objetivos públicos, tal prerrogativa deve se sujeitar a um teste de validade à luz do nosso Direito positivo. Para que as ponderações acima não sejam meras curiosidades teóricas é necessário levar a cabo pesquisa nas normas que regulam a atuação da Administração para ver em que casos ela pode agir por vias privadas. A questão fundamental é saber se à luz da nossa ordem jurídica a aplicação do Direito Privado se faz apenas nos casos em que há uma expressa indicação normativa neste sentido, ou se, ao contrário, a Administração Pública goza de uma capacidade geral para agir segundo o tal regime. Esta indagação deve abranger tanto os casos em que está em causa uma atuação patrimonial da Administração, onde em tese o repertório de soluções obtido junto ao Direito Privado é mais apto a explicar tais fenômenos, como se verifica historicamente, quanto os que dizem respeito a uma atuação propriamente pública da Administração.

Usualmente o enfrentamento das questões propostas remete a uma concepção de legalidade que identifica toda atuação da Administração como reserva de lei formal, a exigir que todo ciclo da decisão administrativa seja esgotado por atos emanados do Parlamento. Nesta linha, toda atribuição de uma competência à Administração exigiria não só a possibilidade de se utilizar um determinado instituto, mas também que a lei desse os contornos fundamentais da atuação a ser desempenhada. Ao pretender que a lei seja o fundamento completo da atuação administrativa, acaba por se trazer à baila uma ideia de tipicidade, que daria conteúdo aos atos e contratos de que a Administração dispõe. Nesta linha, os módulos da atuação administrativa derivariam da lei, que lhes daria a configuração mínima. Pouco restaria, portanto, ao administrador nestes casos senão utilizar-se das "receitas" dadas a ele pelo Legislador.

Assim, antes de uma análise das regras que podem vir a justificar a adoção de vias privadas, cumpre meditar um pouco acerca da relação da Administração com a lei, retomando algumas premissas lançadas quando se examinou a função administrativa. Historicamente, a legalidade assume perfis diversos no tempo e no espaço, variando ao sabor das particularidades de cada sistema. Não se deve, portanto, falar em legalidade administrativa como se o termo fosse unívoco e remetesse a apenas uma maneira de inter-relação entre os atos emanados do Legislador e os praticados pelos administradores. Há, pois, legalidades. Com efeito, a legalidade assume quando menos dois sentidos distintos. Embora sempre esteja em causa um determinado modo de a Administração relacionar-se com a lei, haurindo nela a legitimação para atuar, fato é que tal questão pode ser encarada de maneiras distintas. De acordo com a classificação de José Manuel Sérvulo da Cunha, pode se pensar em legalidade como precedência de lei, em que a relação se dá em termos de uma vinculação negativa, devendo a Administração agir de acordo com as prescrições da ordem jurídica, não podendo contrariá-las.[213] Por outro lado, pode-se pensar em legalidade como reserva de lei, em que se exige que a Administração atue com base em um fundamento normativo. Nestas hipóteses não há uma zona de liberdade de atuação – que se traduz em termos de conformidade – mas sim a necessidade de a atuação administrativa encontrar amparo em lei. Aqui a lei funciona como a espoleta que detona a atuação administrativa.

Usualmente, os sistemas jurídicos de matriz romano-germânica conhecem as duas expressões da legalidade, articulando ambas em vista dos valores a serem tutelados. Tradicionalmente, reconhece-se uma maior capacidade de conformação pela via da função administrativa no que se refere à organização da Administração e exige-se a reserva de lei para intervenções que importem sacrifício de direitos (muito especialmente os tomados por fundamentais).

Todavia, mesmo no campo da reserva de lei há especificidades a serem consideradas. É aqui, na tomada da lei como fundamento da atuação administrativa, que se põem as questões mais graves relativas à legalidade. Os problemas que aqui se verificam dizem essencialmente razão à intensidade com que a lei deve regular determinada conduta da Administração e, portanto, tocam ao espaço que ela desfruta na interpretação/efetivação destas normas. Tal como sintetizou José Manuel Sérvulo Cunha, a questão é "apurar o grau de intensidade da reprodução da norma pelo acto administrativo".[214] Aqui comparece a delicada figura do jogo havido entre liberdade dos cidadãos e o dever de a Administração atuar com vistas a efetivar a ordem jurídica. É dizer: aqui se repete a tensão existencial do Direito Administrativo que contrapõe proteção de interesses individuais e responsabilidades administrativas (para não falar em autoridade, pelas razões que vieram de ser expostas acima). E não raro tais respostas acabam por predicar diferenças no que toca à própria reserva de lei, exigindo-se uma vinculação mais estrita em casos em que estão em causa direitos reputados como essenciais

---

[213] *Legalidade e autonomia contratual nos contratos administrativos.* Coimbra: Almedina, 2003. p. 17-32. A classificação é feita especialmente na p. 18.

[214] *Op. cit.*, p. 34.

e deixando um maior espaço de conformação administrativa no que se refere a outras circunstâncias. Assim, embora se reconheça o dever de que a atuação da administração seja exercida com fundamento na lei, a questão essencial é saber o nível de vinculação da atividade administrativa à lei.

Feitas essas aproximações de cunho teórico, registra-se que de acordo com a concepção adotada neste trabalho o princípio de reserva de lei assume, quando menos, três configurações distintas em nossa Constituição.[215]

A primeira se traduz num direito fundamental de não ser constrangido a nenhuma conduta "senão em virtude de lei", previsto no artigo 5º, II da Constituição. Tal preceito que se orienta a proteger os valores essenciais do ser humano vem a fixar o espaço de autonomia dos privados, que podem adotar livremente as condutas que lhe aprouverem, limitados pelos comandos que restrinjam determinadas ações com base na lei. Aqui, tem-se uma legalidade de caráter negativo a assistir aos particulares titulares de direitos fundamentais. Registra-se ainda que a interpretação do conceito não conduz que apenas a lei – diretamente – restrinja a atuação privada. Qualquer ato praticado em virtude de lei é apto a restringir os direitos dos particulares que, portanto, devem respeito às ordens emanadas com fulcro na lei, como as expedidas com base, por exemplo, no exercício da Jurisdição e da função administrativa. Seria um contrassenso defender que só a lei é que limita os direitos dos particulares. Com efeito, o que constrange a liberdade de que os particulares gozam é qualquer ato praticado com fundamento na lei. Daí a expressão "em virtude de lei" posta na nossa Constituição, que bem indica que não é só a lei em sentido formal – como ato emanado do Parlamento – que vincula os privados, atos praticados com fundamento na lei são também cogentes.

Outra manifestação da legalidade é aquela prevista no *caput* do artigo 37 da Constituição, que implica que o nosso sistema se aferra, no que toca à atuação administrativa, à ideia de reserva de lei. Assim, a Administração não pode agir ao arrepio de títulos jurídicos que a habilitem a agir. Sem lei que permita a atuação administrativa, não pode a Administração – salvo nas hipóteses admitidas pela própria Constituição – agir. Assim, toda atividade administrativa deve poder ser reconduzida à lei. Todavia isto não significa que a lei deve fixar sempre

---

[215] Aqui estão a se seguir de perto as ponderações de Eros Grau acerca do tema (*O Direito Posto e o Direito Pressuposto*. 5. ed. São Paulo: Malheiros, 2003. p. 246-254).

toda a dinâmica da atuação administrativa, exigindo que o conteúdo do ato a ser praticado – seja concreto, seja normativo – apenas repita o que está previsto em lei. Nada na Constituição exige que a lei esgote o ciclo da atuação administrativa, dispondo sobre todos os elementos relativos à atuação administrativa. Testemunho disso, como já se consignou acima, são a técnica da discricionariedade e o regulamento autorizado pela lei. Em ambos os casos a lei permite uma atuação concertada dela com a Administração no sentido de se imporem comandos aos particulares. Tais hipóteses se harmonizam perfeitamente com o comando constitucional que exige que a restrição se dê em virtude de lei, pois a lei é fundamento de validade das restrições que são postas.

Por fim, registra-se que há diversas matérias para as quais o Constituinte repetiu em específico o dever de legalidade, tais como a previsão de crimes e penas, a instituição de tributos, a previsão de restrições à liberdade profissional, dentre outras. Tal como assevera Eros Grau, a repetição da legalidade nestes casos tem o condão de submeter tais matérias à reserva completa de lei, a exigir que todos os elementos definidores de uma restrição sejam exauridos por ato emanado diretamente do Parlamento, sem quaisquer interpolações administrativas.[216] Assim, por expressa injunção constitucional, há matérias que devem, necessariamente, ter todo seu ciclo coberto pela lei, não cabendo qualquer espaço para adendos por parte da Administração. Nestas hipóteses apenas é que o particular só poderá ser constrangido pela lei em sentido formal.

Com efeito, tratar deste tema é importante para fixar a espécie de vinculação que se exige da Administração no que toca à atuação por vias privadas. O ponto é saber a que tipo de legalidade há de se vincular à Administração no que se refere à possibilidade de atuar por vias privadas. O tema comporta uma dupla resposta.

Uma das possibilidades de a Administração agir por vias privadas é a criação de empresas de natureza estatal que atuarão em concorrência com os privados. Por força de expresso comando da Constituição, este caso exige uma habilitação legal específica para que a Administração atue. Como a participação da Administração na economia em concorrência com os particulares constitui uma derrogação à liberdade de empresa, deve haver um fundamento normativo expresso que lhe autorize. Assim, no que tange a tais domínios, não se pode conceber que a Administração atue diretamente com base em

---

[216] *Op. cit.*, p. 247.

habilitações gerais. Cada empresa estatal deve ser criada por meio de lei específica que autorize sua instituição e funcionamento.

Todavia, outras formas de atuação não estão submetidas senão ao preceito geral de reserva de lei, a dispensar que toda atuação da Administração por vias de Direito Privado deva ser prevista em específico. Fora da atuação da Administração por meio da técnica da empresa estatal não há uma reserva absoluta de lei a exigir que todo ciclo da atuação administrativa tenha sido disciplinado por lei proveniente do parlamento. Aliás, neste domínio, pensar nesta linha seria extremamente contraproducente, pois o sentido de a Administração valer-se do Direito Privado é poder se utilizar de prescrições gerais (do tipo lei quadro), técnica essa que não se compraz com a regulação completa por meio de lei. Ora, se a Administração não tiver espaço para modular as soluções que pretende com base nas técnicas do Direito Privado, é de se convir que ele será de pouca ou nenhuma utilidade para ela. Daí ser descabido imaginar que a lei deva autorizar de modo exaustivo a utilização desta ou daquela forma, ou fixar os conteúdos. Embora haja sempre a vinculação com objetivos públicos, nada obsta – no caso de haver uma autorização geral – que a Administração disponha das formas privadas de modo a melhor atingir as finalidades que lhe são postas.

Assim, no que toca ao grosso da utilização de técnicas de Direito Privado a questão fundamental é indagar se há um fundamento geral que autorize o recurso a elas por parte da Administração, ou se necessariamente ela está vinculada a autorizações pontuais, a incidir caso por caso. Essa é a questão fundamental em matéria de exercício de função administrativa por vias privadas.

Para responder à questão, o primeiro elemento é reconhecer que as figuras que integram a Administração são pessoas jurídicas e, portanto, possuem capacidade jurídica. Como já anotara Amaro Cavalcanti:

> Começamos por estabelecer que o Estado é, antes de tudo, um sujeito de direito, uma personalidade essencialmente jurídica. Os seus direitos podem ser de caráter civil e político, ou de natureza privada ou pública; daí a diversidade que se nota nas suas funções; mas o ente subsiste sempre uno e indivisível na sua qualidade essencial de pessoa jurídica.[217]

Mais do que a autoridade da tradição, tal solução hoje possui expresso fundamento em lei. Primeiro, o Código Civil no seu artigo 40

---

[217] *Responsabilidade Civil do Estado.* Rio de Janeiro: Borsoi, 1956. p. 331.

define que as pessoas jurídicas são de direito público e privado. Na sequência, no seu artigo 41 classifica como pessoas jurídicas de direito público interno: A União (inc. I), os Estados, Distrito Federal e Territórios (inc. II), os Municípios (inc. III), as autarquias, inclusive as associações públicas (inc. IV) e as demais entidades de caráter público (inc. V). É dizer, de acordo com a lei civil todas as pessoas políticas possuem personalidade jurídica, bem como as suas criaturas por eles criadas que não se vinculem diretamente à sua estrutura, como os órgãos. Ou seja, são centros de imputação de direitos de deveres, figurando em nome próprio nas relações jurídicas.

Além disso, dispõe o parágrafo único, do artigo 41 que "Salvo disposição em contrário, as pessoas jurídicas de direito público, a que se tenha dado estrutura de direito privado, regem-se, no que couber, quanto ao seu funcionamento, pelas normas deste Código". Ou seja, de acordo com o Código Civil as figuras que tenham sido criadas por iniciativa estatal, caso tenham sido dotadas de estrutura de direito privado, reger-se-ão preferencialmente pela legislação ordinária, em tudo aquilo em que tais regras sejam aplicáveis. De acordo com o referido preceito, figuras estatais às quais se atribui personalidade privada – haja vista sua organização ser feita sob o influxo de figuras tipicamente de tal natureza – regem-se, ordinariamente, pelas disposições do Código Civil, ressalvadas as normas especiais decorrentes de outras normas. O preceito tem, em verdade, o mesmo alcance das previsões constitucionais que determinam que a Administração empresarial do Estado deve ser exercida por vias de direito privado (cf. art. 173, §1º, I da CF/88).

Além de disciplinar a questão no plano interno, o Código Civil fixa os casos em que há personalidade de direito público externa, no seu artigo 42. Diz ele: "São pessoas jurídicas de direito público externo os Estados estrangeiros e todas as pessoas que forem regidas pelo direito internacional público." Deste modo, figuras soberanas externas e as que têm sua capacidade reconhecida pelo Direito Internacional possuem perante o Direito brasileiro capacidade.

Assim, à luz do nosso direito positivo, as figuras administrativas são pessoas jurídicas, sendo, portanto, centros autônomos de imputação de deveres e direitos. Daí dispor o artigo 43 que "As pessoas jurídicas de direito público interno são civilmente responsáveis por atos dos seus agentes que nessa qualidade causem danos a terceiros, ressalvado direito regressivo contra os causadores do dano, se houver, por parte destes, culpa ou dolo."

Todavia, o Código Civil não se limita a atribuir personalidade às figuras estatais que integram a Administração. Ele atribui a todas elas indistintamente capacidade para prática de atos na ordem civil. Diz o Código Civil logo no seu 1º artigo: "Toda pessoa é capaz de direitos e deveres na ordem civil."

Logo, de acordo com os preceitos de nosso Direito positivo, toda figura a que se reconhece personalidade jurídica é capaz de direitos na ordem civil.[218] Independentemente da natureza pública ou privada da pessoa, ela tem aptidão para atuar na ordem civil. Na mesma medida em que não se discute, por exemplo, o direito de o Estado Francês ou a Organização das Nações Unidas celebrar um contrato válido perante o Direito Brasileiro, pois são pessoas jurídicas perante ele (cf. o artigo 42 do Código Civil) e, pois, dotados de capacidade, não se discute que esta mesma possibilidade exista no que se refere às demais pessoas de direito público. A princípio a qualificação "pessoa de direito público" nada altera no que tange à capacidade, gerando outro tipo de consequência, a incidir em outros planos – não na capacidade privada.

Inegável, portanto, que de acordo com os preceitos normativos examinados as pessoas jurídicas de direito público interno têm capacidade de atuar na ordem civil, o que lhes possibilita vir a recorrer a tais modos de atuação. Afinal, "Fala-se de capacidade jurídica para exprimir a aptidão para ser titular de um círculo, com mais ou menos restrições, de relações jurídicas (...)".[219]

Assim, toda pessoa que integra a Administração pública possui em abstrato a capacidade para agir na ordem civil. Melhor dizendo: todas elas têm a capacidade de se inter-relacionar com os demais sujeitos de direito de acordo com as prescrições de índole genérica previstas pelo Código Civil e demais normas que integram a ordem civil. Os modelos de atuação previstos no Código então não estão *a priori* vedados para a Administração: pelo contrário, sua utilização é expressamente autorizada, na medida em que ela – em todos os seus níveis – possui capacidade civil. Como a Administração não é um espírito sem corpo; os centros de decisão sempre serão reconduzidos a uma personalidade jurídica (ainda que sejam as pessoas políticas a que se vinculam), o que espraia a capacidade a todos aqueles que desenvolvem função administrativa.

---

[218] Na vigência do Código Civil de 1916 apenas havia preceito – no seu artigo 14 – que estabelecia as pessoas de direito público, arrolando dentre elas a União e os Estados, nada falando acerca de sua capacidade. Nada obstante não houvesse preceito que dissesse expressamente que tais pessoas tinham capacidade para os atos da vida civil, pois o artigo 2º deste diploma só falava em "todo homem", fato é que ela era consequência inequívoca da personificação. Assim, o Código vigente apenas tornou mais clara a matéria, pois desde a vigência do Código Civil de 1916 as pessoas de direito público possuem capacidade.

[219] PINTO, Carlos Alberto da Mota. *Teoria Geral do Direito Civil*. 3. ed. Coimbra: Coimbra, 1996. p. 192.

CAPÍTULO III
O EXERCÍCIO DA FUNÇÃO ADMINISTRATIVA POR VIAS DE DIREITO PRIVADO | 173

Claro que os direitos que tocam à Administração não são todos, pois a simples condição de pessoa jurídica já exclui uma série de institutos do Direito Privado, como a sucessão, o matrimônio, os direitos da personalidade etc. Em regra, cogita-se da aplicação dos institutos que regem a propriedade, as obrigações, os contratos e as formas de organização empresária.[220] Há, portanto, de haver uma adequação estrutural entre a norma e a própria configuração jurídica da Administração como pessoa jurídica.[221] Além disso, como se verá abaixo, há certos direitos e restrições presentes na ordem civil que, por uma inadequação ao perfil jurídico-constitucional da Administração, também não são a ela extensíveis. Todavia, isso não turba a existência de uma habilitação geral para a utilização das vias privadas.

Disso deriva que todas as pessoas administrativas, a princípio, estão autorizadas a atuar na ordem civil, o que lhes garante habilitação jurídica de índole genérica para praticar atos regidos por formas de Direito Privado. Logo, não parece ser necessária autorização de outra natureza para que elas venham a atuar na ordem jurídica privada. A autorização é de índole geral e potencialmente está sempre disponível à Administração.

Com efeito, essa habilitação não ofende a reserva de lei, pois qualquer atuação da Administração na ordem civil está expressamente legitimada por lei.[222] O próprio Código Civil é que se encarregou de dar às pessoas administrativas tal prerrogativa: a de atuar na ordem civil, valendo-se dos preceitos do Direito Privado para se inter-relacionar com os demais sujeitos jurídicos.

---

[220] Alexandre Santos de Aragão indica os desafios colocados pela participação de figuras estatais em arranjos contratuais como *joint-ventures*, consórcios, acordos de acionista que acabam por dar ensejo a arranjos societários em que o Estado participa, contudo sem deter o controle, afastando assim os modelos consagrados da empresa de economia mista que o supõe (Empresa Público-Privada. *Revista dos Tribunais*, São Paulo, n. 890, p. 33-68, dez. 2009). Tais manifestações são típicas incidências da atuação do Estado segundo sua capacidade geral de Direito Privado.

[221] De acordo com Jean Waline, é preciso circunscrever o debate acerca da aplicação das regras da Administração Pública, pois o problema só se põe naqueles campos em que os problemas a serem resolvidos interessam tanto os particulares quanto os administradores. Há uma série de normas que se aplicam diretamente com exclusividade à Administração por não encontrarem equivalência no mundo das relações privadas (Droit Public – Droit Privé, Institutions Publiques – Institutions Privées, Le point de vue d'un publiciste. In: AMSELEK, Paul (Org.). *La Pensée de Charles Eisenmann*. Paris: Economica, 1986. p. 147-156, especialmente na p. 150).

[222] Basta para que o princípio da legalidade seja atendido a indicação do fim público, cabendo a Administração optar pelo meio mais satisfatório para satisfazê-lo. É o que se chama no Direito italiano de "legge indirizzo". Cf. Ruggiero Dipace. (*Op. cit.*, p. 192).

O jogo que aqui se estabelece é de outra natureza. Na medida em que a Constituição põe limites e condiciona toda atuação administrativa, isso por certo exclui a adoção de certos modelos previstos pela ordem privada, ou ainda de alguns preceitos específicos nela contidos. Assim, por hipótese, a contratação pública deve obedecer às estritas regras da Constituição, não podendo ser substituída por preceitos da ordem privada destinados à contratação de mão de obra. Contudo, o fenômeno se dá não por conta de uma inaptidão da Administração a se sujeitar a essas regras por um especial apanágio da sua condição. As eventuais exclusões se dão, pois a Constituição previu regras especiais para determinados casos, que devem, com a escusa do truísmo, preferir aos modelos privados. Outrossim, leis especiais podem vir a criar novas restrições. Isso, entretanto, não implica qualquer rejeição em bloco da ordem privada. As derrogações são pontuais.

Evidentemente, a capacidade privada da Administração não proscreve que tais pessoas jurídicas se utilizem de vias de Direito Público atuando, para usar a nomenclatura do Código Civil para além da "ordem civil".

Embora seja fora do alcance de dúvida a existência da capacidade privada reconhecida às pessoas jurídicas de direito público interno, as regras relativas a tal quadrante de atuação não esgotam o ciclo da sua atuação. É dizer, a Administração não se sujeita apenas aos preceitos da ordem privada, recebendo por força da Constituição e de leis especiais margens de atuação alheias àqueles domínios. Há, portanto, um *plus* em favor da Administração que não eclipsa o fato de que ela possui sim capacidade geral para atuar na ordem privada. Assim, por exemplo, nada obsta que, respeitados os pressupostos públicos referentes à formação da sua vontade, a Administração entabule a compra e venda de um imóvel, regida pelas normas do Direito Privado.[223] Ela tem capacidade para tanto. Entretanto, não havendo acordo possível com o particular, nada impede que a Administração se valha das vias de autoridade ao seu dispor, também previstas por lei, e desaproprie o mesmo imóvel. São duas capacidades de agir distintas, uma de ordem geral derivada da simples condição da Administração como sujeito de direito. Outra, expressamente imputada à Administração, por lei

---

[223] Tradicionalmente sempre se reconheceu a possibilidade de o Estado adquirir bens por instrumentos privados, tal como se vê em Floriano de Azevedo Marques Neto (*Bens Públicos, Função Social e Exploração Econômica* – O regime jurídico das utilidades públicas. Belo Horizonte: Fórum, 2009. p. 248). Isto configura em verdade o reconhecimento ainda que implícito da capacidade de a Administração agir por vias privadas, decorrente de sua própria condição de pessoa jurídica.

especial, que a autoriza a adquirir o domínio de bens sem o concurso da vontade do particular. Perceba-se que as habilitações para atuação devem haver em ambos os casos; o que ocorre é que existe uma habilitação geral para a prática de atos na ordem privada derivada de norma expressa do Código Civil. Daí, por exemplo, não parecerem acertadas as opiniões que sustentam que deva haver uma autorização especial em lei para aquisição de um bem para além da técnica expropriatória.[224] Tais linhas simplesmente não atentam à existência da capacidade geral da Administração para atuar na ordem privada!

Conclui-se, portanto, que as habilitações especiais relativas à ideia de reserva que se exigem para a Administração agir dizem respeito muito mais com as margens de atuação que vão além do Direito Privado, do que com as ordinárias, que são resultados da sua capacidade jurídica. Isto porque há uma especial necessidade de justificar as atuações da Administração que se valem das notas da unilateralidade (como bem demonstra, *v.g.*, o dever de exercê-las segundo o devido processo legal). Aliás, aqui há um dado importante a ser considerado. Na medida em que a Constituição estabelece que legislar sobre Direito Civil é uma competência privativa da União (cf. artigo 22, I) percebe-se que um dado uniforme a todas as Administrações Públicas que integram o território nacional é possuir capacidade para atuar de acordo com tais modelos (bem como o dever de respeitá-los).[225] Daí o porquê de se exigirem títulos de atuação específicos para cada modo de atuação que seja para além dos modelos disponíveis pela ordem privada. Em rigor, pode-se até questionar, a partir daí, a capacidade de, por meio de leis cujo alcance federativo é restrito, limitar essa capacidade de índole geral reconhecida pelo Código Civil. Nada obstante possa se modular a competência para a Administração atuar sob regime privado, ela não pode ser esvaziada em vista do seu caráter nacional.

Feitas as considerações acima, vê-se com clareza que a utilização de vias privadas é uma alternativa à disposição da Administração. Ela

---

[224] Sobre essa questão, consultar a resenha da discussão feita por Floriano de Azevedo Marques Neto (*op. cit.*, p. 253-254), que resolve a questão por uma interpretação sistemática, indicando a inexistência do dever de haver autorização em lei sem, todavia, indicar a existência de uma capacidade de Direito Privado da Administração.

[225] Daí não se poder concordar com Romeu Felipe Bacellar Filho, quando ele indica que competência da União não poderia embaraçar a competência de cada uma das pessoas políticas para legislar sobre Direito Administrativo (*Direito Administrativo e o novo Código Civil*. Belo Horizonte: Fórum, 2007. p. 30-31). O fato de haver uma competência nacional para que se legisle sobre Direito Civil não implica sua desnaturação, quando ele esteja a ser aplicado pela Administração, como parece defender o referido jurista.

pode ser utilizada tanto nos casos em que não há regulação pública a ser aplicada, quanto naqueles em que não houver antinomia entre a solução a ser adotada com as normas que regulam a competência administrativa. Não havendo juízo de incompatibilidade expresso, a Administração pode optar pelas vias privadas, não estando sempre obrigada a atuar de acordo com os modelos de ordem pública à sua disposição.[226]

Aqui razões de eficiência, ou de conveniência e oportunidade, podem conduzir a Administração a optar por modelos de atuação que remetem à ordem privada. Ressalvadas as salvaguardas que derivam da própria presença da Administração na relação jurídica, o caráter público das decisões que ela toma, bem como a necessária vinculação a certos valores alheios ao mundo privado, o exercício da função administrativa é compatível com a utilização de vias privadas. Claro que uma decisão desta ordem deve estar devidamente justificada, pois é pública, e indicar o porquê de se escolher tal modo de atuação em detrimento de outro modo de atuar (que também devem ter sua aplicação justificada, diga-se de passagem). Portanto, nada há de especial na utilização das vias privadas sob o ponto de vista da fundamentação da atuação da Administração; assim como as decisões tomadas em regime público, elas devem ser devidamente justificadas, de modo a se permitir o seu controle.

Note-se ainda que a Administração possui o dever de gerar os fins a ela impostos pela ordem jurídica, bem como tem a capacidade de tomar a ordem jurídica como um dado dinâmico com vistas a atingir os valores que a sociedade dela espera. A eficiência assim o exige. Neste sentido, a relação da Administração com a ordem privada deve ser vista como uma alternativa à disposição do administrador público, nas quais pode exercer uma maior liberdade de conformação dos meios da atuação administrativa. Claro que isso não significa romper com o dever de atentar aos valores previstos pela ordem jurídica. Como já afirmado várias vezes, a utilização de vias privadas se submete a diversas pautas que impedem a aplicação pura e simples de regras privadas pela

---

[226] Nesta linha merece críticas o acórdão proferido pela Corte Especial do Superior Tribunal de Justiça no REsp nº 55.565/ES, Rel. Min. Milton Luiz Pereira, *DJ* 19.6.1995. Nesse julgado reprovou-se a utilização de contrato de locação celebrado entre uma empresa pública e um particular para a exploração privada de uma determinada área, sob a alegação de que a *forma típica* para consagrar essa utilização seria a concessão de uso de bem público, reputando-se irregular a celebração daquele contrato em lugar deste. Com efeito, a linha adotada desconsidera por completo a existência da capacidade de Direito Privado da Administração.

Administração. Isso porque a Administração jamais age propriamente como um particular. No entanto, isto não significa de modo algum que tais alternativas estejam vedadas ao administrador pelo simples fato de pertencerem à ordem privada. Como anotou Paulo Otero:

> Com efeito, uma coisa é a aplicação do Direito Privado pela Administração Pública ter que se conjugar com diversas vinculações públicas de natureza constitucional. Outra bem diferente é determinar se a Constituição impõe espaços de atuacção administrativa excluídos de qualquer intervenção reguladora por parte do Direito Privado (ainda que "publicizado"), criando, deste modo, "feudos" ou "coutos privativos" a favor do Direito Administrativo.[227]

De toda sorte, da existência da capacidade geral das pessoas jurídicas de Direito Público interno agirem segundo os modelos da ordem privada infere-se uma capacidade de escolha da Administração em relação aos meios que utilizará. Esta prerrogativa, aliás, já havia sido reconhecida por Manoel de Oliveira Franco Sobrinho ao anotar que:

> Embora atuando no campo do direito público, ou atuando no campo do direito privado, o Estado-administrativo é pessoa jurídica. Se se lhe retirar a personalidade jurídica não resta senão o arbítrio. (...)
> Inquestionável que tanto a conveniência como a oportunidade, não levam a uma atividade administrativa distanciada do direito. *Possui a administração, na livre discrição, a faculdade de escolher os instrumentos operacionais*. Podendo, em face das circunstâncias, qualificar ou não a conveniência, declarar ou não a oportunidade. Quando o faz assume relações que estão determinadas pela finalidade.[228]

Feitas tais ponderações, uma última questão há de ser examinada. Ela diz respeito aos dois campos em que a utilização de vias privadas é evidenciada: o da gestão patrimonial da Administração e o da gestão consensual de prerrogativas de fiscalização/sanção que tradicionalmente integram o Poder de Polícia.

Em relação ao primeiro dos campos, na justa medida em que o Direito Privado é o Direito natural do comércio jurídico, é mais fácil ter clara a contribuição do reconhecimento de uma capacidade geral de ação da Administração por vias privadas. Há, pois, uma vocação natural

---

[227] *Vinculação e Liberdade de Conformação Jurídica do Sector Empresarial do Estado.* Coimbra: Coimbra, 1998. p. 289.

[228] *Obrigações Administrativas.* Rio de Janeiro: Forense, 1983. p. 30-32.

para que os instrumentos relativos à gestão do patrimônio descritos na legislação civil (aquisição da propriedade, obrigações, contratos etc.) sejam utilizados pela Administração quando ela tem a necessidade de agir segundo a lógica econômica.

Ela vai se traduzir basicamente na possibilidade de a Administração Pública entabular contratos relativos à aquisição de bens e serviços nos quais a regência preferencial se dá por meio do Direito Privado, dispensando a incidência das chamadas cláusulas exorbitantes, bem como na possibilidade de ela se afastar dos modelos definidos na lei, valendo-se da técnica da atipicidade.[229] Com efeito, atuando segundo sua capacidade geral de Direito Privado, a Administração pode – ao lado da sistemática dos contratos administrativos disciplinados pela Lei nº 8.666/93, celebrar outras avenças, com base na sua capacidade de atuar segundo os modelos gerais da legislação civil. Ao passo que aquele diploma regerá a celebração de contratos administrativos em que a incidência das cláusulas exorbitantes se dá para além da regulação estipulada no próprio instrumento, por força do seu artigo 58, a legislação ordinária regerá os vínculos em que a Administração optou por afastar a incidência do *jus variandi*, submetendo-se aos preceitos da Legislação Civil.[230]

O que importa destacar é que a Administração tem a possibilidade – *nos contratos que não envolvem a utilização de prerrogativas públicas em face dos particulares* – de implementar contratos de direito privado

---

[229] Por vezes a presença das cláusulas exorbitantes encerra mesmo desvantagens à Administração, afastando-se dos fins que as legitimam. É o que explica Fernando Dias Menezes de Almeida, arrolando os seguintes inconvenientes: (i) estímulo à ineficiência; (ii) ampliação dos custos para Administração; (iii) incentivo à prática de abusos de autoridade, como a coação moral e (iv) facilitação de desvios éticos (Mecanismos de Consenso no Direito Administrativo. In: ARAGÃO, Alexandre Santos de; MARQUES NETO, Floriano de Azevedo (Org.). *Direito Administrativo e seus Novos Paradigmas*. Belo Horizonte: Fórum, 2008. p. 335-349, especialmente a p. 344).

[230] Com efeito, alguns objetos estão excluídos da possibilidade de disposição pela via do contrato celebrado pela administração regido pelo direito privado. Em que pese a dificuldade de fixar pelo objeto no que devem constituir os contratos submetidos ao direito público, tem-se que é inviável entabular instrumentos regidos pelo Direito Privado quando o particular for investido de prerrogativas de natureza pública por força do vínculo que celebra com a Administração. Assim, contratos de concessão, por exemplo, em que o concessionário fica investido de certas prerrogativas públicas, não podem ser celebrados por vias privadas. Essa é, por exemplo, a opinião de Mário Masagão que indica ser esse o óbice a reconhecer natureza privada à concessão (*Natureza Jurídica da Concessão de Serviço Público*. São Paulo: Livraria Acadêmica, 1933. p. 84). Todavia, tais restrições não parecem incidir no que toca aos contratos regidos pela Lei nº 8.666/93 que rege, conforme seu artigo 1º, a contratação de obras, serviços, compras, alienações, e locações – que não são públicos na essência.

da Administração, de modo a afastar a incidência das cláusulas exorbitantes. Aliás, essa possibilidade é reconhecida pela própria Lei de Licitações e Contratos Administrativos, ao indicar no artigo 62, §3º, I que as cláusulas exorbitantes do artigo 58 são aplicadas "no que couber" aos "aos contratos de seguro, de financiamento, de locação em que o Poder Público seja locatário, e aos *demais cujo conteúdo seja regido, predominantemente, por norma de direito privado*". A par de a própria lei ter afastado certos objetos da incidência integral do regime administrativo, ela concedeu abertura para que novos objetos sejam submetidos à técnica do direito privado da Administração.

Por outro lado, outra decorrência da existência de uma capacidade geral de a Administração agir segundo as normas da ordem privada está na possibilidade de ela utilizar-se da técnica da atipicidade, celebrando ajustes que não se submetem a um modelo pré-definido em lei ou mesclando as indicações legais prévias com preceitos originários.[231] A advertência tem especial importância para que se perceba que no âmbito de determinado contrato pode a Administração afastar a incidência de certos preceitos, substituindo-os por cláusulas contratuais que atendam mais aos seus objetivos. À capacidade de Direito Privado da Administração corresponde uma liberdade de formas no que toca aos vínculos patrimoniais por ela estatuídos.[232] Ao lado dos modelos prescritos em lei, em que as soluções são previamente tarifadas pelo legislador, a Administração pode – por meio de sua atuação criativa – imaginar outros modelos capazes de ser implementados com vista à obtenção do interesse público em concreto. Pode-se então afastar uma concepção que exige tipicidade na atuação administrativa, reduzindo a capacidade de decisão da Administração a modelos expressamente consagrados na lei, independentemente de eles se mostrarem adequados ao caso concreto.[233]

---

[231] Refere-se aqui à atipicidade em relação aos tipos contratuais previstos em lei. Para aprofundar a análise acerca dos contratos atípicos, consultar a obra de Pedro Paes de Vasconcelos, *Contratos atípicos*. Coimbra: Almedina, 1995, especialmente p. 207-243.

[232] O reconhecimento de uma capacidade geral para atuar na ordem civil implica a capacidade de atuar atipicamente, vinculado apenas pelas finalidades externas que se põe à Administração (cf. Ruggiero Dipace (*Partenariato Pubblico Privato e Contratti Atipici*. Milão: Giuffrè, 2006. p. 225-233).

[233] Sobre uma visão do tema exclusivamente a partir da *rationale* da contratação administrativa, anotam Benedicto Pereira Porto Neto e Pedro Paulo de Rezende Porto Filho que "O acordo de vontades entre as partes ficava limitado à definição do objeto da avença e da remuneração do particular contratado. No mais, as relações eram disciplinadas diretamente em lei (regime legal). Nesse quadro, o papel do acordo de vontades era muito reduzido; ele se restringia a formar o vínculo com definição do seu objeto, e a fixar a remuneração

Além da sua notável influência no campo da gestão patrimonial administrativa, a capacidade de a Administração atuar por intermédio de vias privadas traz efeitos também para as manifestações referentes à atuação soberana da Administração. É que na medida em que nesses casos tem-se uma atuação consensual, as ideias expostas acima também encontram trânsito. Na medida em que a substituição de penalidades e os ajustes de conduta assumem natureza bilateral – sendo equiparados a negócios jurídicos, segundo Parejo Alfonso – elas sofrem influência da capacidade privada da Administração. Assim, encerrar litígios perante técnicas concertadas é algo que se insere no *thelos* da atuação pela via da gestão privada. Máxime em havendo preceito no art. 840 do Código Civil que diz que "É lícito aos interessados prevenirem ou terminarem litígio mediante concessões mútuas".[234]

Aqui, a capacidade de agir segundo vias privadas se convola na possibilidade, que se reconhece a qualquer sujeito dotado de capacidade jurídica, de encerrar litígios pela via do consenso.[235] A questão que se põe, portanto, diz com a legitimidade para entabular tais ajustes, que se resume no plano público a uma questão de competência. Havendo regra que autorize o exercício da competência sancionatória por parte de determinado administrador, encontra-se dentro das faculdades a ele reconhecidas substituir sua imposição por outra que entenda mais adequada a preservar a ordem jurídica, não podendo, contudo, contrariar o bloco de legalidade a que ele está sujeito. Isto apenas não ocorrerá se houver uma opção definitiva na lei pela aplicação de uma sanção, que não deixe qualquer margem à ponderação.

Assim, por exemplo, não pode o exercício dessa capacidade de compor conflitos pela via consensual se transformar em um instrumento para coagir o particular a aceitar imposições que não encontram lastro

---

do particular contratado, sem definir substancialmente seu regime jurídico." (Contratos celebrados pela Administração Pública – ampliação do acordo de vontade entre as partes. *Revista Zênite de Licitações e Contratos – ILC*, n. 180, p. 125, fev. 2009).

[234] Preceito este que repete a norma do artigo 1.035 do Código Civil de 1916.

[235] O Código Civil também preceitua que "Só quanto a direitos patrimoniais disponíveis de caráter privado se permite a transação". Não parece que ele seja óbice para que litígios sejam encerrados consensualmente pela Administração. Com efeito, o preceito destina-se às pessoas naturais e tem o sentido de evitar a disposição de direitos personalíssimos, tidos por insuscetíveis de serem alienados. Ele não diz respeito a relação do Estado com seus interesses. Com efeito, a Administração na qualidade de sujeito de direito público, fica fora da restrição que, a partir de uma interpretação sistemática, não se lhe aplica. Como afirmado, a questão aqui é definir se o administrador tem ou não competência para prática de determinado ato, nada mais. Incide, portanto, uma inadequação estrutural entre a restrição e a posição institucional da Administração a afastar a norma.

em lei ou se desconectam do interesse público.[236] Embora se tolere a avaliação discricionária – pois a *ultima ratio* que é a aplicação da pena é disponível para o administrador – isso não significa um cheque em branco passado em seu favor. Novamente a ideia que preside a atuação dessa competência é a adequação do provimento estatuído à finalidade pública, estando ela devidamente justificada.

E nem se diga que uma atuação de tal ordem consistiria em burla à indisponibilidade ínsita à Administração. Isto constitui, ao que parece, uma leitura equivocada deste princípio. Ele significa, nada mais, nada menos, o dever de sujeição do administrador à finalidade externa que lhe vincula, que não pode por ele ser elidida, haja vista sua natureza funcional. Neste sentido é que se pode aludir à indisponibilidade do interesse público. No princípio não está contido qualquer preceito que proscreva que o administrador disponha das competências que lhe são atribuídas, nos limites das faculdades de ação que lhe são dadas pelas normas. A levar às últimas consequências o raciocínio, nenhum administrador poderia estabelecer qualquer espécie de vínculo consensual, pois, nesta hipótese, está a dispor da esfera de direitos da Administração. Se o princípio assumisse a carga que por vezes se pretende emprestar a ele, a própria celebração de contratos administrativos estaria vedada, o que demonstra o equívoco da premissa de que se partiu. Ora, a competência é exatamente um espaço em que se admite a disposição válida – de modo a obrigar a Administração – por parte do agente. Logo, dentro da regra de competência o administrador dispõe da Administração, exercendo em concreto a função administrativa. Um bom exemplo para desmistificar essa questão é a indicação de que nossa ordem jurídica admite que a ação penal seja objeto de transação penal entre o denunciado e o Ministério Público, titular da ação penal (cf. Lei nº 9.099/95), bem como admite a delação premiada que nada mais é que a barganha acerca do *jus puniendi* do Estado (como se vê, *v.g.*, na Lei nº 9.807/99). Ora, se são admitidos tais fenômenos sem maiores embaraços, não há por que pretender que a indisponibilidade assumisse uma estrutura distinta no que se refere à função administrativa.

Assim, não parece necessário que a celebração de atos consensuais relativos à composição de interesses no seio da Administração

---

[236] Não foi à toa que Rogério Ehrhardt Soares indicou que um dos riscos da administração negociada reside exatamente na imposição indevida de cargas ao particular, à margem da legalidade, que impliquem na demissão do Estado das suas missões (Sentido e Limites da Administração Pública. *Cadernos de Direito Administrativo de Macau*. Macau: SAFP, 1997. p. 13-15).

careça de uma autorização normativa específica, pois ela está contida na capacidade de agir segundo vias privadas que a ela se reconhece. Nada obstante haja diversos fundamentos normativos expressos a autorizar a utilização de tais instrumentos – como, por exemplo, nas leis que regem o Conselho Administrativo de Defesa Econômica (CADE) e a Comissão de Valores Mobiliários (CVM), parece que esse rol não é exaustivo. Aliás, em abono dessa circunstância indica-se que há preceitos que vedam a celebração de qualquer avença dessa natureza em determinados casos como, por exemplo, no que toca às ações de improbidade administrativa (art. 17, §1º da Lei nº 8.429/92). Ora, o sentido de tais vedações expressas é justamente ratificar a existência da desnecessidade de uma autorização específica em cada caso. Não é, portanto, devido a um acaso que usualmente a possibilidade de utilização desses instrumentos está prevista nos Regulamentos expedidos pelas Agências Reguladoras, tal como se dá, por exemplo, com a Agência Nacional de Energia Elétrica (ANEEL) (Resolução nº 333/2008) e com a Agência Nacional de Transportes Terrestres (ANTT) (Resolução nº 153/2003).

Registra-se ainda que o fato de tais questões se colocarem dentro de uma lógica processual não parece alterar as conclusões expostas acima. É que além de a capacidade privada da Administração constituir um título idôneo por si só para celebração de atos negociais, a liberdade de formas inerentes ao processo administrativo permite a articulação dessas competências ao interno do processo. Nesta linha registra-se que o artigo 840 do Código Civil expressamente permite que litígios sejam encerrados por aquilo que chamou de transação.[237] Assim, atos consensuais podem ser adotados no bojo de relações processualizadas, assumindo natureza símile à de transação. O fato de haver um processo administrativo não é embaraço para a prática de tais atos.[238]

Outrossim, o fato de haver processo judicial também não o é. Nos casos em que, por exemplo, a Administração – representada pela pessoa que lhe encarna – propõe uma ação civil pública, ela pode antes

---

[237] Romeu Felipe Bacellar Filho expressamente admite a transação por parte da Administração com base no referido preceito, reconduzindo tal decisão à discricionariedade. Sem embargo de se concordar com a conclusão é de se indicar que ela exige um *prius*: admitir uma capacidade de a Administração atuar sob vias privadas (*Op. cit.*, p. 192-193).

[238] Juliana Bonacorsi de Palma propõe uma classificação dos atos tendo em vista a posição que ocupam no processo. Há os *acordos substitutivos*, que trocam a imposição da pena pela assunção de obrigações por parte do administrado e há os *acordos integrativos*, em que a prática de determinado ato por parte da Administração, fica condicionada à satisfação de certos requisitos por parte do particular, como ocorre em certas autorizações com encargo (*Op. cit.*, p. 191-200).

do julgamento final da demanda celebrar acordo nos autos com vistas a extinguir o feito e satisfazer sua necessidade por meio do acordo, tal como lhe faculta o artigo 5º, §6º da Lei da Ação Civil Pública. Neste caso há a expressa indicação da possibilidade de celebração de um acordo com vistas à extinção do processo, o que bem demonstra a possibilidade de esses atos virem a ser praticados mesmo quando há a propositura de uma ação.

Destaca-se, contudo, que o acordo que põe termo à demanda, embora seja celebrado dentro de uma relação processual, assume a natureza de ato de direito material (nos termos do artigo 840 do Código Civil). Isto bem indica que o que está em causa, mesmo nestas hipóteses, são as possibilidades reconhecidas à Administração para celebrar acordos, tal como lhe é autorizado pelas normas do Código Civil. Com efeito, mesmo o fato de se estar no bojo de uma relação já colocada sob a análise do Judiciário não constitui embaraço para que, por meio de sua capacidade geral de Direito Privado, o Estado termine litígios pela via consensual.

CONCLUSÕES

A pesquisa efetivada tinha por objetivo investigar as possibilidades de utilização do Direito Privado pela Administração Pública. Algumas questões fundamentais animaram o trabalho. Primeiro, saber no que o Direito Privado pode contribuir com o exercício da função administrativa. Segundo, saber que espécie de Direito Privado pode ser aplicado pela Administração. Ou seja: em que medida ele é aplicável por parte de um sujeito de direito que possui uma posição institucional própria, incapaz de ser vista em outros sujeitos. Por fim, era necessário examinar se no Direito brasileiro haveria uma habilitação para que a Administração pudesse se valer do Direito Privado, ou, pelo contrário, as autorizações deveriam ser pontuais e casuísticas.

Para dar conta de responder tais questões optou-se por adotar uma estrutura tripartida: primeiro, destacar a relação havida entre o Direito Privado e a Administração Pública em diversos cenários e momentos históricos distintos. Tal exposição destinava-se a demonstrar a permanência do Direito Privado no que toca à sua participação em relações de que a Administração toma trato. Posteriormente, examinou-se a própria função administrativa para definir quais as suas características de modo a poder investigar em que medida elas podem ser levadas a cabo por vias de Direito Privado. Por fim, buscou-se destacar quais são os limites e possibilidades da utilização do Direito Privado pela Administração.

Tendo em vista a forma pela qual foi dividido o trabalho, as conclusões pontuais acompanharão a divisão apresentada, de modo a se destacar a relação que há ente as diversas ideias apresentadas, que se integram em vista das questões fundamentais que orientaram a pesquisa.

Em relação ao primeiro capítulo, "Direito Administrativo e Direito Privado: aproximações e afastamentos", as seguintes conclusões devem ser destacadas:

(i) A Administração Pública é compreendida como uma estrutura que, *a priori*, conta com um regime que lhe é próprio, integrado por regras diversas das que são destinadas a reger as relações privadas;

(ii) Usualmente sustenta-se que especificidade do Direito Administrativo reside exatamente na natureza das regras que o integram, que são derrogatórias das que integram o Direito Comum, compreendido como o repertório de normas que usualmente se destina a reger a vida em sociedade;

(iii) A ideia de que há um regime distinto no que toca ao exercício do Poder antecede o Estado Liberal e é, portanto, anterior ao Direito Administrativo, podendo ser reconduzida às formulações do Direito Antigo;

(iv) Basicamente há duas matrizes de sistemas de Direito Administrativo na Europa: a francesa e a alemã, que nada obstante haja pontos de aproximação, conhecem dissensos, em especial, no que se refere à possibilidade de utilizar o Direito Privado;

(v) O sistema francês, por contingências históricas, pretendeu rejeitar em bloco o Direito Privado, sendo essa concepção decorrente de uma peculiar noção acerca da separação de poderes da qual o Conselho de Estado foi o guardião;

(vi) Na Alemanha, ao contrário da França, admitia-se que certas margens da atuação administrativa fossem levadas a cabo segundo as regras do Direito Privado, tendo em vista a preservação de um espaço de autonomia para além do Parlamento, bem como por influência da teoria do fisco;

(vii) Sem embargo da distinção entre os sistemas, que vai gerar peculiaridades em cada um deles, pode se tomar a evolução da Administração de acordo com a própria evolução do Estado (períodos Liberal, Estado de Bem-Estar Social e Pós-Social), o que leva a diferentes arranjos entre o Direito Privado e o Direito Administrativo;

(viii) No período Liberal, a Administração Pública recorria ao Direito Privado para vencer as lacunas sentidas no Direito Administrativo; que ainda não dava conta de obter respostas sistematizadas a todas as questões que se lhe apresentavam;

(ix) Outro campo deixado para o Direito Privado era o da gestão patrimonial, compreendida como um espaço de atividade que não era propriamente tocado pelo interesse público e, portanto, podia prescindir dos instrumentos típicos do Direito Administrativo.

(x) Todavia, é no período Liberal que se encontra a melhor justificativa para tentar defender uma separação estanque entre Direito Administrativo e Direito Privado, pois o corte absoluto entre tais matérias depende de uma concepção política de separação entre as esferas da sociedade e do Estado. É durante este período que o Direito Administrativo se afirma como exorbitante do Direito Comum, sendo caracterizado pela possibilidade de agir de maneira autoritária, isto é, tutelando seus interesses de maneira direta, sem qualquer necessidade de articulação consensual;

(xi) O Estado de Bem-Estar Social trouxe uma verdadeira revolução para a questão ao exigir que o Estado tomasse parte diretamente nas relações sociais de modo a implementar os objetivos que dele se esperavam;

(xii) Do ponto de vista do Direito Administrativo, a alteração fundamental foi a perda da identificação do Direito Administrativo com a noção de autoridade que até então lhe caracterizava. Assiste-se assim a uma verticalização das relações administrativas que se traduziu em atos ampliativos de direito e contratos passados pela Administração;

(xiii) Contudo, mesmo no Estado social a utilização do Direito Privado presumia a atuação em um espaço de relações econômicas do qual a Administração tomava parte;

(xiv) Posteriormente, a utilização de vias consensuais atingiu o exercício de poderes públicos, passando a ser realizada em campos antes a ela infensos, tal como a aplicação de sanções pela via do Poder de Polícia.

O primeiro capítulo pretendeu expor a relação entre Direito Privado e Administração sob uma perspectiva descritiva, destacando os diversos momentos dessa relação, que conheceu seus altos e baixos. A grande ideia que deve se levar dele para as análises que se seguem é que nada obstante tenha havido todo um esforço teórico para alijar o Direito Privado da vida da Administração – proscrevendo-o para os domínios em que não se evidenciava a ideia de interesse público – ele sempre esteve presente, tal como um passageiro clandestino. Em especial, quanto mais o Direito Administrativo foi chamado a participar diretamente das relações sociais, mais o Direito Privado foi utilizado pela Administração, como um repertório alternativo de soluções, ao lado das consagradoras de autoridade.

Já quanto ao segundo capítulo – "Função administrativa: conceito, características e posição constitucional" – as seguintes conclusões pontuais podem ser apresentadas:

(i) Dentro das funções acometidas ao Estado, aquela que toca ao Poder Executivo encontra-se, tal qual a jurisdição, subordinada à lei;

(ii) Entretanto, a função exercida pelo Executivo é distinta da realizada pelo Judiciário, pois nesta a legalidade é tomada como um fim em si mesmo, enquanto naquela é uma função prejudicial à atuação daquele Poder – que está orientado à geração concreta dos resultados esperados pela ordem jurídica;

(iii) O elementar, então, da função exercida pelo Executivo, é gerar os resultados esperados pela ordem jurídica, o que implica uma relação distinta entre ele e a lei que se encontra, por exemplo, na função judiciária. A ordem jurídica é tomada como um dado vivo pelo Executivo, que deve efetivá-la a partir de uma atuação constante;

(iv) A atividade executiva, portanto, possui dignidade própria e não pode ser definida de maneira meramente residual (sendo o que restaria após se definir as funções reservadas aos legisladores e aos juízes);

(v) Quanto à estrutura, a atuação executiva pode ser vista como uma função, isto é: uma atividade orientada à satisfação de interesses que não são próprios daqueles que estão a exercê-la;

(vi) Decorre da natureza de função que se reconhece a tal atividade que o controle dos resultados e dos meios utilizados para tanto é uma constante, sendo inerente ao próprio conceito que caracteriza este modo de atuação;

(vii) Os interesses institucionais postos sob a gestão da Administração são públicos, o que implica em sua sujeição a uma lógica de responsabilidade pública a vincular os administradores;

(viii) Quanto ao regime pelo qual essa tarefa é desempenhada, importa destacar que ele se caracteriza primeiramente pelas vinculações institucionais a que a Administração se vincula, que decorrem da sua própria posição no sistema jurídico. É a ideia central da tese de Jean Rivero, no sentido de que o critério que caracteriza a atuação administrativa é a sujeição a um regime de vinculações que remete a idéia de competência (e, portanto, se afasta da ideia de autonomia);

(ix) Por outro lado, qualquer tentativa de enquadrar no que consiste a tarefa reservada ao Executivo deve partir da posição institucional desse poder no sistema constitucional. Desde a afirmação de que a Constituição é norma hierarquicamente superior a todas as demais é imprescindível analisar o tema a partir desse referencial em que se contêm os preceitos elementares da ordem estatal – cf. doutrina de Georges Vedel;

(x) A posição do Executivo na ordem jurídica exige que ele zele pela integridade da ordem jurídica, isto é, dos valores que ele deve efetivar, o que garante que sua relação com a lei não seja a de um mero executor de comandos que lhe são indiferentes, mas sim de ente efetivamente responsável;

(xi) Contudo, o esforço de fixar um regime aplicável ao exercício da função de dar concretude aos comandos sociais não pode conduzir à afirmação de que ele necessariamente se caracteriza pela presença de normas exorbitantes, que garantem à Administração, necessariamente, uma posição de superioridade frente aos particulares. Ir nesta linha é deixar de fora do Direito Administrativo as inúmeras atividades que, desde a superação do modelo Liberal, a Administração desenvolve em regime de mercado, o que configura um resultado contrário à realidade, tal como indicou Charles Eisenmann;

(xii) A função de administrar não prescinde do concurso da vontade do agente, pois – tal como toda pessoa jurídica – a Administração não atua de moto próprio. A vontade do agente se funde com os objetivos institucionais da Administração (pelo processo de imputação), deflagrando sua atuação;

(xiii) À luz da Constituição há um espaço inalienável reservado ao Executivo que não pode ser turbado, sob pena de ofensa à cláusula constitucional de separação dos Poderes (conforme o seu artigo 2º);

(xiv) Antes, contudo, de a Administração definir o papel institucional do Executivo, ela veio dar a conformação jurídica dos processos capazes de se caracterizar como administração pública (artigo 37).

(xv) De acordo com o referido preceito, a atividade de administração não fica restrita ao Executivo, e alcança o seu exercício anômalo por parte de outros entes públicos, seja qual for a sua natureza, bem como alcança a administração indireta;

(xvi) Todavia, a mais importante consequência do referido preceito é estruturar a administração pública ao redor de um plexo de princípios que vão dar especificidade a este modo de atuação. É dizer, no nosso sistema constitucional a atividade de administração se caracteriza pelo dever de conformidade com os princípios descritos no artigo 37 da constituição.

(xvii) Além dos princípios, há uma série de regras que se aplicam à atividade administrativa, que também devem ser observadas onde quer que o fenômeno se manifeste (tais como regras de contratação, regime do funcionalismo, dever de licitar etc.);

(xviii) Os referidos princípios não fixam qualquer opção por um regime administrativo que do ponto de vista material seja identificável com o binômio prerrogativas/sujeições. Daí não se poder falar em uma reserva constitucional referente a um regime material que se aplique à Administração;

(xix) A única opção por um regime material se dá no que se refere à atuação da Administração em regime de mercado, em que se exige que seu inter-relacionamento se paute por normas que não consagram regra de autoridade e privilégio – fora daí admite-se conformação por parte do Legislador;

(xx) Nada obstante encontrar-se o exercício de função administrativa fora do Poder Executivo, este é o seu lócus natural, na medida em que a Constituição imputa às altas autoridades que o integram à direção da Administração Pública, torando-as responsáveis por essa atividade;

(xxi) Assim, a força direcionadora da Administração é exercida pelo Executivo, sendo que a legitimidade democrática da autoridade que ocupa o ápice da estrutura é um importante indicador da autonomia deste poder, bem como da responsabilidade política por meio da qual ele é exercido.

A ideia síntese do segundo capítulo é identificar a função administrativa não por um viés residual, mas encará-la como uma das mais importantes forças que agem na efetivação dos objetivos acolhidos pela ordem jurídica. Isso significa não só que o exercício da função administrativa deve respeito a certas vinculações públicas que lhe são características, mas também que não se deve ver a questão do exercício da função administrativa como uma cega aplicação de programas de decisão alheios aos administradores. Com efeito, os administradores devem agir de modo a concretizar os objetivos que lhe são assinalados, o que é garantido por um espaço de autonomia que lhes assiste. De nada adiantaria imputar deveres aos administradores se todos os meios para atingi-los fossem submetidos à técnica de plena reserva de lei.

Por outro lado, é importante destacar que não há nos termos da nossa Constituição uma vinculação necessária entre o exercício da função administrativa e a utilização de vias de Direito Privado. Assim como as características lógicas que se reconhecem a essa atividade também não predicam uma opção cerrada por um regime de supremacia.

Por fim, as seguintes conclusões podem ser apresentadas no que tange ao capítulo final: "O exercício da função administrativa por vias de Direito Privado":

(i) Usualmente a questão da utilização de vias privadas pela Administração ficava adstrita ao campo secundário da "gestão privada", em que se reconhecia não haver interesses públicos de fato a justificar a adoção de instrumentos de Direito Administrativo. Nestes domínios a utilização do Direito Privado se justificava em função do caráter subalterno dos interesses tutelados. Mesmo se admitindo a possibilidade de utilizar técnicas privadas na presença de um interesse público a utilização destes instrumentos estaria restrita aos casos em que houvesse ainda um interesse patrimonial da Administração. Assim, jamais poderia ser utilizado o Direito Privado para a promoção de um verdadeiro fim público, pois haveria aí uma invencível contradição. É a opinião de Renato Alessi, que foi adotada para expor o que geralmente se compreende acerca da questão;

(ii) Na raiz dessa visão está presente uma premissa que deve ser posta às claras: a separação Direito Administrativo/Direito Privado traria em si um valor prescritivo, separando tais técnicas em vista dos interesses a elas subjacentes (ou critérios daí derivados). Não só a superioridade dos interesses da Administração impediria que ela se valesse do consenso para se relacionar externamente;

(iii) Contudo, a distinção não traz qualquer valor absoluto, como ensinou Charles Eisenmann. Todos os critérios pelos quais pretende se defender que há uma cisão absoluta entre as esferas do Direito Público e do Direito Privado fracassam à luz de contra-exemplos que podem ser reconhecidos no Direito Positivo. Tanto há utilização de vias de autoridade e atos unilaterais no Direito Privado, quanto há atos consensuais no Direito Administrativo;

(iv) Embora não se possa pretender que a distinção Público/Privada seja despida de qualquer sentido, pois a Administração jamais poderá ser vista como um sujeito autônomo, nos termos do Direito Privado, isso por si só não implica que toda a atividade dela deva ser exercida por vias de autoridade. É perfeitamente possível então que a Administração aja por vias consensuais para implementar interesses públicos, sendo que isso não configura qualquer desnaturação das regras que regem o seu atuar, nem ofende a sua natureza;

(v) O próprio então da atuação administrativa é se sujeitar a uma lógica de controle distinta das atividades privadas, por estarem em causa responsabilidades sociais. É dizer, é o papel institucional da Administração – e não a existência de um regime de prerrogativas – que traz consequências sobre a utilização de vias privadas por parte dela;

(vi) Em nosso sistema normativo a questão diz, então, eminentemente com o dever de toda a atuação da Administração – *em vestes consensuais ou de autoridade* – respeitar os princípios e regras que conformam o exercício da função administrativa;

(vii) Tendo em vista a posição institucional da Administração em nosso sistema é que se fixam os limites e possibilidades de utilização do Direito Privado por parte dela. De um lado, registra-se que somente algumas normas do Direito Privado serão compatíveis com a própria conformação da Administração como pessoa jurídica. Deste fato já se excluem diversas regras que regem a atuação privada da possibilidade de virem a reger relações administrativas;

(viii) Além disso, o tipo de exigência que a ordem jurídica põe à Administração pode vir a afastar a incidência de certas normas do Direito Privado que não se mostrem compatíveis com elas;

(ix) Da conjugação de ambos os fatores citados acima conclui-se que a aplicação de normas privadas pela Administração depende de elas estarem disponíveis à aplicação, bem não contrariarem normas específicas (especialmente de alcance constitucional) que se apliquem à função administrativa;

(x) Evidentemente que isso não altera em nada a existência de diversos campos em que a Administração está constrangida a utilizar instrumentos de natureza pública, que não possuem equivalentes nas relações privadas. Todavia isso não significa uma rejeição em bloco do Direito Privado referente àqueles campos de atuação em que normas da ordem privada podem, em tese, ser aplicadas;

(xi) No plano das vinculações a que a Administração se sujeita ao utilizar vias privadas, a primeira delas é que qualquer processo de formação de vontade por parte dela continua integralmente regido pelas normas de natureza pública pertinentes. Assim, a utilização de vias privadas é fruto de uma decisão que é perfeitamente capaz de ser questionada de acordo com as regras que disciplinam o processo de formação da vontade pública;

(xii) Por outro lado, uma vez tomada a decisão de se aplicar o Direito Privado a liberdade da Administração neste campo não é capaz de ser assimilada por completo à dos sujeitos dotados de autonomia efetiva. É que há certas vinculações que são incontornáveis por parte da Administração (especialmente no que se refere à vinculação a direitos fundamentais), que não são elididas por meio da atuação em vias privadas;

(xiii) Mesmo atuando em vias privadas a Administração está constrangida a atingir o interesse público, o que implica a funcionalização da sua atuação privada, mesmo naqueles campos em que os particulares se utilizam destas vias de maneira autônoma;

(xiv) Um primeiro campo de utilização do Direito Privado pela Administração é aquele da gestão patrimonial, entendida em sentido amplo. Como este ramo do Direito é talhado para disciplinar as regras do comércio jurídico, ele tem aptidão para ser atuado pela Administração quando ela necessita se articular com o mercado. Isso se dá em diversas hipóteses, tais como na aquisição de bens e serviços, gestão de bens e serviços públicos e na atividade de fomento. Aqui a justificativa para a utilização do Direito Privado é que pode ser interessante para a Administração, em vistas aos próprios objetivos que ela elegeu para participar diretamente de relações que têm cunho patrimonial imediato, agir por vias que não sejam autoritárias. Com efeito, a relação em bases consensuais pode vir a ser um mecanismo para a Administração se relacionar de modo neutro com o mercado;

(xv) A Administração também pode vir a utilizar o direito privado – por intermédio da figura do negócio jurídico – para disciplinar relações em que, a princípio, se articulam através da ideia de autoridade. A aplicação por excelência dessa técnica se dá quando um poder administrativo é exercido de modo negociado com o particular em substituição a uma atuação puramente unilateral;

(xvi) A questão fundamental da utilização do Direito Privado pela Administração é definir se existe autorização normativa para tanto. No nosso sistema a Administração Pública desfruta de uma capacidade geral de agir segundo os modelos do Direito Privado, pois na qualidade de pessoa jurídica de direito público interno ela é capaz de atos na ordem privada. Essa capacidade é outorgada de modo direto por lei de âmbito nacional e favorece todas as estruturas da Administração que possuam personalidade jurídica;

(xvii) Diante de uma habilitação de índole geral, não há necessidade de títulos específicos que autorizem, caso a caso, a atuação por intermédio de vias privadas. Onde estas existirem elas serão apenas um reforço na possibilidade de se utilizarem tais técnicas. Apenas havendo um óbice direto a essa possibilidade é que está interditada essa possibilidade;

(xviii) O efeito da existência de uma capacidade privada de ordem geral em face da Administração significa a possibilidade de ela utilizar instrumentos atípicos para se inter-relacionar com as demais pessoas jurídicas. Isso é especialmente importante no âmbito dos contratos administrativos onde, a partir dessa capacidade de ordem geral, a administração pode vir a substituir a regulação da lei pela regulação do instrumento que entabular;

(xix) A capacidade para prática de atos na ordem privada também justifica que a Administração utilize-se de vias consensuais no que toca às relações em que se reconhecem em seu favor prerrogativas de autoridade, como as que se referem à sua capacidade de aplicar sanções. Como nestes casos não deixa de haver uma articulação consensual com os privados, a prática de atos consensuais para prevenir ou encerrar litígios também está contida na autorização geral, em especial ao redor da figura da transação. O problema fundamental neste caso é reconhecer a existência de competência para prática deste ato por conta do agente que vier a utilizar das vias consensuais.

O ponto fundamental do terceiro capítulo era destacar com clareza que por si só nada obsta que a Administração se valha de vias privadas quando isto puder contribuir para a satisfação do interesse público. Embora a atuação por vias de autoridade seja fundamental para a Administração – tanto que é reconhecida em diversas normas que se aplicam a ela – ao lado delas convivem as normas que usualmente se destinam a reger as relações privadas. Cuida-se, portanto, de uma opção ao lado da atuação pelas vias que consagram regras de autoridade, ambas evidentemente destinadas à satisfação concreta do interesse público. Nos casos em que o interesse público pode ser tutelado por vias privadas e isto seja conveniente para a Administração tais soluções estão à sua disposição.

Isso não significa qualquer abolição dos controles a que a Administração se sujeita pelo simples fato de ser administração. Com efeito, a Administração não perde sua natureza jurídica ao atuar por vias consensuais. A aplicação de regras da ordem privada não significa que a Administração tenha se libertado dos seus constrangimentos constitucionais. Nestes casos, continua a haver uma atuação funcionalizada, amplamente controlada por mecanismos de natureza pública.

Contudo, é inegável que ao se reconhecer a capacidade da Administração em atuar por vias privadas, decorrente da habilitação geral que lhe é conferida pelo Código Civil, quebra-se com as linhas que sustentam haver uma cisão completa entre o Direito Administrativo e o Direito Privado. Nada em nossa ordem jurídica induz que a atuação da Administração sempre se deva dar por intermédio de normas que consagrem prerrogativas de autoridade. Sempre que for interessante para promover o interesse público e não houver uma impossibilidade jurídica na adoção desta solução, a Administração pode exercer sua função por vias típicas da ordem privada.

Por conseguinte, a conclusão maior do trabalho é a de que não há qualquer antinomia absoluta entre a utilização de vias consensuais e o exercício da função administrativa. Elas se complementam com vistas ao grande objetivo da Administração Pública: gerar em concreto os benefícios que dela se esperam.

REFERÊNCIAS

ALESSI, Renato. *Instituciones de Derecho Administrativo*, tomo I. Tradução de Buenaventura Pelisé Prats. Bacelona: Bosch, 1970.

ALMEIDA, Fernando Dias Menezes de. Mecanismos de Consenso no Direito Administrativo. In: ARAGÃO, Alexandre Santos de; MARQUES NETO, Floriano de Azevedo (Org.). *Direito Administrativo e seus Novos Paradigmas*. Belo Horizonte: Fórum, 2008. p. 335-349.

ANTUNES, Luís Filipe Colaço. *O Direito Administrativo sem Estado* – Crise ou Fim de um Paradigma? Coimbra: Coimbra, 2008.

ARAGÃO, Alexandre Santos de. Empresa Público-Privada. *Revista dos Tribunais*, São Paulo, RT, n. 890, p. 33-68, dez. 2009.

ATALIBA, Geraldo. *O Direito Administrativo no Sistema do "Common Law"*. São Paulo: Instituto de Direito Público da Faculdade de Direito da USP, 1965.

AUBY, Jean-Bernard. A propos de la notion d'exorbitance du droit administratif. In: MELLERAY, Fabrice (Org.). *L'Exorbitance du Droit Administratif en question(s)*. Paris: LGDJ, 2004. p. 9-24.

AUBY, Jean-Bernard. Le rôle de la distintion du droit public et du droit privé dans le droit français. In: FREEDELAND, Mark; AUBY, Jean-Bernard (Coord.). *The Public/Private Law Divide, Une entente assez cordiale?* Oxford: Hart, 2006. p. 9-15.

BACELLAR FILHO, Romeu Felipe. *Direito Administrativo e o Novo Código Civil*. Belo Horizonte, Fórum, 2007.

BAGATIN, Andreia Cristina. A natureza Jurídica dos Acordos previstos pela Lei nº 8.884/94. MOREIRA, Egon Bockmann; MATTOS, Paulo Todescan Lessa (Org.). *Direito Concorrencial e Regulação Econômica*. Belo Horizonte: Fórum, 2010. p. 191-215.

BARTHÉLEMY, Henry. *Traité Élémentaire de Droit Administratif*. 2. ed. Paris: Arthur Rousseau, 1902.

BARTHÉLEMY, Henry. De l'exercice de la souveraineté par l'autorité admistrative. *Revue du Droit Public et de la Science Politique en France et a l'Étranger*, Paris, Giard & Briere, p. 209-227, 1904.

BEAUD, Olivier. La distinction entre Droit Public et Droit Privé: un dualisme qui résiste aux critiques. In: FREEDELAND, Mark; AUBY, Jean-Bernard (Coord.). *The Public/Private Law Divide, Une entente assez cordiale?* Oxford: Hart, 2006. p. 21-38.

BIGOT, François. *Introducion historieque au droit administratif depuis 1789*. Paris: PUF, 2002.

BIGOT, François. L'exorbitance dans la formation historique du droit administratif. In: MELLERAY, Fabrice (Org.). *L'Exorbitance du Droit Administratif en question(s)*. Paris: LGDJ, 2004. p. 25-43.

BORRAJO INIESTA, Ignacio. El intento de huir del Derecho Administrativo. *Revista Española de Derecho Administrativo*, Madri: Civitas, n. 78, p. 233-249, abr.-jun. 1993.

BRUNA, Sérgio Varella. *Agências Reguladoras, Poder Normativo, Consulta Pública, Revisão Judicial*. São Paulo: RT, 2003.

BULLINGER, Martin. El "service public" francés y la "daseinsvorsorge" en Alemania. *Revista de Administración Publica*, n. 166, p. 29-49, jan.-abr. 2005.

CABO MARTÍN, Carlos de. *Sobre el concepto de ley*. Madri: Trota, 2000.

CAILOSSE, Jacques. L'Administration Française doit-elle s'evader du Droit Administratif pour relever le defi de l'efficience? *Politiques et Management Public*, v. 7, n. 2, p. 163-182, jun. 1989.

CAILOSSE, Jacques. *La constitution imaginaire de l'Administration*. Paris: PUF, 2008.

CANARIS, Claus-Wilhelm. *Direitos Fundamentais e Direito Privado*. Tradução de Ingo Wolfgang Sarlet e Paulo Mota Pinto. Coimbra: Almedina, 2009.

CARRETERO PÉREZ, Adolfo. La teoria de los actos separables. *Revista de Administración Pública*, n. 61-63, Madri: Instituto de Estudios Políticos, p. 83-117, 1970.

CASSESE, Sabino. Diritto Pubblico e Diritto Privato nell'Amministrazione. *Scritti in onore di Serio Galeotti*, tomo 1, Milão: Giuffrè, 1998. p. 173-181.

CASSESE, Sabino. *La Construction du droit administratif France et Royaume-Uni*. Paris: Montchrestien, 2000.

CASSESE, Sabino. Tendeze e problemi del diritto amministrativo. Milão, *Rivista Trimestrale di Diritto Pubblico*, n. 4, p. 901-912, 2004.

CASTRO, Augusto Olympio Viveiros de. *Tratado de Sciencia da Administração e Direito Administrativo*. 3. ed. Rio de Janeiro: Jacintho Ribeiro dos Santos, 1914.

CAVALCANTI, Amaro. *Responsabilidade Civil do Estado*, tomo I. Rio de Janeiro: Borsoi, 1956.

CHINCHILLA MARÍN, Carmen. Reflexiones en torno a la polémica sobre el origen del Derecho Administrativo. *Nuevas Perspectivas del Derecho Administrativo, tres estudios*, Madri: Civitas, 1992. p. 21-57.

COUTINHO, Luís Pedro Pereira. As duas subtrações. Esboço de uma reconstrução da separação entre as funções de legislar e administrar. *Revista da Faculdade de Direito da Universidade de Lisboa*, Coimbra, n. 41-I, p. 99-133, 2000.

CRETELLA JÚNIOR, José. *Empresa Pública*. São Paulo: Universidade de São Paulo, 1973.

CUNHA, José Manuel Sérvulo da. *Legalidade e autonomia contratual nos contratos administrativos*. Coimbra: Almedina, 2003.

DEBBASCH, Charles. Le droit administratif, droit dérogatoire au droit commun? *Melánges René Chapus "Droit Administratif"*, Paris: Montchrestien, p. 127-133, 1992.

DIAS, José Eduardo Figueiredo e OLIVEIRA, Fernanda Paula. *Noções de Direito Administrativo*. Coimbra: Almedina, 2009.

DICEY, Albert Venn. *Introduction to the Study of the Law of the Constitution*. Londres: Macmillan, 1893.

DIPACE, Ruggiero. *Partenariato Pubblico Privato e Contratti Atipici*. Milão: Giuffrè, 2006.

DUGUIT, Leon. *Les transformations du droit public*. Paris: Armand Colin, 1913.

DUGUIT, Leon. *Manuel de Droit Constitutionnel*. 4. ed. Paris: E. Bocard, 1923.

REFERÊNCIAS | 199

DUGUIT, Leon. *Las Transformaciones del Derecho – Publico y Privado*. Tradução de Adolfo G. Posada, Ramón Jaén e Carlos G. Posada. Buenos Aires: Heliasta, sem ano.

EISENMANN, Charles. Droit Public, Droit Privé (En marge d'un livre sur l'évolution du droit civil français du XIXe au XXe siècle). *Revue du Droit Public et de la Science Politique en France et a l'Étranger*. Paris: LGDJ, 1952. p. 903-979.

EISENMANN, Charles. La Théorie des "bases constitutionnelles du droit administratif", *Revue du Droit Public et de la Science Politique en France et a l'Étranger*. Paris: LGDJ, 1972. p. 1345-1422.

ESTORNINHO, Maria João. *A Fuga para o Direito Privado* – Contributo para o estudo da actividade de direito privado da Administração Pública. Coimbra: Almedina, 1999.

FAGUNDES, Miguel Seabra. Da Contribuição do Código Civil para o Direito Administrativo. *Revista de Direito Administrativo* – RDA, Rio de Janeiro, ano 19, n. 78, p. 1-25, out.-dez. 1964.

FERRAZ, Anna Cândida da Cunha. *Conflito entre Poderes – O Poder Congressual de sustar atos normativos do Poder Executivo*. São Paulo: RT, 1994.

FERREIRA FILHO, Manoel Gonçalves. *Do Processo Legislativo*. 6. ed. São Paulo: Saraiva, 2007.

FLEINER, Fritz. *Instituciones de Derecho Administrativo*. 8. ed. Traduzido por Sabino A. Gendin. Barcelona: Labor, 1933.

FLEINER, Fritz. *Les Principes Généraux du Droit Administratif Allemand*. Tradução de Charles Eisenmann, Paris: Delagrave, 1933.

FONSECA, Annibal Freire da. *O Poder Executivo na República Brasileira*. Brasília: Unb, 1981.

FORSTHOFF, Ernst. *Traité de Droit Administratif Allemand*. Tradução de Michel Fromont. Bruxelas: Bruylant, 1969.

FRANCO SOBRINHO, Manoel de Oliveira. *Obrigações Administrativas*. Rio de Janeiro: Forense, 1983.

FROMONT, Michel. *Droit administratif des États européens*. Paris: PUF, 2006.

GARCIA DE ENTERRÍA, Eduardo. *La lucha contra las inmunidades del poder*. 3. ed. Madri: Civitas, 1989.

GARCIA DE ENTERRÍA, Eduardo e RÁMON FÉRNANDEZ, Tomás. *Curso de Derecho Administrativo*, v. I, 12. ed. Madri: Thomson Civitas, 2005.

GARRIDO FALLA, Fernando. Privatización e Reprivatización, Madri: Centro de Estudios Constitucionales, *Revista de Administración Pública*, n. 126, p. 7-26, set.-dez. 1991.

GIANNINI, Massimo Severo. *Premisas sociológicas e históricas del Derecho Administrativo*. 2. ed. Madri: Instituto Nacional de Administración Pública, 1987.

GONÇALVES, Pedro. *O Contrato Administrativo* – Uma instituição do Direito Administrativo do nosso tempo. Coimbra: Almedina, 2004.

GONÇALVES, Pedro. *Entidades Privadas com Poderes Públicos*. Coimbra: Almedina, 2005.

GRAU, Eros Roberto. *O Direito Posto e o Direito Pressuposto*. 5. ed. São Paulo: Malheiros, 2003. p. 225-255.

GRECO, Guido. *Argomenti di Diritto Amministrativo*. 3. ed. Giuffrè: Milão, 2007.

GRESSAYE, Jean Brethe de la. Droit Administratif et Droit Privé. *Le Droit Administratif Français au milieu du XXᵉ siécle – Etudes offertes a Georges Ripert*, Paris: LGDJ, 1950. p. 304-322.

HAURIOU, André. A utilização em direito administrativo das regras e princípios do direito privado. Rio de Janeiro, *Revista de Direito Administrativo – RDA*, ano 1, n. 1, p. 465-473, abr. 1945.

HARIOU, Maurice. *Précis de droit administratif et de droit publique*. 12. ed. Paris: Dalloz, 1933.

JÈZE, Gaston. De l'application des règles du droit privé aux manifestations unilatérales ou contractuelles de volonté du droit public. Paris, Marcel Girard, *Revue du Droit Public et de la science politique en France et à l'étranger*, n. 40, ano XL, p. 5-22, 1923.

JÈZE, Gaston. *Les principes généraux du droit administratif*. t. 2, 3. ed. (reimpressão). Paris: Dalloz, 2004.

LAMARQUE, Jean. *Recherches sur l'application du droit privé aux services publics administratifs*. Paris: Librarie Génerale de Droit et Jurisprudence, 1960.

LAUBADÉRE, André de. *Direito Público Económico*. Tradução de Maria Teresa Costa. Coimbra: Almedina, 1985.

LEGENDRE, Pierre. *Histoire de l'Administration de 1750 a nos jours*. Paris: PUF, 1968.

LEONCY, Léo Ferreira. *Controle de Constitucionalidade Estadual*. São Paulo: Saraiva, 2007.

LIMA, Rui Cirne. Direito Administrativo e Direito Privado. *Revista de Direito Administrativo – RDA*, Rio de Janeiro, ano 6, n. 26, p. 19-33, out.-dez. 1951.

LIMA, Rui Cirne. *Princípios de Direito Administrativo*, Porto Alegre: Sulina, 1964.

LONG, Marceau; WEIL, Prosper; BRAIBANT, Guy: DEVOLVE, Pierre; GENEVOIS Bruno. *Les grands arrêts de la jurisprudence administrative*. 16. ed. Paris: Dalloz, 2007.

MANORI, Luca; SORDI, Bernardo. *Storia del diritto amministrativo*. 4. ed. Roma: Laterza, 2006.

MARAVALL, José António. A função do direito privado e da propriedade como limite do poder do Estado. In: HESPANHA, António Manuel (Org.). *Poder e Instituições na Europa do Antigo Regime*. Lisboa: Calouste Gulbenkian, sem ano. p. 233-247.

MARQUES NETO, Floriano de Azevedo. *Regulação Estatal e Interesses Públicos*. São Paulo: Malheiros, 2002.

MARQUES NETO, Floriano de Azevedo. *Bens Públicos, Função Social e Exploração Econômica – O regime jurídico das utilidades públicas*. Belo Horizonte: Fórum, 2009.

MARTIN-RETORTILLO BAQUER, Lorenzo. La configuración jurídica de la Administración publica y el concepto de "daseinvorsorge". *Revista de Administración Publica*, n. 37-39, p. 35-65, 1962.

MARTIN-RETORTILLO BAQUER, Sebastian. *El derecho civil en la génesis del derecho administrativo y de sus instituciones*. 2. ed. Madri: Civitas, 1996.

MARTIN-RETORTILLO BAQUER, Sebastian. La huida del derecho administrativo: ultimas manifestaciones. Aplausos y criticas, *Revista de Administración Pública*, Madri: Centro de Estudios Constitucionales, n. 133, p. 57-98, jan.-abr. 1994.

MASAGÃO, Mário. *Natureza Jurídica da Concessão de Serviço Público*. São Paulo: Livraria Acadêmica, 1933.

REFERÊNCIAS | 201

MASAGÃO, Mário. *Curso de Direito Administrativo*. 5. ed. São Paulo; RT, 1974.

MAYER, Otto. *Derecho Administrativo Alemán*, tomo I. Tradução de Horacio H. Heredia e Ernesto Krotoschin. Buenos Aires: De Palma, 1982.

MAZEAUD, Henry. Defénse du droit privé. *Recueil Dalloz*, p. 17-18, 1946.

MEDAUAR, Odete. *O Direito Administrativo em Evolução*. 2. ed. São Paulo: RT, 2003.

MELLO, Celso Antônio Bandeira de. O conteúdo do regime jurídico-administrativo e seu valor metodológico. *Revista de Direito Público*, São Paulo: Malheiros, n. 2, out.-dez. 1967, p. 44-61

MELLO, Celso Antônio Bandeira de. *Natureza e Regime Jurídico das Autarquias*. São Paulo: RT, 1968.

MELLO, José Luiz de Anhaia. *Da separação de Poderes à Guarda da Constituição*. São Paulo: RT, 1968.

MENDES, Gilmar Ferreira; COELHO, Inocêncio Mártires e BRANCO, Paulo Gustavo Gonet. *Curso de Direito Constitucional*. São Paulo: Saraiva, 2007.

MIRANDA, Jorge. *Manual de Direito Constitucional*. t. V, 3. ed. Coimbra: Coimbra, 2004.

MORANGE, Georges. *La constitution imaginaire de l'Administration*. Paris: PUF, 2008.

MOREIRA, Egon Bockmann. Agências Administrativas, Poder Regulamentar e o Sistema Financeiro Nacional. In: MOREIRA, Egon Bockmann; CUÉLLAR, Leila. *Estudos de Direito Econômico*. Belo Horizonte: Fórum, 2004. p. 133-160.

MOREIRA, Egon Bockmann. *Processo Administrativo*. 4. ed. São Paulo: Malheiros, 2010.

MOREIRA NETO, Diogo de Figueiredo. *Curso de Direito Administrativo*. 14. ed. Rio de Janeiro: Forense, 2005.

MOREIRA NETO, Diogo de Figueiredo. *Quatro Paradigmas do Direito Administrativo Pós-Moderno – Legitimidade, Finalidade, Eficiência e Resultados*. Belo Horizonte: Fórum, 2008.

MOURA, Paulo Veiga e. *A privatização da função pública*. Coimbra: Coimbra, 2004.

NAPOLITANO, Giulio. *Pubblico e privato nel Diritto Amministrativo*. Milano: Giufrè, 2003.

OLIVEIRA, Gustavo Justino de. *Contrato de Gestão*. São Paulo: RT, 2008.

OTERO, Paulo. *Privatizações, Reprivatizações e Transferências de Participações Sociais no Interior do Sector Público*. Coimbra: Coimbra, 1999.

PALMA, Juliana Bonacorsi de. *Atuação Administrativa Consensual – Estudo dos acordos no processo administrativo sancionador*. Tese (Doutorado em Direito) – Faculdade de Direito da Universidade de São Paulo, São Paulo, 2010. Orientação do Professor Dr. Floriano de Azevedo Marques Neto.

PAREJO ALFONSO, Luciano; JIMÉNEZ-BLANCO, António; ORTEGA ÁLVAREZ, Luis. *Manual de Derecho Administrativo*. v. 1, 5. ed. Barcelona: Ariel, 1998.

PERICU, Giuseppe. *Diritto Amministrativo*. v. II, 3. ed. Bolonha: Monduzzi, 2001.

PIÇARRA, Nuno. *A Separação dos Poderes como Doutrina e Princípio Constitucional – um contributo para o estudo das suas origens e evolução*. Coimbra: Coimbra, 1989.

PIETRO, Maria Sylvia Zanella di. *Do Direito Privado da Administração Pública*. São Paulo: Atlas, 1989.

PIETRO, Maria Sylvia Zanella di. *Discricionariedade Administrativa na Constituição de 1988*. São Paulo: Atlas, 2001.

PIETRO, Maria Sylvia Zanella di. *Parceria na Administração Pública* – Concessão, Permissão, Franquia, Terceirização, Parcerias Público-Privadas e outras Formas. 5. ed. São Paulo: Atlas, 2006.

PIETRO, Maria Sylvia Zanella di. *Direito Administrativo*. 23. ed. São Paulo: Atlas, 2010.

PINTO, Carlos Alberto da Mota. *Teoria Geral do Direito Civil*. 3. ed. Coimbra: Coimbra, 1996.

PIPERATA, Giuseppe. La scienza del Diritto Amministrativo e il Diritto Privato. In: CHITI, Edoardo; TORCHIA, Luisa; SANDULLI, Aldo. *La scienza del Diritto Amministrativo nella seconda metà del XX secolo*. Nápoles: Scientifica, 2008. p. 167-202.

PONDÉ, Lafayete. A vontade privada na formação ou na eficácia do ato administrativo. *Revista de Direito Administrativo*, São Paulo: Fundação Getúlio Vargas, n, 63, p. 16-29, jan.-mar. 1961.

PORTO NETO, Benedicto Pereira; PORTO FILHO, Pedro Paulo de Rezende. Contratos celebrados pela Administração Pública – ampliação do acordo de vontade entre as partes. *Revista Zênite de Licitações e Contratos – ILC*, n. 180, p. 125, fev. 2009.

QUEIRÓ, Afonso Rodrigues. A função administrativa. *Revista de Direitos e Estudos Sociais*, Coimbra: Atlântica, n. 24, p. 1-48, jan.-set. 1977.

QUEIRÓ, Afonso Rodrigues. Teoria Geral dos Regulamentos, 1ª parte. *Revista de Direito e Estudos Sociais*, n. 27, p. 1-19, jan.-dez. 1980.

QUEIRÓ, Afonso Rodrigues. Teoria Geral dos Regulamentos, 2ª parte. *Revista de Direito e Estudos Sociais*, n. 1 (segunda série), p. 5-33, jan.-mar. 1984.

REALE, Miguel. *Aplicações da Constituição de 1988*. Rio de Janeiro: Forense, 1990.

REALE, Miguel. *Questões de Direito Público*. São Paulo: Saraiva, 1997.

RIBAS, Antônio Joaquim. *Direito Administrativo Brasileiro, Noções Preliminares*. Rio de Janeiro: F. L. Pinto, 1866.

RIVERO, Jean. Droit Public et Droit Privé: conquête, ou status quo? *Recueil Dalloz*, p. 69-72, 1947.

RIVERO, Jean. Existe-il un critère du droit administratif? *Revue du Droit Public et de la science politique en France et à l'étranger*, Paris: LGDJ, ano LIX, p. 279-296, 1953.

RIVERO, Jean. *Direito Administrativo*. Tradução de Rogério Erhardt Soares. Coimbra: Almedina , 1981.

SALA ARQUER, José Manuel. Huida del Derecho Privado y huida del Derecho. *Revista Española de Derecho Administrativo*, Madri: Civitas, n. 75, p. 399-413, jul.-set. 1993.

SAVATIER. René. Droit Privé et Droit Public. *Recueil Dalloz*, p. 25-28, 1946.

SAZ, Silvia del. Desarollo y Crisis del Derecho Administrativo. Su reserva constitucional. In: CHINCHILLA, Carmen; LOZANO, Blanca; SAZ, Silvia del. *Nuevas Perspectivas del Derecho Administrativo, tres estudios*. Madri: Civitas, 1992. p. 99-195.

SAZ, Silvia del. La huida del derecho administrativo: ultimas manifestaciones. Aplausos y criticas. *Revista de Administración Pública*, Madri: Centro de Estudios Constitucionales, n. 133, p. 57-98, jan.-abr. 1994.

REFERÊNCIAS | 203

SCHIMIDT-ASSMANN, Eberhardt. *La Teoria del Derecho Administrativo como Sistema*. Tradução de Mariano Bacigalupo e outros. Madri: Marcial Pons, 2003.

SEILLER, Bertrand. *Droit Administratif 1, Le sources et le juge*. 2. ed. Paris: Flammarion, 2004.

SEILLER, Bertrand. *Droit Administratif 2, L'Action administrative*. 2. ed. Paris: Flammarion, 2004.

SILVA, Vasco Pereira da. *Em busca do acto administrativo perdido*. Coimbra: Almedina, 2003.

SOARES, Rogério Erhardt. *Sentido e limites da Administração Pública*. Macau: SAFP, 1997.

SOARES, Rogério Erhardt. *Direito Público e Sociedade Técnica*. Coimbra: Tenacitas, 2008.

SOUZA, Paulino José Soares de. *Ensaio sobre o Direito Administrativo*. Brasília: Ministério da Justiça, 1997.

SUNDFELD, Carlos Ari. *Direito Administrativo Ordenador*. São Paulo: Malheiros, 2003.

TÁCITO, Caio. *Direito Administrativo*. São Paulo: Saraiva, 1975.

TORCHIA, Luisa. Diritto Amministrativo, pottere pubblico e soceità nel terzo millenio o della legitimazione inversa. *Il Direitto Amministrativo oltre i confini Ommagio degli allievi a Sabino Cassese*. Milão: Giuffrè, 2008. p. 45-62.

VALVERDE, Trajano de Miranda. Sociedades Anônimas ou Companhias de Economia Mista. *Revista de Direito Administrativo*, Rio de Janeiro, v. 1, fasc. 2, p. 429-441, abr. 1945.

VANCONCELOS, Pedro Paes de. *Contratos atípicos*. Coimbra: Almedina, 1995.

VEDEL, Georges. Les Bases Constitutionnelles du Droit Administratif. *Études et Documents du Conseil d'État – EDCE*, n. 8, p. 21-53, 1954.

VEDEL, Georges. Les Bases Contitutionnelles du Droit Administratif. In: AMSELEK, Paul (Coord.). *La Pensée de Charles Eisenmann*. Paris: Economica, 1986. p. 133-145.

VILLAR PALASÍ, José Luis. La actividad industrial del Estado en el Derecho Administrativo. *Revista de Administración Pública*, Madri: Instituto de Estudios Políticos, v. 3, n. 1, p. 53-129, 1950.

WALINE, Jean. Droit Public – Droit Privé, Institutions Publiques – Institutions Privées, Le point de vue d'un publicist. *La Pensée de Charles Eisenmann*. In: AMSELEK, Paul (Coord.). Paris: Economica, 1986. p. 147-156.

WEIL, Prosper. *O Direito Administrativo*. Tradução de Maria da Glória Ferreira Pinto. Coimbra: Almedina, 1977.

WOLF, Hans J; BACHOF, Otto; STOBER, Rolf. *Direito Administrativo*. Tradução de António Francisco de Souza. Lisboa: Calouste Gulbenkian, 2006. v. 1.

ZANOBINI, Guido. *Corso di Diritto Amministrativo*. 5. ed. Milão: Giuffrè, 1947. v. I.

Esta obra foi composta em fonte Palatino Linotype, corpo 10
e impressa em papel Offset 75g (miolo) e Supremo 250g (capa)
pela Paulinelli Serviços Gráficos.